Klaus Emmerich

ATLANTISCHE SCHEIDUNG

DRIFTEN AMERIKA UND EUROPA AUSEINANDER?

MOLDEN
VERLAG

Klaus Emmerich

ATLANTISCHE SCHEIDUNG

DRIFTEN AMERIKA UND EUROPA AUSEINANDER?

MOLDEN VERLAG, WIEN

Die deutsche Bibliothek – CIP-Einheitsaufnahme

Emmerich, Klaus
Atlantische Scheidung. Driften Amerika und Europa auseinander?/Klaus Emmerich –
Wien: Molden Verlag, 2003
ISBN 3-85485-095-6

www.molden.at
Umschlagentwurf: Veronika Molden
Lektorat: Helga Zoglmann
Herstellung: Alfred Rankel
Satz: Zehetner Ges. m. b. H.
Druck: GGP Media GmbH

ISBN 3-85485-095-6

Inhalt

Vorwort

„Machen wir uns nichts vor. Wir erleben das Ende einer Illusion. Wir sitzen einer Lebenslüge auf. Wir reden aneinander vorbei. Seit langem verfolgen wir unterschiedliche Interessen. Statt alte Bindungen zu pflegen, suchen wir neue Freunde, weil es uns an gemeinsamem Interesse fehlt. Das alte Vertrauen ist geschwunden. Uns bleiben nur getrennte Wege, möglichst mit ein bißchen lockerer Freundschaft. Mehr nicht (mehr)."

Eine Scheidungsgeschichte. Gemeint ist nicht ein Paar, nicht irgendeine beliebige Partnerschaft, sondern die Beziehung zwischen Europa und Amerika. Sie ist zerrüttet. Manche glauben, dies sei auf den 11. September 2001, auf die Kriegserklärung von Terroristen und die Reaktion der Vereinigten Staaten von Amerika (George W. Bush jun.: „Wir sind im Krieg") zurückzuführen. Weit gefehlt. Die atlantische Scheidung hat sich nicht seit einigen Wochen oder Monaten angebahnt, sondern seit langer, allzu langer Zeit. Stellt sich doch heraus, daß Amerikaner und Europäer von völlig gegensätzlichen, eigentlich unvereinbaren Vorstellungen und Voraussetzungen für eine atlantische Partnerschaft ausgegangen sind. Der kalte Krieg hat die Dissonanz übertönt und überlagert.

Beruflich als Beobachter beiderseits des Atlantik lange Zeit unterwegs, frage ich mich nicht erst bei der Arbeit an diesem Manuskript: Wie konnte es geschehen, daß ganze Generationen die Gefahren der Selbsttäuschung übersahen? Den Machtanspruch der USA nicht erkannten oder ihn verdrängten? Die Schwäche und die Unordnung Europas hinnahmen? Braven Antikommunismus mit Bündnisideologie verwechselten? Warum übersahen selbst gestandene Demokraten, daß und wie der Mechanismus der Wiederwahl, aus eigenem Machterhalt auf die innenpolitischen Abhängigkeiten und Interessen einwirkt? Welche Fehleinschätzungen prägten den Bündnisbetrieb mit bequemen Schablonen der gemeinsamen Werte? Warum wurde von Meistern der Verdrängung übersehen, oder gar geleugnet, daß es auch die Mentalität der Massen beiderseits des Atlantik ist, die seit langem auseinanderdriftet? Wieso blieb unentdeckt oder wurde wegdiskutiert, daß es atlantisch weder ein Allgemeininteresse noch eine brauchbare Regel für die Behandlung von Einzelinteressen gibt, von Krisen ganz zu schweigen?

Man hat darauf vertraut, daß die berühmt-berüchtigte Gemeinsamkeit, die im kalten Krieg US-Macht und US-Präsenz unverzichtbar gemacht hat, einen vollautomatischen Ewigkeitswert darstellt. Viele Europäer betrachten etwa Atomwaffenschutz oder Beistandspflicht als „Free Lunch". Nicht ganz nebenbei gingen sie davon aus, daß sie sich ihr glitzerndes Sozialstaatsmodell auch in inflationsfreien Zeiten leisten können. Es schien jahrzehntelang das Motto zu gelten, daß die Kuh namens „Wohlstand" im Himmel gefüttert und auf Erden gemolken werden kann.

Vom Überleben zum Leben gelang der entscheidende Schritt in Europa zunächst ohne atlantisches Allianz-Gemache. Eine nach Sicherheit und Wohlstand hungernde Bevölkerung kämpfte sich durch den Alltag, während Amerika zum Sprung in Wohlstand und in Überlegenheit ansetzte.

Je länger Interessen nicht mehr deckungsgleich zu halten waren, wurden aus Partnern Konkurrenten, die sich gegenseitig falsch, einseitig oder unangemessen bewerteten. Politisch reichten Antikommunismus und die Abwehrallianz der NATO auf die Dauer nicht mehr, die Konzepte zusammenzuhalten. Die USA mauserten sich geopolitisch, die Europäer integrationspolitisch.

Seitdem sich die Europäer mit ihrem Euro mausern, ist es vorbei mit Nachkriegsidylle und Pseudopartnerschaft. Die traute Gemeinsamkeit, mit der der Westen den kalten Krieg führte und 1989 – ohne einen einzigen Schuß abzufeuern – gewann, hätte theoretisch die Möglichkeit geboten, transatlantisch klar Schiff zu machen. Nichts dergleichen. Statt Interessen ehrlich zu bestimmen, Strategien abzugleichen und ein neues, im wahrsten Sinn des Wortes arbeitsteiliges Konzept zu erstellen und abzusichern, herrscht seitdem allerorten Ziellosigkeit. Jeder wurstelt so vor sich hin, jeder belauert den anderen, jeder rechnet sich taktische Vorteile aus und jeder wartet – wie darzustellen ist –, bis sich die Gelegenheit bietet, im Nahkampf der wirtschaftlichen oder militärischen Konfrontation dem anderen eins auszuwischen.

Es ist bisher noch gar nicht ins allgemeine Bewußtsein gedrungen, daß die atlantische Partnerschaft mit all ihren schönen Werten in eine Schieflage rutscht: Die amerikanische Gesellschaft will sich ihren Schwung, ihre Erfolgsmentalität und ihr scheinbar ungebrochenes Verhältnis zur Macht und auch zur Härte nicht nehmen lassen. Die Europäer versteifen sich auf sanfte Lösungen, neigen zu Kompromissen, bevorzugen Kurzzeitdenken und müssen sich den Vorwurf der „Warmduscher" gefallen lassen. Während sich diese Europäer, von den Verhältnissen unter Druck gesetzt – wieder einmal in Selbstmitleid üben, lassen die Amerikaner ungeniert ihre Muskeln spielen. Für sie ist Macht einfach schön.

Der Absturz aus Illusionen vermeintlicher Gemeinsamkeiten ist zwar unangenehm, aber nicht tödlich. Vor eine transatlantische Machbarkeitsstudie gehört freilich die Selbsterkenntnis: Wie konnte es jahrzehntelang geschehen, daß man sich und den anderen etwas vorgemacht, Sympathie und Gemeinsamkeit gar vorgetäuscht hat? Mit Sitzungen, Konferenzen, Reisediplomatie, Spitzengesprächen und Public Relations ließ sich lange eine täuschende Oberfläche bewahren. Darunter schwelten die Interessengegensätze meist unerkannt, sie wurden umgangen oder tunlichst schön geredet.

Den Ursachen auf den Grund zu gehen ist auch transatlantisch nie zu spät, vorausgesetzt, beide Seiten werden sich der Selbsttäuschungen bewußt. Voraussetzung ist aber auch, daß die Partnerschaft neu erdacht, konstruiert und exekutiert wird. Weltmacht gegen Jammerpartner – das ist kein Erfolgskonzept. Europäer und Amerikaner müssen auf gleicher Augenhöhe – wie es modisch heißt – miteinander umgehen und zurechtkommen. Es wäre wohl kein Schaden, wenn dabei Amerika (wieder) europäischer und Europa die Scheu vor einer kontrollierten Amerikanisierung genommen würde.

Auf europäischer Seite ist freilich mehr notwendig als Brüsseler Integrationsroutine oder diplomatisches Hin- und Hergerede. In vielen Bereichen – vor allem in der Außen- und Sicherheitspolitik – muß sich Europa am Riemen reißen, sich als Einheit verstehen und – Demokratie und Wahlen hin, Interessen her – auch danach verhalten. Sonst kann Europa im Spiel der Mächtigen, wie der Fall Irak lehrt, nicht mithalten und nimmt sich aus der Politik heraus.

Für traute Zweisamkeit zwischen der Alten und der Neuen Welt ist ohnedies nicht die Zeit. Neue Mächte wie China oder Indien drängen nach vorn und alte wie Rußland setzen auf eigene Chancen. Eine Scheidung auf atlantisch können sich eigentlich weder Europäer noch Amerikaner leisten. Oder halten uns die sogenannten Werte weiter zusammen? Ihre Klebefähigkeit läßt, wie darzustellen ist, zu wünschen übrig.

Bei Gewalt scheiden sich die Geister

Der Fall Robert William Jones

Ein und eine halbe Stunde vor der Hinrichtung werden die Angehörigen und einige Freunde in den Warteraum des Hochsicherheitsgefängnisses von Potosi im amerikanischen Bundesstaat Missouri geführt. Wenige Minuten vorher hatte der Gouverneur von Missouri gegen Begnadigung oder Aufschub entschieden. Es geht um Robert William Jones, verurteilt wegen Mordes, den er vor sechzehn Jahren an einem Sex-Täter in Selbstverteidigung – wie er sagt – begangen hatte.

Mit Bekanntgabe des Hinrichtungstermins durfte Jones mit seinen Angehörigen nur noch durch eine Glaswand sprechen. Seiner Frau, eine Österreicherin, die Jones knapp zwei Jahre vorher im Gefängnis geheiratet hatte, seiner Mutter, seinem Vater, seiner Schwester – ihnen allen wurde persönlicher Kontakt untersagt. Der Delinquent durfte sich zwei Tage vor seiner Hinrichtung weder duschen noch rasieren.

Zur Vorbereitung des geplanten Todes erscheinen im Warteraum zwei Geistliche, dazu acht Wachebeamte. Die Priester predigen Vergebung und Auferstehung. Die Sicherheitsbeamten vertreiben sich die Zeit mit einer Fernsehübertragung von American Football. Ungeniertes gegen Verzweiflung. Kurzweil gegen Ohnmacht. Kurz vor der Hinrichtung. Jalousien zum Todesraum werden hochgezogen. Robert William Jones ist auf einer Bahre festgeschnallt. Giftspritze. Der Todeskandidat ruft „Ich liebe Euch“. Seine Frau hämmert gegen die Glasscheibe und ruft der Wachmannschaft zu: „Mörder“. Geschehen am 20. November 2002.

Robert William Jones würde wohl noch leben, so heißt es, hätte er sich bessere, aber teurere Verteidiger leisten können. Seine Witwe, engagiert im „Verein gemeinsam gegen die Todesstrafe“, spielt zwei Monate später auf einer Pressekonferenz in Wien auf den Fall O. J. Simpson an. Der einst populäre amerikanische Football-Star liefert ein bezeichnendes Beispiel dafür, wie grenzenlos Freiheit nach der Gesellschafts- und Rechtsordnung der USA geraten kann. Gemäß dem XIV. Amendment 1908 der US-Verfassung hat der Millionen schwere Simpson den Begriff des fairen Verfahrens (due process of law) bis ins letzte ausgenützt. In einem Strafverfahren, das auch in den USA außerordentlich umstritten war, wurde O. J. Simpson von einer Jury in Los Angeles vom Verdacht des Mordes oder Totschlags freigesprochen. Schwarze jubelten landauf, landab, weniger der Prominenz eines Fußballstars wegen denn aus rassistischer Selbstbestätigung. Weiße reagierten weithin in umgekehrter Manier. Im anschließenden Zivilprozeß jedoch wurde Simpson aus anderen Gründen verurteilt. Nicht nur in diesem Fall wirkte die Life-Übertragung des Fernsehens rechtsbeugend.

Das amerikanische Prozeßrecht ist nicht nur in diesem Fall für Europäer schwer verständlich. Univ.-Prof. DDr. Franz Matscher vom Salzburger Institut für Menschenrechte stellt fest: „Um zu den letztlich angenommenen 12 Geschworenen zu kommen, mußte der vorsitzende Richter an die tausend potentielle Kandidaten zu Vortests laden; während im allgemeinen die Gerichte Schwierigkeiten haben, die erforderliche Anzahl von Geschworenen zu finden, gab es diesmal ein „G'riss“ um einen Platz auf der Geschworenenbank, weil gut honorierte Fernsehauftritte nach dem Urteilsspruch lockten.“

Bei der Auswahl der Geschworenen bedienten sich die Verteidiger professioneller Jury-Konsulenten, um die potentiellen Jury-Mitglieder nach Hautfarbe, Einkommen und politischer Grundeinstellung zu durchleuchten. Staranwälte traten auf, die sich damit brüsteten, noch nie einen Geschworenenprozeß verloren zu haben, wenn sie Jury-Konsulenten eingeschaltet hatten. Tatsächlich wurden im Simpson-Prozeß bei den Belastungszeugen von zahlreichen Psychologen und Detektiven diverse Schwachstellen aufgespürt.

Franz Matscher, dessen Ansehen als österreichischer Jurist und europäischer Menschenrechtler kaum zu überbieten ist, schreibt weiter: „Der Freispruch im Strafprozeß dürfte O. J. Simpson an die zehn Millionen Dollar an Honoraren gekostet haben, ein Betrag, den er durch anschließende Fernseh-Interviews und durch den Verkauf seiner Story an Verleger sicherlich wieder hereingebracht hat. Trotzdem dürfte ihm für den Zivilprozeß der finanzielle Atem ausgegangen sein; zumindest genoß er nicht mehr die Unterstützung der Staranwälte, die ihn im Strafprozeß verteidigt hatten.“

Der Fall Robert W. Jones endet wie 3.600 andere – in amerikanischen Todeszellen. Wie bei 71 anderen Hinrichtungen des Jahres 2001. Kaum ein anderes Thema erregt und beschäftigt hier wie dort, in den USA wie in Europa, was es mit dem Recht auf Leben auf sich hat und ob es auch für jene gilt, die ungezügelt Gewalt bis zum Tod anwenden. Allerorten geht es um Abschreckung und Rache für und wider das Prinzip „Auge um Auge, Zahn um Zahn".

Berechtigung oder Zweckmäßigkeit der Todesstrafe – im atlantischen Vergleich lassen sich rechtshistorisch gewisse Parallelen ziehen. Bis in die Mitte des 18. Jahrhunderts war es kein Thema. Vor der Aufklärung wurde diese Strafe nicht angezweifelt. Um so mehr sorgten der grausame Vollzug und die Frage nach möglichen Justizirrtümern dafür, daß die Freiheitsstrafe allmählich die Todesstrafe ablöste. Seitdem wird nach dem Recht des Staates gefragt, überhaupt das Leben eines Menschen auslöschen zu dürfen.

Zur Sicherung der Gesellschaft vor Gewalttätern tritt das Argument der Vergeltung und ein gerüttelt Maß Verständnis für die Opfer. Einem europäisch-amerikanischen Vergleich hält auch das folgende Argument stand: Für Angehörige und Freunde eines Opfers scheint nach vollzogener Todesstrafe vielleicht jene innere Ruhe möglich, die bei einer Verurteilung zu lebenslänglicher Haft zumindest fraglich ist – vor allem mit der Aussicht auf vorzeitige Entlassung des Mörders, etwa nach 15 oder 20 Jahren auf Grund „guter Führung". Leben tötet Leben, ohne zu töten.

Selbst das makabere Argument will nicht verstummen, es sei „billiger", einen Verbrecher hinzurichten als ihn jahrelang in Gefängnissen zu ernähren und zu erhalten. Nicht genug damit. Im Streit um Capital Punishment wird mit amerikanischen Berechnungen aufgewartet, ein Verfahren vor Gericht, ein Urteil und eine Hinrichtung verursachten durch Gutachten, Psychiater, Geistliche, Zeugen und Gefängnisbeamte weit höhere Kosten als lebenslängliche Haft.

Daß aus der religiösen Einordnung der Todesstrafe in Europa in verkürzender Weise der tatsächlichen Verhältnisse moralisch bei sich jeweils bietender Gelegenheit eine gehörige Form Anti-Amerikanismus abgeleitet wird, ist kein Zufall. Neben der Indianer-Verfolgung und dem Rassenproblem zählt die Todesstrafe zum Standardprogramm europäischer Disqualifikationsversuche gegenüber „den Amerikanern". In der Neuen Welt zeige sich ein gestörtes Verhältnis zur Gewalt. Ihre Anwendung sei eine Art Naturrecht. In Go-West-Mentalität bürgert sich so etwas wie Selbstverteidigung ein.

Recht oder Unrecht vereint Europäer und Amerikaner. Immerhin. Ähnliches gilt für die Gleichheit vor dem Gesetz. Hier wie dort läßt letztere zu wünschen übrig, wie auch das Vertrauen in die Justiz. Damit endet auch schon diese Gemeinsamkeit in der Gesellschaftsordnung.

Auf Emotion, Vorurteil und Klischee kann getrost verzichten, wer Unterschiede im Bereich von Recht und Unrecht, von Gerechtigkeit und Fairneß sowie von Allgemeininteresse anvisiert. Sind es doch die fundamentalen Unterschiede des römischen Rechts und des Common Law, die keineswegs nur am Beispiel der Todesstrafe durchschlagen. Was tausend Jahre lang – von 600 v. Chr. bis 600 n. Chr. – als Recht des römischen Reiches begründet und – typisch europäisch – über die Fährnisse der Geschichte weitere tauend Jahre penibel fortgeschrieben wurde, wirkt in der Alten Welt noch heute fort. Es begann zwar auch im römischen Recht mit einer Mischung von primitiven und progressiven Gedanken eines Bauernvolks. Damals wie heute schlägt das Rechtsbewußtsein der Zeit durch. Und immer wieder machten sich vulgär-rechtliche Elemente in geschlossenen Rechtskreisen von Imperien und Reichen bemerkbar (etwa durch die Aufklärung, den Code Napoléon, durch Marxismus, Sozialismus, Nationalsozialismus und Demokratisierung).

Trennungsfaktor Todesstrafe

Angloamerikanisches Recht jedoch hat sich zum Common Law – zu einem Recht der Klageformen – verdichtet. Entscheidungen der übergeordneten Gerichte für verbindlich zu erklären, stellt einen signifikanten Unterschied dar zu den Spätwirkungen des römischen Rechts in Kontinentaleuropa. Europäern fällt es immer wieder schwer, mit dem Case Law, einer Art Richterrecht, umzugehen. Seit jeher prägt das Common Law die Mentalität einer Einwanderungsgesellschaft wie der amerikanischen.

In den Abgründen der Moral, der Mentalität und des Rechtsverständnisses finden sich am Beispiel der Todesstrafe ebenso kantige wie dauerhaft einsetzbare Verletzungspotentiale. Europäer, vor allem aus Deutschland und Österreich, die die US-Hinrichtungspraxis als unwürdig für einen Staat apostrophieren, der sich seit seiner Gründung den Menschenrechten verpflichtet gibt, brauchen auf eine nicht minder verletzende Retourkutsche nicht lange zu warten.

Was, so wird jenseits des Atlantik argumentiert, rechtfertige Maßstäbe der Menschenrechte aus und in Europa, wo das Menschenrechte mißachtende Tötungsregime des Dritten Reichs und der Gulag-Welt noch nicht lange der Geschichte angehöre.

Die deutsche Verfassung beispielsweise verbietet nicht nur die Anwendung der Todesstrafe, sondern auch jegliche Wiedereinführung. Geklärt oder gar erledigt ist das Thema keineswegs. Meint doch ein Journalist in der politischen Sonntagssendung „Presseclub" der Arbeitsgemeinschaft der Rundfunkanstalten Deutschlands, der ARD, zum Thema Volkeswille: „Wenn heute über die Wiedereinführung der Todesstrafe eine Volksabstimmung abgehalten würde, stimmte die Mehrheit dafür."

„Den Dämon des Irrtums verscheuchen", titelt die „Frankfurter Allgemeine Zeitung" am 12. Januar 2003, indem sie über eine als Sensation empfundene Entscheidung des Gouverneurs von Illinois, George Ryan, berichtet. Typisch europäisch ordnet das Feuilleton dieses angesehenen Blattes die Debatte über die Abschaffung der Todesstrafe als „Travestie der Tragödie" – gemeint ist die Anzeigenkampagne der italienischen Bekleidungsfirma Benetton, in der amerikanische Todeskandidaten Modell standen. „Wir sind Partner im Tode mit diversen Ländern der dritten Welt," urteilte der scheidende Gouverneur des industriereichen US-Bundesstaates.

Sie gehen im Kreis. Sie tragen Tafeln „Pro Capital Punishment". Sie rufen „Rache". Sie sorgen für einen Auflauf. Mitten in Chicago. Vor dem Amtsgebäude von Gouverneur Ryan taucht berittene Polizei auf. Aus einer genehmigten Demonstration brechen einige aus und werden handgreiflich. Möglichst vor laufenden Fernsehkameras. Mehr Polizei. Mehr Lärm. Mehr Demonstranten. Mehr Handgreiflichkeiten. Am Abend melden die lokalen Fernsehsender, Gouverneur Ryan habe sich überlegt, die angekündigte Begnadigung von vier Todeskandidaten doch zu unterlassen. Die Journalisten liegen falsch. Ryan ist fest entschlossen, 156 rechtskräftige Todesurteile in lebenslange Freiheitsstrafen umzuwandeln. Er lasse sich von der Straße und von Dogmatikern von seinem Vorhaben nicht abbringen – sagt er zu seinen Mitarbeitern. Ryan setzt sich am 11. Januar 2003 hinter seinen Computer und tippt: „Warum ich alle Gefangenen in der Todeszelle begnadigt habe."

„Ich repräsentiere das Volk von Illinois ... Kürzlich erhielt ich einen Anruf von Nelson Mandela. Wir sprachen gut zwanzig Minuten miteinander. Die Botschaft, die er mir vermittelte, besagte im wesentlichen, daß die Vereinigten Staaten der übrigen Welt die Standards für Gerechtigkeit und Fairneß setzen. ... Im vergangenen Jahr hatten wir in Illinois etwa tausend Morde und nur in zwei Prozent der Fälle ist die Todesstrafe verhängt worden. Ich wüßte gern, was daran fair und gerecht sein soll. Die Todesstrafe wird deshalb nicht fair und gerecht verhängt, weil es für die 102 Counties des Staates keine einheitlichen Richtlinien gibt. Die Staatsanwälte entscheiden, ob sie die Todesstrafe beantragen. Darf die Bürokratie bestimmen, wer zum Tod verurteilt wird? Ich meine nein. ... In den ländlichen Regionen besteht eine fünffach höhere Wahrscheinlichkeit, daß man zum Tode verurteilt wird als etwa hier im Cook County. ... Wo ist da die Fairneß? ..."

„... Mehr als zwei Drittel aller Todeskandidaten sind Afroamerikaner. ...Wie kann so etwas in Amerika geschehen? Diese Frage stelle ich nun seit drei Jahren und bisher hat noch niemand sie beantwortet. ..."

„Aus all diesen Gründen wandele ich alle ausgesprochenen Todesstrafen in Freiheitsstrafen um. Es ist mir klar, daß ich mir damit den Zorn und die Verachtung vieler Menschen zuziehen werde. Aber die Menschen dieses Staates haben mich gewählt, damit ich für Gerechtigkeit sorge. Meine Mitarbeiter und ich haben viele Tage und schlaflose Nächte mit Überprüfung des Systems verbracht. Heute Nacht werde ich gut schlafen, weil ich weiß, daß ich die richtige Entscheidung getroffen habe."

Er wußte, was er tat – ein Signal setzen mit weltweiter Wirkung. Sie ließ nicht lange auf sich warten. Sechs Tage nach Ryans Anti-Todesstrafe-Aktion signalisiert der griechische Ministerpräsident Simitis Zustimmung und Ermunterung. In seiner Eigenschaft als Vorsitzender der Staats- und Regierungschefs der Europäischen Gemeinschaft unterstreicht er, daß sich die EU generell gegen die Todesstrafe ausspreche. „Die Abschaffung der Todesstrafe leistet einen Beitrag dazu, die menschliche Würde zu stärken und die Wahrung der Menschenrechte schrittweise umzusetzen." Die EU habe sich das Ziel gesetzt, an der weltweiten Abschaffung der Todesstrafe zu arbeiten: „Die Europäische Gemeinschaft bringt ihre Freude" über die Aktion von Gouverneur Ryan zum Ausdruck.

Zwei Drittel der Amerikaner treten, dem EU-Zwischenruf zum Trotz, weiterhin für die Todesstrafe ein, darunter auch Präsident George W. Bush. Eine, wie sie sie sehen, „heile Welt" ist in den USA verfassungskonform. Mit einem Grundsatzurteil des Obersten Gerichtshofs aus dem Jahr 1976 ist die Todesstrafe in den meisten Bundesstaaten wieder eingeführt worden. In 38 von 50 Staaten werden Todesurteile gefällt. Die Zahl der Vollstreckungen hat seitdem Jahr für Jahr zugenommen. Spitzenwert 1999 mit 98 Hinrichtungen. 2001 wurden 78 Todesurteile vollstreckt, die meisten in Texas, im Heimatstaat von Präsident Bush.

Arnold Schwarzenegger , die „steirische Eiche", mit derzeit 40 Millionen Dollar pro Film Spitzenverdiener unter den Hollywoodstars und Interessent für den Posten des Gouverneurs von Kalifornien, statistisch zehntgrößtes Industrieland der Welt, proklamiert: Für ihn hat es völlig eindeutige Maßstäbe zu geben, was gut und was böse ist, wo sich die Trennlinien befinden, wie es etwa auch der Dramaturgie der Columbo-Krimiserie entspricht. Es wäre freilich nicht Hollywood mit seinem Mentalitätsexport, wenn nicht auch bei Kommissar Falk letztendlich das Gute siegte.

Bei Schwarzenegger, wie bei Falk, wie bei Tausenden Hollywood-Produktionen für Film und Fernsehen wird den Gesetzmäßigkeiten eines vorgestanzten amerikanischen Psychogramms fast sklavisch gefolgt: Bei Gerechtigkeit darf es keinen Mangel geben; zwischen Recht und Unrecht lassen sich präzise Trennlinien ziehen und verfolgen; in einer gottgewollten Ordnung sorgen unbestechliche, vertrauenswürdige Kräfte dafür, daß Gleichheit und Gerechtigkeit nach amerikanischem Maß, nach eigener Werteordnung – allem Bösen zum Trotz – gemessen werden; Widerstandsrecht – Inbegriff persönlicher Freiheit – findet seine Grenzen am Interesse der Allgemeinheit; zwischen Gesetz und Gewissen besteht kein Unterschied; das Gewaltmonopol des Staates versteht sich nach außen unbegrenzt (in des Wortes eigentlicher Bedeutung), während es nach innen fallweise – etwa zur Bekämpfung der Kriminalität – begrenzt und kein rechtsfreier Raum gewährt wird; der Schutz des Rechts, wie es die amerikanische Verfassung von 1787 versteht, ist umfassend und schließt die Beachtung der Sicherheitsgefühle des Bürgers bei der Bekämpfung des Verbrechens im Inneren wie im Äußeren ein; Prävention wird ausschließlich durch den Wertekanon der amerikanischen Gesellschaft begrenzt.

Drüben breitet sich ein uneinheitliches Bild der amerikanischen Gesellschaft in Grundfragen aus wie Schutz der Privaträume, Begnadigung, Todesstrafe und Strafmaß für „Kavaliersdelikte" wie

Versicherungsbetrug, Schwarzfahren, Kleinkriminalität wie Ladendiebstahl, Korruption, Vergewaltigung in der Ehe, Pornographie, Homosexualität, Abtreibung bis zu Töten in Notwehr oder Mord. Grob gemessen neigen die USA zu rechts-konservativ, Europa zur Mitte mit linksliberalen Ablegern. Wahrlich Trennungsgründe sonder Zahl.

Wie aus dem Mentalitätsgefälle eine transatlantische Kluft wird, zeigt ein Gegen-Psychogramm „der" Europäer bei der Vielfalt der europäischen Sprachen, Kulturen, Gebräuche und Verhaltensweisen. Es handelt sich um ein schwieriges Unterfangen begrenzter, daher unzureichender Vergleichbarkeit. Laufen doch schon die gesellschaftlichen Daten auseinander, was Alter betrifft sowie Familien, Lebensgemeinschaften, Schulbildung, Berufskreise, Einkommen, Stadt- oder Landbevölkerung und deren soziale Schichtung. Gut und Böse, Recht und Unrecht werden quer durch Europa schon in Eigendefinition (etwa der Blutrache auf dem Balkan) vielfach anders eingeordnet als in den USA. Das amerikanische System mit einer starken Stellung der Geschworenen ist dem kontinentaleuropäischen Richterprinzip nach Meinung der meisten Europäer unterlegen.

In Amerika, so meinen sie weiter, herrsche mehr Mangel an Gerechtigkeit als in Europa. Das Vertrauen in die Justiz und ihre Unbestechlichkeit sei diesseits des Atlantik ausgeprägter als drüben. Gerichtsverfahren auf amerikanisch sind jenen Europäern unverständlich, die sich auf der heimischen Couch an Fernsehserien aus Amerika ergötzen. Auch gehört es zum Standardrepertoire von US-Kritikern, an der Verbindlichkeit von Gerichtsurteilen einerseits zu zweifeln und andererseits Gesetzgebung und Gesetzestreue in den USA vielfach als interessensbedingt bis korrupt – der Politiker oder der Wirtschaft – sowie als unberechenbar abzukanzeln.

Aus der Sicht der Europäer ist das Gewaltmonopol des Staates in den USA zwar allgegenwärtig und unauflöslich. Der rechtsfreie Raum des US-Bürgers aber sei schmal, die Rechtssicherheit – etwa im Kampf gegen den Terrorismus – fragwürdig, die Verbrechensbekämpfung unzulänglich, das Sicherheitsgefühl der Bürger beeinflußt durch Mord, Terror, Raubüberfall, Erpressung, Ladendiebstahl, organisiertes Verbrechen, Vergewaltigung, Drogenhandel, Pornographie, Kindesmißbrauch. Alles Vorurteile?

Amerikaner, kontinental, binnenorientiert und von ihrer Mission als „God's own Country" mehrheitlich und zutiefst überzeugt, lassen sich – oft grobschlächtiger Mentalität folgend – auf einen Ursachenvergleich der Verunsicherung der Gesellschaft kaum und ungern ein. Immerhin sehen sie hier wie dort zwischenmenschliche Beziehungen gestört, die Zugkraft der Familie vermindert, die sozialen Probleme zunehmend, etwa durch Arbeitslosigkeit, geweitet. Den Gesetzesvollzug sehen sie als unzulänglich an und gelegentlich ihre eigene Wohlstandsgesellschaft in einer Werte- oder Sinnkrise, manchmal verstärkt durch fremde Mentalitäten von Ausländern und deren eingeschleppten Sitten und Gebräuchen. Typisch amerikanisch? Keineswegs.

Für Europäer ergeben sich bei allen landsmannschaftlichen Unterschieden in der Ursachenforschung des Rechtsbereichs relativ deckungsfähige Eckwerte: Arbeitslosigkeit, Ausländer, wirtschaftliche Unsicherheit, Sinnkrise, Einsamkeit, Medieneinfluß, Erziehungsmängel, Unterlassungssünden der Politiker. Über Verletzungen der Privatsphäre – etwa durch den „großen Lauschangriff" – machen sich die Europäer weniger Gedanken als die Amerikaner. Sollte ein Täter, zu lebenslänglich verurteilt, etwa nach 15 Jahren begnadigt werden? „Die" Europäer sind eher dafür als die Amerikaner. Was Resozialisierung anbetrifft, erscheinen die europäischen Bemühungen durchgängiger, gerechter und in Teilbereichen auch erfolgreicher als die „der" Amerikaner. Letztere wollen selbst bei Bagatelldelikten durchgreifen. Man zeigt seine Entschlußkraft und Handlungsfähigkeit im Kleinen wie im Großen.

Daß das Gute siegt und das Böse unterliegt, zählt wahrlich nicht nur zur Standard-Dramaturgie von Hollywood-Filmen. Ohne Traumdeutungen der medialen Exportindustrie – notabene eine der wichtigsten Dollarquellen der USA – trennen Amerikaner und Europäer im Mentalitätsgetümmel in der Tat Welten. Amerikaner halten sich zugute, Vorstellungen von Recht und Unrecht zu folgen, die sie „gemeinsam" nennen, jedoch nach eigenem Gutdünken dimensionieren. Für Europäer zählt es fast zum guten Ton, über den jeweiligen Gegenstand Meinungsverschiedenheiten zu pflegen. Beiden Seiten ist zwar gemeinsam, der Justiz nicht über den Weg zu trauen, Aber in der Neuen Welt hält man sich jene Gleichheit vor dem Gesetz zugute, die in der Alten Welt zum Zweifelspotential eines aufgeklärten Bürgers zählt. Ins Gegenteil verkehrt wird es, wenn danach gefragt wird, ob reiche Leute vor dem Gesetz „gleicher“ dastehen als andere. Amerikaner belieben zu bejahen, Europäer zu verneinen.

Faire Gerichtsverfahren? Zweifel hier wie dort. Unabhängigkeit der Gerichte? In Europa überwiegend bejaht, in Amerika in ähnlicher Gewichtung verneint. Ob Bürger ein allgemeines Widerstandsrecht in Anspruch nehmen können? Gott behüte, sagen viele Amerikaner; eine entschlossene Minderheit unter den Europäern besteht darauf. Hat man sich nach dem Gewissen oder nach den Gesetzen zu richten? Europäer neigen eher zum eigenen Gewissen, Amerikaner eindeutig zu hausgemachten Gesetzen. „Weniger Staat, mehr privat“ ist zwar ein republikanischer Slogan, mit dem sich Wahlen nicht nur in Amerika gewinnen lassen. Tatsächlich jedoch neigen Amerikaner eher als Europäer dazu, das Gewaltmonopol des eigenen Staates zu respektieren. Im Umkehrschluß wird die Frage nach einem rechtsfreien Raum in Amerika weithin verneint, in Europa häufig beklatscht. Soll die Polizei durchgreifen? Für eine klare Mehrheit der Amerikaner keine Frage, für eine noch größere Mehrheit der Europäer sehr wohl. Ob sich Rechtssicherheit mit harten oder mit milderen Strafen bewahren oder herstellen läßt, trennt die Gemüter ebenfalls. In den USA neigt man zu drakonischem Strafmaß, sind liberale Anschauungen in den meisten Fällen in der Minderheit, während es sich in Europa eher umgekehrt verhält. Gemeinsam im transatlantischen Sinn bleibt immerhin der Schutz der Bürger als wichtigste Aufgabe des Staates. Was trennt, ist das „Wie“.

Trotz solcher Katalogisierungsversuche, die je nach dem Ereignis – wie der 11. September – erhebliche Ausschläge aufweisen, schwankt das Sicherheitsgefühl der Bürger entsprechend. Vor Verbrechern fühlen sich Europäer eher geschützt als Amerikaner. Andererseits vertrauen Europäer offenkundig eher als Amerikaner Täterbildern – Familienverhältnisse, Armut, Arbeitslosigkeit, zerstörte zwischenmenschliche Beziehungen, Erziehung, Wohlstandsfolgen.

Gericht ohne Weltpolizist

Auf die Anwendungsmentalität des staatlichen Gewaltmonopols schlägt die Diskussion darüber, was Recht ist, auch auf den internationalen Status der USA durch, zum Beispiel auf die Problematik des Ständigen Internationalen Strafgerichtshofes (IStGH). Seitdem 189 Staaten das Statut für diesen Gerichtshof unterzeichnet und es 89 Staaten ratifiziert haben, kann diese Instanz zwar beginnen. Aber ohne den „Weltpolizisten“ USA.

Als sogenannte Supermacht, die vor Jahrzehnten multilateral mit den Vereinten Nationen, mit Anti-Kolonialismus, Menschenrechten und Freiheitsidealen angetreten ist, befindet sich die USA jetzt in fragwürdiger Gesellschaft. Der Internationale Strafgerichtshof (IStGH) startet ohne China, Indien, Indonesien, Irak, Japan, Saudi-Arabien. Mit der Ratifizierung Zeit lassen sich andere Schwergewichte wie Iran, Israel, Marokko, Rußland und die Ukraine. Engagierte Europäer werden nicht müde, das Fernbleiben der USA als Beweis ihres neuen Isolationismus und als Paradebeispiel von dickschädeligem Unilateralismus, gar als ideellen Verrat am überlieferten Multilateralismus der USA anzuprangern.

Die Administration Bush betreibe eine völkerrechtliche Kindesweglegung und blockiere die harmonische Fortentwicklung einer zeitgemäßen Weltordnung. Einige Experten glauben gar, das häßliche Stichwort vom „rechtlichen Imperialismus“ der USA verbreiten zu sollen. US-Rechtspraxis, eigenartig, unverwechselbar und für Europäer schwer verständlich ist nun einmal von einer andersartigen Denkweise der Selbstjustiz geprägt, wie sie von den Pilgervätern anno 1620 vorgegeben wurde. Oder handelt es sich bei den multilateralen Vorstößen vergangener Jahrzehnte um europäisierte Ausritte einer kleinen, seinerzeit einflußreichen Elite? Um Denkmodelle – je länger um so mehr –, die in den USA nicht mehrheitsfähig wurden? Um eine Umkehr? Eine hemdsärmelige Korrektur früherer Selbstverpflichtungen? Gar um den Triumph des Mächtigen nach dem Sieg über den ideologischen Widersacher, den Kommunismus? Folgt dem verblichenen Anspruch der Kommunisten auf Weltherrschaft ein amerikanischer Anspruch ganz anderer Dimension, vergleichbar nicht im Inhalt, jedoch in der Intensität?

Am Beispiel des IStGH läßt sich fürs erste präzise nachweisen, daß sich auch die USA seit Jahrhunderten einer umfassenden Rechts- und Friedensordnung der Staatengemeinschaft verpflichtet fühlten und noch fühlen. Heute nach selbstgewählten Methoden, seinerzeit mit rechtlichem Wachstumspotential. Um Recht und Frieden sorgte sich bereits 1918 der damalige US-Präsident Woodrow Wilson. Nicht zuletzt auf ihn ist die Idee des Völkerbundes als Stabilitätsgarant für Recht und Frieden zurückzuführen. Der Krieg war vorbei, der Völkerbund gegründet. Die USA jedoch sind ihm nicht beigetreten. Was die einen als Angst vor der eigenen Courage einordnen, ist für die anderen der Beweis, daß die isolationistische Nabelbeschau der Amerikaner ebenso Tradition ist wie ihre weiteren Versuche – Isolationismus hin, Weltpolizist her –, im Krisenfall international mitzumischen, möglichst den Ton anzugeben.

Hitler war noch nicht besiegt, die deutsch-japanische Achse noch nicht aufgebrochen, als hochrangige Vordenker auf dem Patriziersitz Dumbarton Oaks im Washingtoner Stadtteil Georgetown ihrer multinationalen Phantasie freien Lauf ließen. Eine Ordnung, eine Welt, ein Frieden. Und dazu die Möglichkeit, den USA – durch Rüstung und durch andere Kraftanstrengungen zur Nummer eins in der Welt aufgerückt – den ihnen gebührenden Platz zu verschaffen und zu sichern. Kolonien versanken, Staaten entstanden und die Amerikaner, Gralshüter der Vereinten Nationen, standen Pate. Unbestritten ist ihr Gründereinfluß in der Weltorganisation nicht nur des Bauplatzes wegen. Die Familie Rockefeller überließ ihn für den symbolischen Gegenwert von einem Dollar den Vereinten Nationen am East River in Manhattan.

Kaum einer kam auf die Idee, wider den Stachel der amerikanischen Dominanz zu löcken. Jahre, Jahrzehnte hindurch konnte sich Washington darauf verlassen, daß alte Verbündete und junge Staaten, politisch noch nicht trocken hinter den Ohren, mit Dollars in der Tasche nach ihrer, der amerikanischen Pfeife tanzten.

Vorbehalte gegen eine Quatschbude

Erst als sich die USA nicht mehr auf die Mehrheiten in der Generalversammlung der Vereinten Nationen verlassen konnten, zogen sie völkerrechtlich die Bremse. Im Sicherheitsrat blieb ihnen als ständigem Vertreter samt Vetorecht immer noch die Möglichkeit, eigene Vorstellungen durchzusetzen und andere zu blockieren. Unvorstellbar für einen Truman, Kennedy, Nixon, Carter, Reagan oder Clinton, daß nach Jahrzehnten eines amerikanischen Jahrhunderts in der UNO das Veto gegen die ausgewiesenen Interessen der USA eingesetzt wird.

Die Erosion des Einflusses der USA in den Vereinten Nationen, von vielen Amerikanern zunächst nicht erkannt, dann unterschätzt oder verdrängt, erscheint nachträglich fast ebenso alt wie die Weltorganisation in ihrer nicht enden wollenden Aufbauzeit. Auch wäre es naiv, das Interesse der USA an der UNO auf die Umwegrentabilität durch den Hauptsitz New York herunterzurechnen. Bald eine Milliarde Dollar Umsatz zählt selbst in einer Welt-Finanzmetropole wie New York. Grundstücksmakler, Vermieter, Hoteliers, Einzelhändler oder Taxifahrer zählen politisch freilich nur als „byproduct". Durchschnittsamerikaner stehen der UNO in einer Mischung aus Unwissen, Fremdheit, begrenztem Nutzen und Verachtung („Quatschbude") gegenüber. Machtpolitisch wurden die New Yorker Internationalisten nicht nur dem Washingtoner Regierungsbetrieb zunehmend verdächtig. Nur fallweise hat US-Politik die UNO vollinhaltlich instrumentalisiert.

Strukturell entwickelten die USA gegenüber den Vereinten Nationen eine Fülle von Vorbehalten, „weil sie ihre Menschenrechtspolitik nicht der Kontrolle unabhängiger internationaler Organe unterstellen wollten" (Matscher). „Mehr oder weniger Parallelen mit der Entstehung der Vereinten Nationen und von einem ähnlichen missionarischen Geist getragen wurde die Idee der Schaffung eines internationalen Strafgerichtshofes zur Aburteilung von Kriegsverbrechen und Verbrechen gegen die Menschlichkeit geboren."

Die Frage nach der Rachejustiz des jeweiligen Siegers ist international nicht verstummt. Manches Vorhaben, einmal mehr oder weniger unterstützt, blieb papieren, wie die Völkermordkonvention der UNO aus dem Jahr 1948, die Rot-Kreuz-Konvention 1949 oder die Anti-Folter-Konvention 1984.

An den Statuten des IGStH wurde seit fast 20 Jahren gebastelt, assistiert von der International Law Association, in der viele Amerikaner das Sagen haben. Für die USA nicht verbindlich legt das IStGH-Statut bei schwersten Verbrechen wie Völkermord, Kriegsverbrechen oder Aggression die strafrechtliche Verantwortung von Einzelpersonen fest. Sie sollen weltweit unabhängig von ihrer amtlichen Eigenschaft und ihrem hierarchischen Rang als Befehlsgeber, Befehlsnehmer oder bei eigenmächtigem Vorgehen zur Verantwortung gezogen werden können.

Ausdrücklich sieht die Satzung des Strafgerichtshofes vor, nicht nur das Verbrechen des Völkermordes und anderer Verbrechen gegen die Menschlichkeit zu ahnden, sondern auch Vorgänge unterhalb der Schwelle eines offenen, bewaffneten Konflikts. Untersuchungen und Aburteilungen liegen an sich wie bei anderen Straftaten bei den Staaten. Franz Matscher erläutert: „Nur wenn diese

(Staaten) nicht willens oder nicht fähig sind, ein Strafverfahren selbst einzuleiten und durchzuführen, wenn sie die Sache dem IStGH übertragen, oder wenn der Sicherheitsrat der UNO sie an den Gerichtshof verwiesen hat, kommt dessen Gerichtsbarkeit zum Tragen."

Unterwegs zur Pax Americana

In einer möglichen Jurisdiktion des Gerichtshofes „liegt der Kern der Einwände der Vereinigten Staaten gegen das Statut des IStGH, weil es zur Folge hat, daß US-Truppen, die auf dem Gebiet eines Vertragsstaates operieren, unter die Gerichtsbarkeit des IStGH fallen würden und an diesen überstellt werden müßten".

Ideengeber, Gründer und auch Nutznießer der Vereinten Nationen, ist es für die USA unvorstellbar, auch nur einen einzigen Amerikaner der Entscheidung des Weltsicherheitsrates zu unterwerfen. Indem in der Neuen Welt ge- und verzögert, bezweifelt und blokkiert wird, arbeitet der Strafgerichtshof völkerrechtlich auf einem Fleckenteppich. In der Alten Welt hingegen ist der Menschenrechtsschutz flächendeckend organisiert und garantiert. Diesseits des Atlantik werden die Souveränitätsbedenken von jenseits nicht geteilt. Die Abwesenheit der USA im IStGH stellt „ein gewaltiges Manko" dar. „Eine solche Einstellung", resümiert Matscher, selbst langjähriger Richter am Europäischen Menschenrechtsgerichtshof in Straßburg, „reimt sich nicht mit der Rolle des Weltpolizisten, den die Vereinigten Staaten gern in Anspruch nehmen und in dankenswerter Weise auch in Anspruch genommen haben, vor allem weil die europäischen Staaten nicht bereit oder nicht willens sind, sie selbst auszuüben oder mit auszuüben. Es mag dabei auch das Trauma des 11. September 2001 mit im Spiel gewesen sein, wenn die Vereinigten Staaten den Eindruck gewonnen haben, auf sich allein gestellt zu sein und ihre Sicherheitsprobleme und Weltmachtansprüche selbst in die Hand nehmen zu müssen, ohne dabei auf die Anliegen der Völkergemeinschaft Rücksicht nehmen zu können."

Wenn dies die Maxime amerikanischen Handelns bleibt – daran läßt zumindest die Bush-Administration und ihre stattliche US-Anhängerschaft keinen Zweifel –, rollt eine neue Weltordnung, eine Pax Americana, aus dem Depot der einzigen Supermacht. Unaufhaltsam?

Daß die Leben von Amerikanern für Regierung und Parlament in Washington von höherem, jedenfalls anderem Wert sind als die Leben fremder Staatsbürger, bestimmt das US-Verhalten nicht erst mit der Errichtung des IStGH. Derart deutlich hat sich die amerikanische Diplomatie in diesem heiklen Bereich ungleicher Menschenrechte wohl noch nie vorgewagt. Um amerikanischen Soldaten irgendwo in der Welt im Fall der Fälle Straffreiheit von Kriegsverbrechen vor dem Strafgerichtshof zu sichern, wurde der Weltsicherheitsrat bemüht.

Weil die EU-Europäer in den Couloirs der Vereinten Nationen Stimmung für den IStGH machten, warfen sich die Amerikaner mächtig ins Zeug. Regierungsamtlich drohte Washington zeitweilig mit dem vorzeitigen Abzug der amerikanischen Truppen aus Bosnien für den Fall, daß Brüssel in der Sache dieses Gerichtshofes (den neben den USA Rußland, China, Nordkorea und der Iran ablehnen) europäische Solidarität einfordert. Man gab sich auf amerikanischer Seite verärgert darüber, daß die EU den Prinzipienstreit um den Gerichtshof so weit angefacht hat. Washington will im transatlantischen Juristenstreit nicht nachgeben. Der Strafgerichtshof, von der Europäischen Gemeinschaft initiiert und protegiert, wird ohne Zweifel in seiner Wirksamkeit durch zweiseitige Aktivitäten der USA unterlaufen. Sie schließen mit zunächst 37 Staaten Spezialabkommen darüber ab, daß amerikanische Soldaten, sollten sie direkt oder indirekt auf fremdem Territorium mit Kriegsverbrechen in Verbindung geraten, nicht an den Strafgerichtshof ausgeliefert werden. Unter diesen Staaten sind auch der EU nahestehende Staaten – nämlich Rumänien, Albanien und Georgien. Gegen Brüsseler Wünsche haben sie sich gegenüber den USA vertraglich verpflichtet, US-Bürger, vor allem Soldaten, gegenüber dem Strafgerichtshof zu schützen. Es handelt sich schon jetzt um das Gegenteil atlantischer Wertegemeinschaft, wenn in dieser heiklen Menschenrechtsfrage die Supermacht USA auf einer Sonderbehandlung ihrer Bürger besteht und damit eine weltweite Rechtsspaltung bewirkt.

Der verspielte Triumph des Westens

„... so wend' ich Gewalt“

Sie fahren durch Texas. Immer geradeaus. Autobahn bis zum Horizont. Ohne Abwechslung geht es dahin. Schnell, ein bißchen schneller, immer schneller. Wie aus dem Nichts taucht Rotlicht auf. Die Polizei überholt wie im Flug, winkt, hält an, entsteigt. Aussteigen heißt es in barschem Befehlston für den Fahrer. Es wird amtsgehandelt – Beine spreizen, Oberkörper an das Auto geknallt, Hände aufs Dach und überhaupt – keine Widerrede. Speeding. Ein paar Meilen oberhalb der 60-Meilen-Beschränkung, also zu schnell. Das genügt für ein Strafmandat. Keine Widerrede, keine Entschuldigungen, wenn der Fahrer weiter herumrede, sei eine Anzeige bei Gericht fällig wegen versuchter Beamtenbestechung. Vorgeführt werde er am nächsten Montag dem Richter. Montag? Heute sei doch Freitag. Seine Sache.

Dann entdeckt der beflissene Ordnungshüter das Zeichen der American Automobil Assoziation: AAA. Die drei Buchstaben lösen das Problem. Man muß nicht persönlich vor Gericht. Der Automobilclub tritt dort auf, zahlt und kassiert hinterher. Weiterfahren.

Typisch amerikanisch. Zuerst Gewalt, dann Recht. Dazwischen bleibt dem Individuum kein Raum. Die Vollmacht, die der Bürger dem Staat überträgt, ist in Amerika rechtlich nahezu uneingeschränkt. Kontrolliert zwar, aber im Prinzip wird das Gewaltmonopol des Staates im konkreten Fall rücksichtslos exekutiert. Daß der einzelne Polizist dabei genießt, Augenblicksmacht zu üben, wird allgemein akzeptiert. Zur Akzeptanz zählt, daß er, der Augenblicksmächtige, ebenso handelt wie andere Mächtige, nämlich in einer Mischung aus Angst und Selbstbehauptung.

Auch gegenüber dem Staat und seiner Grundfunktion, Leben und Eigentum zu schützen. Bei allem Respekt vor der Nation und ihren Symbolen, wie der Fahne, der Nationalhymne, dem Präsidenten, dem Kongreß, den Gouverneuren, den Bürgermeistern oder der Armee, legt der Durchschnittsamerikaner Wert auf einen individuellen Freiheitsraum: „My home is my castle". Dieses angelsächsische Wort wird im Bedarfsfall gegenständlich umgesetzt. Traut doch mancher der Schutzfunktion des Staates einschließlich der Polizei nur bedingt oder gar nicht. Sein Sicherheitsbedürfnis befriedigt „der" Amerikaner schneller und schlüssiger als „der" Europäer. Pauschalierungen eingerechnet, bleiben im Alltag Gewalt und Gewaltanwendungen als ultima ratio.

Quer durch Europa sind die Ordnungshüter vergleichsweise weniger zimperlich oder zurückhaltend. Notfalls stürmen sie auch, mit oder ohne Durchsuchungsdekret. Der frühere New Yorker Bürgermeister Rudolph Giuliani, ein gelernter Staatsanwalt und trainierter Kommunalpolitiker, hat durch klare Grenzziehungen zwischen persönlicher Freiheit und krimineller Gewaltanwendung etwas zustande gebracht, was vielen Vorurteilen widerspricht. New York, genauer Manhattan, ist sicher wie seit langem nicht mehr – gewaltfreier jedenfalls als die konkurrierenden Metropolen Chicago, Los Angeles oder als Amerikas Aushängeschild Washington D.C.

Wie war das möglich? Giuliani hat es als erfahrener Jurist verstanden, das Sicherheitsbewußtsein der New Yorker, das jahrzehntelang angesichts krimineller Gewalt schwer erschüttert war, durch gezielte Eingriffe der Staatsgewalt und Mitarbeit der Polizei wiederherzustellen. Er ließ überwachen, kontrollieren, die Bewegungsfreiheit Verdächtiger einschränken, präventiv verhaften und bei der Bestrafung nicht mit der früheren Automatik Gnade vor Recht ergehen. Gesetz ist Gesetz und es gilt keine Entschuldigung für Unkenntnis der Paragraphen.

In Amerika hat sich am Beispiel von New York gezeigt, daß das Recht keine Gewalt hat, wenn Gewalt Recht hat. Für Europäer bei eigenen Belangen alles andere als selbstverständlich, nährt die transatlantische Auseinandersetzung um das Völkerrecht am Beispiel des Irak-Krieges vielfältig antiamerikanische Vorbehalte. Unkenntnis oder Verschwörungstheorie irritieren im transatlantischen Wertekanon bei kaum einem anderen Bereich derart massiv wie bei „Gewalt". Zu den gängigen, teilweise beliebten Sagern gehört unter sogenannten Amerikakennern, es sei kein Wunder, wenn drüben „aus der Hüfte" geschossen würde. Derlei sei üblich – eine der zahlreichen Verwechslungen von Film und Realität.

Europäer, die ihre Amerikakenntnisse hauptsächlich aus Hollywoodfilmen, vornehmlich der B-Kategorie ableiten (also nicht einmal einem John Wayne und anderen High Noons gerecht werden), übertragen mehr oder weniger gelungene Drehbuchgags auf amerikanische Lebensart und auf die US-Politik. In Amerika diene Gewalt dazu, Aggressionen zu rechtfertigen, Identitäten aufzubauen, Sicherheitsbedürfnisse zu befriedigen und Mythologien zu frönen. Europäern, so lautet das flüchtige Selbsturteil auch in gebildeten und erfahrenen Kreisen Europas, sei derlei Macht im Denken, Fühlen und Handeln fremd. Sie betrachten Macht nur bei anderen als moralisch verwerflich, gar als Beweis ungezügelter Selbstzerstörung überlieferter Werte, als Teil gar einer Untergangsphilosophie.

So kann nicht überraschen, daß auch das Thema Gewalt in seinem psychologischen Ansatz und in seiner oft brutalen Konsequenz die Alte von der Neuen Welt trennt. Jenseits Begrifflichkeit schlagen hier die Mentalitäten voll durch. Vielfalt in der Einheit sagen (sich) Europäer auf ihrer nicht enden wollenden Identitätssuche. Auch in Amerika spaltet sich die Gesellschaft in der familiären Herkunft, in den Einwanderungsströmen, in der Lebensart zwischen Stadt und Land, reich und arm, gebildet und ungebildet.

Also sprach John F. Kennedy

Es ist typisch für die Alte wie für die Neue Welt, daß die gemeinsamen Wurzeln rund um das Phänomen Macht gar nicht geleugnet, jedoch der Auswuchs auf Trennung zurechtgeschnitten wird. Nichts wirkt dabei so mächtig wie die Realität. Sie erweist sich als stärkste Kraft auch gegen Idealismus und Schönrederei.

Ein Beispiel liefert der ebenso begabte wie intellektuell gewitzte John F. Kennedy: In brillanter Rhetorik formulierte er am 17. Mai 1961 vor dem kanadischen Parlament: „Geography has made us neighbours. History has made us friends. Economics has made us partners and necessity has made us allies.“ Alle Brillanz des 35. Präsidenten der USA ändert nichts an der Tatsache, daß bestenfalls die Geographie die Macht der Nachbarschaft begründet. Daß Geschichte Freundschaft zwischen Völkern automatisch trägt, ist ebenso zweifelhaft, wie die rührende Bewertung oder Überschätzung wirtschaftlicher Partnerschaft. Politisch richtig ist die Erkenntnis, daß die Notwendigkeiten Allianzen fördern – so lange jedenfalls die Partitur der Interessen gleiche Tonart und vergleichbaren Rhythmus erlaubt. Paukenschläge bekommen der Harmonie nicht. Neuerdings wirken Amerika und Europa wie zwei getrennte

Klangkörper mit unterschiedlichem Kammerton, verschiedenen Partituren, zweierlei Takt und verwirrendem Rhythmus – dank ungleicher Dirigenten (oder deren Abwesenheit).

Ohnedies gilt dies alles für friedlichere, halbwegs normalere Zeiten ohne ungebändigte Macht in Form von Krieg. Wenn geschossen oder zurückgeschossen wird, erreicht Macht eine andere, eine unzivilisierte Dimension. Zu den (zweifelhaften) Errungenschaften unserer Zeit zählt, daß die Abwesenheit heißen Krieges keineswegs bedeutet, eine andere Form des Krieges – etwa eines kalten Krieges – auszuschließen. Im Gegenteil. Fast ein halbes Jahrhundert lang hat sich die westliche Welt untereinander Interessenkonflikte geleistet, die überhaupt nur durch das Gleichgewicht des Schreckens (Hugo Portisch) ertragen und überstanden werden konnten.

Die Konsolidierung gegenteiliger und zeitweise auch gegenseitiger Interessen konnte im kalten Krieg als kalkulierbare Kampfkultur mit transatlantischen Rückendeckungen lediglich funktionieren, solange die eine wie die andere Macht nicht überdehnt wurde. Innerhalb des kommunistischen Machtapparates fehlt es nicht an ebenso dramatischen wie erfolglosen Versuchen, den selbsternannten Autoritäten die Stirn zu bieten: 1953 in Ostberlin, 1956 in Ungarn, 1968 in Prag, 1980 in Warschau.

Die letzte Überdehnung führte 1989 und danach zum Zusammenbruch des sowjetisch geführten Imperiums. Die USA, ihres ideologischen Machtkontrahenten beraubt, laborieren als übriggebliebene Weltmacht Nummer eins nun selbst am Überdehnungssyndrom. Transatlantisch wirken dabei mehr denn je Gewichtsverlagerungen, was zeigt, daß Macht auch in unserer Zeit alles andere als einen absoluten, gar einen dauerhaften Wert darstellt.

Die sowjetische Macht war längst dem Verfall ausgesetzt, als sie nach außen noch auftrumpfte. Ausgehöhlt, überfordert, korrumpiert und desorganisiert, betrieb das kommunistische Reich mit Glasnost und Perestrojka unter Nikolai Gorbatschow staatliche und ideologische Selbstdemontage. Als Gegenmacht brauchten die USA ihre Überlegenheit weder wirtschaftlich und schon gar nicht politisch oder militärisch auszuspielen. Stalins Erben, mehrfach überfordert, konnten und wollten den Verfall ihres Reiches nicht aufhalten.

Dem Westen fiel ein Sieg im kalten Krieg scheinbar in den Schoß. Ohne einen einzigen Schuß abzugeben, wie es so schön heißt, stellt sich der Triumph des Westens wie Deus ex Machina ein. Tatsächlich gingen die seit Jahren und Jahrzehnten angestellten Rechnungen auf, daß sich die eigentliche Macht des Westens nicht in Atombomben, Flugzeugen und Schiffen, sondern in ihrem politisch-moralischen Gesamtwerk also mit soft power durchsetzt. Im Osten erwies sich die ideologische Machtentfaltung von Demokratie, Freiheit und Marktwirtschaft schlagartig als siegreich. Im Westen zählte dies seit jeher zum abgespielten Repertoire von Sonntagsreden – von Strategie weit und breit keine Spur.

Dennoch ist zu fragen, ob wir die Macht der Idee oder die Idee der Macht erlebten? Antworten, die überzeugen, kamen erst nach geraumer Zeit der Selbstprüfung und der methodischen Aufarbeitung hoch. Zu den Phänomenen der Wende 1989 und danach zählt ein ganzes Bündel von Bewußtseinsspaltungen.

Macht der Idee – Ein Imperium fällt

Im ehemals kommunistischen Herrschaftsbereich wurde „Freiheit" zuerst zögernd und dann jedoch aus vollen Zügen genossen. Nicht als abstrakter Begriff, sondern als Prozeß und Lebensart unter dem die Mächtigen fordernden Motto von Leipzig „Wir sind das Volk" (eine mehrheitlich wohl unbewußte Anleihe bei der genialischen amerikanischen Verfassung und ihrem ausholenden Anspruch „We are the People").

In der Rückschau überrascht ein ums andere Mal, daß die historisch zu nennende Machtverschiebung vom Osten einem Naturereignis gleich empfunden und bewertet wurde. Im Westen hingegen überwog die blasierte Art, mit der die fällige Neuordnung der Machtverhältnisse zuerst übersehen, dann verschlafen und schließlich als ein Vorgang unter vielen eingestuft wurde. Dem äußeren Schein nach stand und steht der revolutionäre Umbruch im Osten in unübersehbarem Gegensatz zur pausbäckigen Siegermanier im Westen. Transatlantisch läßt sich insoweit kein Unterschied erkennen. In Europa wie in Amerika war man auf die „Wende" weder vorbereitet noch fähig, angemessen zu reagieren.

An der politischen Oberfläche läßt sich die Wiedervereinigung Deutschlands und Europas mechanisch einordnen. Das Angebot an Waren, Zeitungen, Reisen verspricht seit der Wende einige Besserung, ebenso wie eine Gründerwelle, der Straßenzustand, gelebte Meinungsfreizeit, Freizeitangebote, Weiterbildung und modernere

Krankenversorgung. Dazu eine Portion Demokratie als Westimport. Auf der Negativseite registrieren deutsche wie andere Bürger aus dem kommunistischen Imperium, daß das Verbrechen zunimmt, der Zusammenhalt der Menschen abnimmt, die Mietpreise steigen, die Sicherheit im Straßenverkehr zu wünschen übrig läßt, die altgewohnte Ordnung abhanden gekommen ist, die Erziehung der Kinder schwieriger gerät und der einzelne mangels Überblick nicht weiß, was er tun und was er lassen soll. Drüben, wo die Nestwärme des alten Kollektivs vielfach vermißt wird, hält sich das Verständnis für derlei Nuancen in Grenzen.

Was bei einer unbefangenen Bilanz machtpolitisch festzuhalten ist: Gelernte Europäer sehen als gesättigte Wohlstands- und Freizeitbürger weithin die Transformation in Geldkategorien; gelernte Amerikaner befriedigt als trainierte Number-One-Menschen der Zusammenbruch der Gegenideologie nur kurzfristig, um dann zum eigenen Führungsanspruch überzugehen.

Nachfolgende Generationen mag überraschen, wie das Ende einer Machtkonstellation, die Europa und damit die Welt fast ein halbes Jahrhundert bestimmt hat, lässig und scheinbar geräuschlos verabschiedet wurde. Nach den wahren Gründen wird erst allmählich gesucht.

Durch diesen Verzögerungseffekt wurde transatlantisch jedoch weithin verhindert, den Triumph des demokratischen Westens über den kommunistischen Osten zu erfassen. In der Selbstbestimmung des machtpolitischen Koordinatenkreuzes, die längst überflüssig war, hat die Wende noch keinen rechten Platz. Nicht nur unter den hauptbetroffenen Europäern wurde und wird den wahren, den letzten Gründen der Machtverlagerung nachgegangen. Auch dieser oder jener Amerikaner treibt aus typischer Neigung zu Ursachenerforschung Analyse und geopolitische Überschau.

Nörgelei der Abseitssteher

Statt dessen wurde in der Alten Welt ideologisch weiter gestritten, als ob nichts geschehen wäre. Die Rolle der USA bei der Neuordnung Europas und des damaligen Präsidenten George Bush sen. – 1989 und danach nicht betrieben wie in den vierziger Jahren – beliebte man in den europäischen Zirkeln Intellektueller, Medienmacher usw. niedrig zu hängen. Es war nicht „in“, dem oft verhaßten

Partner in der Neuen Welt zuzugestehen, daß er sich machtpolitisch in Nahost diszipliniert gegeben hat (und sei es auch nur aus Desinteresse), flexibel und undogmatisch, etwa in Fragen der NATO-Allianz und hilfreich bei der deutschen und damit europäischen Wiedervereinigung. Dennoch glauben einschlägige Kreise von links bis links-links, ein strammer Europäer sei, wer ideologisch mit der alten Gleichung arbeitet: Antikapitalismus + Antiglobalisierung = Antiamerikanismus.

Die in Europa so denken und argumentieren, wirken wie Gefangene der eigenen Anti-Propaganda. Gebetsmühlenartig wird immer wieder diese Gleichung auf jede politische oder wirtschaftliche Situation angewendet. Wenn alles nichts hilft, wird auf die eine oder andere Verschwörungstheorie zurückgegriffen, die die Macht und die Mächtigen reflexartig mit Mißbrauch und Irreführung in Verbindung bringt. Mit diesen alten Instrumenten glaubt man allen Ernstes, die Außenpolitik ebenso aushebeln zu können wie die Innenpolitik, vornehmlich die Gesellschaftspolitik.

Amerikaner sind insoweit aus anderem Holz. Mit Ideologien hat der US-Bürger wenig im Sinn. Selbst politische Parteien betreiben ihren Pragmatismus bis zur Unkenntlichkeit. Man gibt sich machtfähig, vom Hafenarbeiter über die Halbtagsverkäuferin im Supermarkt, den Bankangestellten bis zum Präsidenten. Ein George W. Bush bewegt sich ebenfalls in diesem Machtgeviert: Engagement, Beharrlichkeit, Selbstbewußtsein und Erfolg. Macht, die da hinein paßt, ist für Durchschnittsamerikaner ebenso unverdächtig wie für Durchschnittseuropäer verdächtig.

Paart sich zu diesen Eckpunkten im amerikanischen Fall eine gehörige Portion Missionarisches, so führt diese Denk- und Handlungsweise bis ins Oval Office. Dort sticht nicht die Vielfalt der Ideale, nicht der Skrupel der Vereinfachung. Seit jeher ist im Oval Office Macht zu Hause. Gefragt ist nicht die Existenz, sondern die Ausübung. Je entschiedener, desto besser.

Macht als Sozialtest

Sorgen zweierlei Gesellschaftsmodelle im Sozialbereich schon theoretisch für eklatante Unterschiede zwischen Europa und Amerika, so erst recht in der Realität. Schon Semantisches liefert reichlich Anschauungsmaterial. So zählt beispielsweise „Sozialstaat“ zum

Kern-Vokabular europäischer Politiker, seine Verteidigung steht gar im Mittelpunkt jeder Wiederwahlstrategie. Die meisten Amerikaner mißtrauen dem Sozialstaat und dem, was dahinter steckt. Sie vermuten gar eine unselige Kombination politischer Schreckgespenster – nämlich Sozialismus und Staat, Kollektivismus und Unfreiheit.

In gepflegten Disputen kommt es immer wieder zu Überkreuz-Verdächtigungen. Amerikaner sehen die Europäer vielfach als Linksabweichler mit kollektivistischem Urtrieb und einem unseriösen Bakschisch-Verhältnis zum überbordenden Sozialstaat. Europäer stufen die Amerikaner als Inbegriff angewandten Kapitalismus einer brutalen Leistungsgesellschaft ein, mit Seelenkälte vor Armut, Ungerechtigkeit und sinistren Abhängigkeiten. Also diesseits zuviel und jenseits zuwenig soziale Sicherheit, dort mehr und funktionierende Eigenverantwortung und in der Alten Welt ein verrottetes Verantwortungsbewußtsein mit Realitätsverweigerung vor dem Preis der sozialen Sicherheit. Das gleiche für das ungleiche Paar – aus niedrigen Steuern einerseits und umfassender Absicherung andererseits.

Schon beim sozialen Frieden hinkt der Vergleich. Streiks zählen drüben zum gesellschaftspolitischen Alltag. Europäische Länder bilden bei Arbeitsniederlegungen alles andere als einen monolithischen Sozialblock. Im Norden und in Ländern wie Österreich sind Streiks äußerst selten. Im Club Med (wie die mediterranen Länder Griechenland, Italien, Spanien und Portugal im Euro-Speak genannt werden) weiß man damit zu leben, daß die eine oder die andere Branche regelmäßig tageweise und länger bestreikt wird.

Was atlantisch trennt, ist nicht nur die Streikstatistik. Auch die Art und Weise der sozialen Umverteilungsprozeduren könnte gegensätzlicher nicht sein. Hart und unerbittlich in der Neuen Welt, taktierend und (sozial-) partnerschaftlich in der Alten, jedenfalls in Einzelfällen. Die Sprachlosigkeit, die oft amerikanische Lohnfindung auszeichnet, stellt in europäischen Prozessen die Ausnahme und nicht die Regel dar. Auch sozialpolitisch steht das Konzept von Schwarz-Weiß oder Freund-Feind gegen Partnerschaft und Mitbestimmung. Wahrlich zweierlei Machtkonzepte am Beispiel des Sozialen.

Im Quervergleich sehen sich kenntnisreiche Amerikaner in ihrer Meinung bestätigt, das europäische Sozialstaatmodell sei unerschwinglich, es habe die Zunahme der Armut nicht verändert, die

Armutsgrenzen lägen zu hoch, die Ausdehnung der sozialen Sicherheit sei ein unerfüllbares, unseriöses politisches Versprechen. Drüben erscheint das europäische Modell nicht nur unerschwinglich, es fördere zudem die Anspruchsmentalität, es schmälere die Eigenverantwortung und verzerre die Umverteilung. Man erkennt Begriffsverwirrung und sozialpolitischen Zündstoff sowie europäische Munition für Attacken auf das amerikanische Sozialmodell (soweit vorhanden).

Europäische Gegenmeinung, mehrheitlich vertreten: Mit der sozialen Sicherheit sei es in der Neuen Welt nicht weit her, und dennoch sinke das Verantwortungsbewußtsein, lägen die Armutsgrenzen im sozialen US-Netz unsozial tief, der Preis der Absicherung unkalkulierbar hoch, während der soziale Frieden in Amerika zu wünschen übrig lasse. Notwendige Reformen würden blockiert, seien wegen offenkundiger Sachzwänge, Einspar- und Gerechtigkeitsbedürfnissen entweder nicht zumutbar oder nicht durchsetzbar. Solche Qualifizierungen belegen, daß das Thema Rettung oder Verdammnis des Sozialstaates einen europäisch-amerikanischen Vergleich kaum möglich machen. Schon semantisch läßt er nur Teilergebnisse zu, von gesellschaftspolitischen Konsequenzen ganz zu schweigen.

Dazu paßt einiges an sogenannter Bestimmungskultur. In der Alten Welt zählt es zur Standardausrüstung eines Gewerkschaftsfunktionärs oder Industrievertreters, auf dem Weg zur Macht mit mehr oder weniger gestelzten Wortspenden – fernsehgerecht auf dreißig bis vierzig Sekunden zurechtgestutzt – dem p. t. Publikum mit Fachausdrücken zu kommen wie Lohnnebenkosten, Flächentarife, Arbeitsproduktivität oder Cashflow. In der Neuen Welt hält man sich an den handfesten Grundsatz, wer unklar spreche, habe nichts zu sagen oder etwas zu verheimlichen. Direkt, wie es der Brauch ist, wird – wenn überhaupt – mit Streik und Aussperrung, mit Gewinn und Verlust, Arbeitgeberarroganz und Gewerkschaftsblindheit argumentiert. Die Macht des Wortes spielt also eine große, die Unterschiede beleuchtende Rolle. Erst recht in der Sache. Da gleicht Europa – pauschal gesehen – einer Konsensgesellschaft, Amerika einem Konfrontationshort.

Im Kampf um Interessen werden Begriffe gleichsam besetzt. Zum Beispiel „Solidarität“ oder „Wettbewerbsfähigkeit“ oder „Marktzwang“ oder „Allgemeininteresse“ oder „Leistung“, oder „Erfolg“. Daß hinter derlei Wortspenden deutliche Unterschiede, teilweise inhaltliche Gegensätze stecken, kann gelernte Atlantiker nicht überraschen (wenn es auch einen Vergleich erschwert). Paradebeispiel liefert die deutsche Sprache mit dem Doppelbegriff „Demokratie“ und „Demokratisierung“. Der eine Begriff vermittelt gleichermaßen redliche Absichten wie gesellschaftspolitisches Bla-bla, während der andere als Kampfbegriff gegen Rechtsstaatlichkeit und gegen parlamentarische Usancen munitioniert. Als Stichwort dient hier Mitbestimmung – für die Deutschen ein Fortschrittsymbol, für die anderen EU-Partner und auch Amerikaner eine verdächtige Mischung der Produktionsfaktoren Kapital und Arbeit sowie der unternehmerischen Verantwortlichkeiten für Umsatz, Ertrag und Gewinn.

Von Klassenkampf wird hier wie dort tunlichst nicht gesprochen, aber insgeheim dafür oder dagegen reichlich agitiert. Dabei zählt zu den unsichtbaren Teilen der Machtausübung, das politische und soziale Vokabular zu manipulieren, etwa durch Weglassungen wie Leistung, gegen Neuschöpfungen wie Globalisierung.

Etikettenschwindel und Verschwörungstheorien

Während in den USA primär auf kostensenkende Kurzzeiteffekte gezielt wird, ist es in Europa (mehr oder weniger) üblich, neben betrieblichen soziale Befindlichkeiten anzusprechen. Amerikaner agieren in Quartalszahlen des Verbrauchervertrauens, der Umsätze, der Erträge und der Aktienkurse. Europäer ziehen es vielfach vor, mit sprachlichen Unschärfen auf höherer Ebene der Wirtschafts- und Gesellschaftspolitik zu argumentieren. Dort Gewinn, hier Erfolg. Jedenfalls zweierlei Machtbezug, zweierlei Machtausübung, zweierlei Machtkonsum und zweierlei Machtdeklaration.

Amerikaner bekennen unverblümt, Macht zu lieben, Europäer – standesgemäß – sie zu verdammen und gleichzeitig subkutan einzusetzen. Beiden gemeinsam ist indessen, primär nicht über Inhalte nachzudenken und sie zu konstituieren, sondern sich Worthülsen und Parolen hinzugeben. Zuerst wird mit Begriffen wie Sozialabbau jongliert und dann Substanz wie Lohnverzicht nachträglich eingebracht – das ist typisch europäisch, typisch amerikanisch dagegen ist, von Erfolg zu reden, von Gewinn, von Leistung und von besserer Zukunft.

Nichts prägt die Beziehung Europa–Amerika gewaltiger als die persönliche, die menschliche Seite. Positiv, negativ, freiwillig oder unter Zwang. Einwanderung bildet ein Band besonderer Art, markantes Stichwort: Melting Pot. Was aus vielen Minderheiten eine große Mehrheit macht, gilt nicht nur für New York. Die Größe des Landes und wirtschaftliche Entfaltungschancen wirkten naturgegeben integrierend. Längst wurden Einwanderer nicht mehr als „wilde Horde" betrachtet, sondern als Wachstumsstütze sowohl personell, wirtschaftlich als auch intellektuell. Zwischen den einzelnen Einwanderungsgruppen ergab sich ein beeindruckender Stafettenlauf. Die günstigsten Möglichkeiten erklommen jene, die es durch Leistung und Anpassung geschafft haben. Sie räumten gesellschaftlich, wirtschaftlich und faktisch beim Aufstieg die alten, bescheideneren Plätze des schweren Anfangs in einer wahrlich neuen, anderen Welt: So etwa die Engländer an die Deutschen, die Deutschen an die Griechen, die Griechen an die Slawen und neuerdings die Philippinen an die Chinesen. Ethnisch funktioniert der Melting Pot allemal.

Diktatur und Krieg sorgten auch im Einwanderungsland Amerika für ungewöhnliche oder ungewohnte Verhältnisse. So wurden 1942 Zehntausende Amerikaner japanischer Abstammung interniert, als der Zweite Weltkrieg auch die USA und Japan erfaßte. Kein Rassismus? Geantwortet wurde erst Jahrzehnte später, als Selbstkritik auch in Amerika hochkam. Natürlich ist die Neue Welt nicht frei von altem Rassismus. Im atlantischen Diskurs wird dies gelegentlich oder geflissentlich übersehen.

Schub aus der jüdischen Emigration

Einen absoluten Sonderfall stellt die jüdische Immigration im allgemeinen und nach Hollywood im besonderen dar. Aus der Flucht vor Hitler-Deutschland wurde ein Brain Drain, der Amerika unbestritten einen erheblichen intellektuellen Schub verschaffte: Die Architekten Walter Gropius und Richard Neutra ermöglichten dem ganzen nordamerikanischen Kontinent die architektonische Selbstbestimmung und ein Städtebild angewandter Motorisierung durch Einkaufszentren. Auch Thomas Mann verschaffte der Filmfabrik den Glanz eines europäischen Dichters, Arnold Schönberg mit der Zwölfton-Musik ein Stück vom Klang der neuen Zeit, Albert Einstein den Geniefunken des Fortschritts, Bruno Walter den Ton der Zivilisation. Und Hollywood wäre nicht das Mekka der Filmwelt ohne den Zuzug aus Berlin und Wien, mit Marlene Dietrich, Leon Askin, Albert Bassermann, Elisabeth Bergner, Curt Bois, Ernst Deutsch, Lilian Harvey, Fritz Kortner, Peter Lorre, Konrad Veidt, Adolf Wohlbrück. Und viele, viele mehr. Aus dem UFA-Fundus schöpfte Hollywood reichlich in Organisation, Denkweise, Management und nicht zuletzt Personal wie durch den Studio-Boss (Metro-Goldwyn) Mayer. Vor allem aber durch die Regisseure Max Reinhardt, Paul Czinner, Henry Koster, Fritz Lang, Anatol Litvak, Max Ophüls, Otto Preminger, Robert Siodmak, Billy Wilder, William Dieterle, Ernst Lubitsch, Fred Zinnemann.

Dieser prägende Kulturimport stellte einen nahezu einseitigen Brain Drain dar. Weit über die Unterhaltungsindustrie hinaus haben diese und andere kulturelle Schwergewichte in ihrer Mentalität und mit ihrem adaptierten Kulturverständnis wesentlich zum modernen American Way of Life beigetragen. Auf Jahrzehnte. Für die transatlantische Gegenbewegung gibt es nur ein Beispiel, nämlich Emil Jannings. Er war es, der zuerst in Berlin, dann in Hollywood und schließlich wieder in Berlin Karriere gemacht hat.

Jüdische Kultur, jüdische Denkweise und jüdische Überlebenskraft haben Zehntausende, die vor den Konzentrationslagern Hitlers fliehen konnten, Amerika nicht nur als sicheren Hafen empfinden lassen. Sie verstanden aus den Möglichkeiten, die Amerika bietet, Beachtenswertes herauszuholen. Vor allem an der Ostküste und teilweise an der Westküste wirkt die jüdische Einwanderung bis heute kulturell und auch politisch prägend. Insbesondere in den Medien. Noch gewichtiger wirkt der wissenschaftliche Zuzug. Vom Hitler-Regime verfolgt, kamen Hunderte von führenden Wissenschaftlern nach den USA, Dutzende von ihnen schafften von dort aus den Nobelpreis. Nicht immer half Selbstlosigkeit etwa der Quaker bei der Bereitstellung der sogenannten Affidavits, der amtlich geforderten 15.000-Dollar-Bürgschaft je Einwanderer in die USA. Gelegentlich sorgten Eigeninteressen der USA dafür, mit dem Zuzug von qualifizierten Experten, wie dem Raketenbauer Wernher von Braun und seiner Mannschaft, wegen des Wettlaufs im Weltall mit der Amerikanisierung die Entnazifizierung zu verbinden. Geblieben sind die Attraktivität der Möglichkeiten, der geistige Freiraum und sattere Finanzierung, der bis heute Experten und vor allem Wissenschaftler im Brain Drain nach Amerika kommen und in den meisten Fällen zu Tausenden dort bleiben läßt.

Diese gigantische Transplantation von Kultur, Wissen und

Denkweise hinterläßt tiefe Spuren. Henry Kissinger ist dafür ein Beweis in der Politik. Als der Mann aus Fürth bei Nürnberg, längst ein weltweit anerkannter Harvard-Wissenschaftler in Sachen Geschichte und Politik (als solcher ein Metternich-Spezialist), im Jahr 1973 von Richard Nixon zum Außenminister berufen wurde, meinte er, in diesem Moment an der Karrierespitze angelangt zu sein, sichtlich berührt in seltener Offenheit: „Daß einer wie ich das werden kann." Gemeint war sein Status als Immigrant, als deutscher Jude und als Vordenker in der nicht gerade über-intellektualisierten Bürokratenburg Washington.

Henry Kissinger, einem von 500.000 Vertriebenen aus dem nationalsozialistischen Herrschaftsbereich, mag Intelligenz, Fleiß und auch eine ordentliche Position Glück zur Aufnahme in Amerika und zu seinem wahrhaft kometenhaften Aufstieg zum Politstar verholfen haben. Nicht allen 130.000 amerikanischen Einwanderern aus Deutschland ist es derart ergangen. Viele, ja die Mehrheit, die aus rassischen, politischen oder wirtschaftlichen Gründen ihre Heimat verlassen mußten, sahen sich vor einer Wand des Mißtrauens, der Unterstellungen, der Fehleinschätzungen und schlicht des Ausländerhasses. In den dreißiger Jahren mußten sie erfahren, daß selbst ein demokratischer Präsident wie Franklin D. Roosevelt zunächst einigen Gefallen an der Wirtschafts- und Sozialpolitik eines Adolf Hitler fand. Hier wie dort war die Weltwirtschaftskrise und Arbeitslosigkeit zu überwinden. Jobs, nichts als Jobs tönte es quer durch Washington. Zuerst sollen die eigenen Leute Arbeit finden, dann läßt sich über Einwanderung reden, hieß es unisono auf dem Kapitol, im Weißen Haus und im State Department.

Es blieb bei Ausländerabwehr, als es wenige Tage nach Hitlers Machtergreifung im April 1933 zu den ersten organisierten Juden-Boykotten, zu Berufsverboten kam und nationalsozialistische Verfolgungstendenzen erstmals offenkundig wurden. Washington blieb bei seiner restriktiven Flüchtlingspolitik bis weit in die vierziger Jahre. Vertreten war sie nicht zuletzt durch Breckinridge Long, zeitweise US-Botschafter in Italien, mit Sympathien für faschistisches Gedankengut. Als Unterstaatssekretär im Außenministerium blockte er ab, auch als Roosevelts Arbeitsministerium versuchte, die restriktive Visa-Erteilung der US-Behörden, vor allem der Konsulate in Europa, umzukrempeln.

Als sich Nachrichten über den wahren Charakter der Hitler-Diktatur häuften, machte Roosevelt kehrt. Er wurde zum schärfsten

Antipoden. Politisch arbeitete er auf „unconditional surrender" (bedingungslose Kapitulation) hin. Moralisch entrüstet, setzte er sich über die Ausländer-raus-Stimmung hinweg, wie sie sich in Washingtoner Entscheidungszentren eingenistet hatte. Das Weiße Haus ordnete an, daß jenseits der Einwanderungsquoten für Verfolgte und Flüchtlinge 3.000 US-Einreisegenehmigungen zu erteilen sind. Bürokratischer und politischer Widerstand brachten es zuwege, daß daraus kaum mehr als 400 Genehmigungen wurden, darunter für Franz Werfel – einem weiteren Beispiel für Zivilisationsexport aus Europa.

Hitlers Todesmaschine und die US-Einwanderungspolitik

Die „America First"-Bewegung gab mit Hetzkampagnen religiöser Fundamentalisten gegen Einwanderer im allgemeinen und gegen Juden im besonderen (Roosevelts New Deal wurde als Jew-Deal verunglimpft, weil unter den Präsidentenberatern jüdische Intellektuelle tätig waren) gab nicht nur in Washington den Ton an. 80 % der Amerikaner sprachen sich fast bis Kriegsende gegen eine großzügigere Flüchtlingspolitik aus, also auch noch, als erste Einzelheiten der Hitlerschen Todesmaschine bekannt wurden.

Daß amtliche Fremdenfeindlichkeit und Schikane in Amerika teilweise Tradition haben, zeigt sich im Langzeitvergleich. Was 1938 mit der Bildung des House Un-American Activities Committee (HUAC) begann, um damals faschistische oder kommunistische Unterwanderung abzuwehren (und unter Senator Joseph McCarthy zu unrühmlicher Bekanntheit bis zu einer Art Verfolgung führte), findet über sechs Jahrzehnte später in Washington seine Fortsetzung. Der Immigration and Naturalization Service (INS) erreicht Ministerehren, als im Department of Homeland Security (DHS) Bürger aus 24 Ländern mit sofortiger Wirkung verpflichtet werden, sich einmal im Jahr amtlich registrieren zu lassen. Männliche Staatsangehörige aus Ländern des arabischen Raums und mit moslemischem Glauben müssen sich nach dem National Security Entry-Exit Registration System bei der Meldung befragen, Fingerabdrücke nehmen und Fotos machen lassen. Wer sich der Registrierung entzieht, muß mit Verhaftung, jedenfalls mit Ausweisung rechnen. Und schon protestiert Amnesty International gegen diese Special

Regulation. Nicht jeder Angehörige eines Staates, der Terroristen beherberge, sei selber ein Terrorist. Auf diese Feststellung von Präsident Bush berufen sich nun die Kritiker einer rigorosen Ausländerpolitik. Offenlegung der Personaldaten von Flugpassagieren mit Boykottdrohung im Weigerungsfall wirkt dagegen vergleichsweise harmlos. Das Begehren „gläserner Fluggast" ärgert dennoch atlantisch.

Damals wie heute, in Amerika wie in Europa, zeigen sich beklemmende Übereinstimmungen: Schutz des eigenen Reviers in Lebensart und Religion; emotionale Ablehnung des und der anderen; Angst vor der Konkurrenz leistungswilliger Einwanderer; Mißachtung der Fluchtmotive bei Asylanten; Verdacht grenzüberschreitender Mafia-Methoden und vor allem Schutz für die eigenen Arbeitsplätze gegen alle Verdächtigen aus Mafia bis Rotlicht.

Wie sich der amerikanische Gewerkschaftsbund AFL schon in den dreißiger Jahren gegen eine pragmatischere Visa-Gewährung und gegen eine liberalere Einwanderungspolitik gestemmt hat, verhält es sich heute noch in Europa. Von Menschenrechten unter dem Gesichtspunkt alle seien gleich ist die Einwanderungspolitik auch im atlantischen Vergleich traditionsgemäß weit entfernt. Bestenfalls werden Spezialisten, Intellektuelle und Prominente akzeptiert. Nicht die Masse, nicht die sogenannten einfachen Leute.

Wie es den Juden in den dreißiger und vierziger Jahren in den USA ergangen ist, wiederholt sich im Europa unserer Tage für Iraner oder Iraker, für Ägypter oder Marokkaner. In einem Land abgewiesen, versuchen sie es in einem anderen. Aus dieser modernen Völkerwanderung kann sich Amerika nicht ausschließen. Mit bürokratischen Lockangeboten allein ist es nicht getan. Intelligenz sucht sich allemal eigene Wege. Dabei stellt sich heraus, daß es bei qualifizierten, wanderungswilligen Ausländern inzwischen zu einer Art Wettbewerb innerhalb der Industrieländer kommt. Während die deutschen Kontingente mangels Attraktivität teilweise offen blieben, wiederholte und bewährte sich die alte Anziehungskraft Amerikas.

Durch Fehler bestimmt zur Größe

John Steinbeck beschreibt das Phänomen atlantischer Unterschiede. Der prominente amerikanische Nobelpreisträger für Literatur (neben Saul Bellow, Pearl S. Buck, William Faulkner, Ernest Hemmingway, Harry Lewis, Eugene O'Neill und Isaac Singer) schreibt:

„Zuerst gab es Amerika nicht. Jahrhunderte der Arbeit, des Blutvergießens, der Einsamkeit und Angst schufen dieses Land. Wir bauten Amerika und der Prozeß machte uns zu Amerikanern, eine neue Züchtung, verwurzelt in allen Rassen, in allen Farben gefleckt, und eine scheinbare ethnische Anarchie. Dann, in ganz kurzer Zeit, war plötzlich unsere Ähnlichkeit größer als unsere Verschiedenheit – eine neue Gesellschaft, nicht groß, aber geradezu durch unsere Fehler zur Größe bestimmt ... pluribus unum."

Amerikaner sind um Wortschöpfungen nicht verlegen. Die Hauptgruppe gegenwärtiger Einwanderer nennen sie Chicanos, wenn sie aus Mexiko stammen, Latinos für andere Mittel- und Südamerikaner, und alle spanisch sprechenden Zugereisten heißen Hispanics. Europa und Europäer fallen auch definitorisch unter ferner liefen. Vorbei ist die Zeit, als Not oder Diktatur dafür sorgten, daß die amerikanische Einwanderungsstatistik gleichsam europäisiert war. Zuletzt auf hohem, auf höchstem Niveau. Die europäische Einwanderung war in der Tat jahrzehntelang intellektuell bestimmt und geprägt. Diesen Einflußfaktor auf die amerikanische Mentalität, das Denken, Handeln, Motivieren und Politisieren der Amerikaner haben die Europäer weithin verloren. Nur in der Anfangsphase der Immigration aus Europa etwa von 1900 bis 1910 vollzogen sich Einwanderungsschicksale von Europäern ähnlich wie heute von Hispanics. Wer in den USA gelandet ist – mit oder ohne Einwanderungsquote, legal oder illegal –, hat wie ehedem hart zu arbeiten. Wo sich etablierte Gruppen zu gut sind und für wenig Lohn nicht zu haben sind, dominieren verbotene Sweat-Shops, wie sie in den Hinterhöfen von New York auch heute noch anzutreffen sind. Gelingt der soziale Aufstieg, so werden Familien nachgeholt und eigene Kultur mit amerikanischer Lebensart kombiniert, auch sprachlich.

Interessant, daß die meisten Hispanics dort Fuß fassen, wo einst europäische Kolonialherren ein und aus gingen, nämlich in Neumexiko, Kalifornien, Florida, Texas und Arizona. Die neuen Emigranten scheren die alten Geschichten von Kolonisierung und Christianisierung nach europäisch-abendländischen Überlieferungen durch Franzosen oder Spanier wohl kaum. Der aktuelle Sog der Einwanderung aus Süden und Westen ist um so stärker. Kalifornien rechnet bald die Hälfte der Bevölkerung zu den Hispanics, Texas ein Viertel und New York mehr als ein Zehntel.

Im amerikanisch-europäischen Vergleich gewollter oder verhinderter Einwanderung fehlt es freilich am markanten Gleichklang. Sprachlich (und damit kulturell) führen Einwanderer, Zuwanderer oder Asylanten generationenlang ein Doppelleben. Sie assimilieren sich nach außen, üben also Sprachloyalität, und pflegen nach innen mit der Sprache die Kultur ihres Herkunftslandes. Was der ersten Generation schwer fällt, gelingt in der zweiten mühelos und in der dritten mit unverkennbar gewordener Selbstverständlichkeit. Weiter läßt sich der Vergleich freilich nicht führen, da Sprache und Kultur verblassen oder in Vergessenheit geraten.

Die englische Sprache erweist sich in der Neuen Welt – und gewiß nicht nur dort – als das beherrschende Kommunikationsmittel. Europäer hingegen – alteingesessen oder zugewandert – leisten sich Sprachkonflikte und schüren oder erhalten damit bewußt nationale Gegensätze. Der Absolutheitsanspruch des Englischen in Amerika ist zwar durch die Hispanics neuerdings etwas abgemildert. Spanisch hingegen dringt im Süden, in Florida, Texas und Kalifornien machtvoll vor. Mehr und mehr Amerikaner (die an sich mit Fremdsprachen wenig im Sinn haben) hispanisieren sich aus geschäftlichen oder kulturellen Gründen. Doppelsprachigkeit ist bereits mehr als eine Frage von Ortstafeln. Auf den großen Flugplätzen wie Miami ist es bereits Brauch, in Englisch und Spanisch anzusagen. Erstaunlich ist, daß die meisten Amerikaner sich mit dieser Doppelsprachigkeit abfinden. Die jüngeren freunden sich mit Spanisch an. Es ist die Fremdsprache Nummer eins an nahezu sämtlichen amerikanischen Universitäten, gefolgt von Russisch, Französisch, Japanisch, Chinesisch und dann erst mit weitem Abstand Deutsch. Fast vergessen ist, daß beim Verfassungskonvent von Philadelphia anno 1776 es an einer einzigen Stimme hing, daß als Amtssprache Englisch und nicht Deutsch eingeführt wurde, freilich (bis heute) ohne Verfassungsrang.

Deine Sprache, meine Sprache, unsere Sprache

An der Integrationskraft amerikanischer Lebensweise hat sich am Beispiel des Englischen freilich kaum etwas geändert, zumal diese Sprache weltweit die Wirtschaft und mit ihr den Handel und mit ihm die Technik und damit den Fortschritt geradezu imperial beherrscht. Amerikanern kommt derlei gelegen.

Wer sich dieser Machtentfaltung entzieht oder ihr nicht zu folgen vermag, fällt zurück. Anders als das Patronat des Lateinischen mit der neuen Zeit verlor, mit der Aufklärung, mit der Industrialisierung und mit der kulturellen Gleichmacherei als Eliten- und Führungssprache, gewinnt Englisch wie ein Bonus für die US-Weltmachtfunktion. Ein ungarisches Sprichwort sagt, die Nation lebt durch ihre Sprache

Sprachimperialismus haben die Amerikaner zwar nie betrieben. Mit der ihnen eigenen Pausbäckigkeit haben sie auf die Dominanz des Englischen derart selbstbewußt gesetzt, daß die seit 1776 geltende Verfassung auf Vorschriften über die Landessprache verzichtet. Man spricht Englisch aus freien Stücken, nicht aus Gesetzes- oder Verfassungstreue. Formalisten in Washington, die die Verfassung um einen Sprachen-Paragraphen ergänzen wollten, unter ihnen Senatoren, sind immer wieder an den Verfassungspuristen gescheitert.

Das Sprachenproblem in der Europäischen Union offenbart tagtäglich, daß es selbst bei redlichster Integrationsbemühung nicht gelingt, nationalsprachliches Bewußtsein zu überwinden, das über tausend Jahre gewachsen ist. Jeder ist sich selbst und seiner Sprache der nächste, allen Integrationsschwüren zum Trotz. Während die USA über das Transportmittel Sprache auf geradezu natürlichen Machtzuwachs setzen, plagen sich die Europäer, getreu ihren Überlieferungen mit dem Versuch, durch gewandeltes Bewußtsein Vielfalt in der Einheit zu praktizieren. Bei Sprachen und alldem, was dahinter steckt, halten sie sich kulturpsychologische Utopien vom Leib. Erweiterung der Gemeinschaft hin, Eigensprache her – 25 statt 15 Mitgliedstaaten begehren 18 statt bisher 11 Amtssprachen und infolgedessen fast ein halbes Tausend Übersetzungsmöglichkeiten gegen bisher stattliche 176 Kombinationen.

Wenn in der EG beispielsweise ein finnischer Vorsitzender einem Portugiesen zu erklären versucht, was es mit Milchquoten in Italien auf sich hat, mündet derlei Alltagsgeschäft meistens in Englisch, manchmal in Französisch. Alle anderen Sprachen stehen papieren und oft verspätet in amtlichen Dokumenten. Im Brüsseler Amtsleben haben es schon gewichtigere Sprachen wie Deutsch, Spanisch, Italienisch schwer, von Polnisch, Ungarisch oder Slowenisch ganz zu schweigen.

Um so mühseliger gerät es, „Nationbuilding“ zu betreiben, gleichzeitig dem Bedürfnis nach eigener Identität gerecht zu werden und den Brüsseler Integrationsbetrieb arbeits- und entscheidungsfähig zu erhalten. Amerikaner haben es mit diesen Äußerlichkeiten, die zugleich einen hohen Symbolwert und auch eine Portion Bürgernähe vermitteln, unvergleichlich leichter. Sie legen die Hand aufs Herz, salutieren der Fahne und singen mit Emphase ihre Nationalhymne, allen voran Einwanderer.

Europäer wissen nicht so recht, wie sie sich in vergleichbaren Situationen zu verhalten haben. Die meisten von ihnen kennen die Fahne der Gemeinsamkeit, der EU, entweder gar nicht oder vermögen sie nicht zu erklären. Geht es um musikalische Umrahmung mit oder ohne Pathos, so müssen Schiller und Beethoven mit der Neunten Symphonie für eine Nationalhymne (begrifflich wohl ein Widerspruch in sich) herhalten. Ersatzweise. Gute Musik für eine schlechte Lösung.

Demonstrationen gegen Ausländer lassen sich europaweit mühelos organisieren. Wirken doch Abstoßeffekte allerorten, in allen Sprachen und mit allen noch so abgedroschenen oder absurden Argumenten. Auf der Abwehrliste stehen: Gefährdung der eigenen Heimat („Wir sind bei uns nicht mehr zu Hause“), Jobneid und Angst vor Fleiß und Eifer der Zugewanderten. Alteingesessene plaudern gedankenlos beim Protest: „Sammelpunkt am Bahnhof, und nach der Demonstration treffen wir uns beim Griechen.“

Überhaupt bevorzugen Europäer ihre Kontakte mit Fremdstämmigen in Gastbetrieben und beim Einkaufen in Supermärkten. Umfragen bestätigen diese distanzierende Nähe. Ausländer, die in der Nachbarschaft wohnen, mag man schon weniger und bei Ausländern einzukaufen, bleibt die Ausnahme. Mit Ausländern befreundet? Vier Fünftel der Europäer gehen auf Distanz und beschränken sich auf geschäftliche und dienstliche Kontakte. Weit weniger in Vereinen und in Kirchen. Kaum mehr als ein Zehntel der heimischen Kinder spielen mit Ausländern, sind mit ihnen befreundet, noch weniger feiern mit Ausländern Feste. Eine verschwindende Minderheit gibt an, gern mit einem Ausländer oder mit einer Ausländerin verheiratet zu sein oder mit Ausländern zusammenzuleben. Kein Wunder, daß sich die Unterstützung einer multikulturellen Gesellschaft die Wage hält mit Ablehnung, daß fast die Hälfte der Europäer ihre eigenen Traditionen weiter pflegen wollen und fast zwei Drittel erwarten, daß sich Ausländer einfach anpassen. Logischerweise lehnen beispielsweise fast die Hälfte der Deutschen doppelte Staatsbürgerschaft, aber auch kommunales Wahlrecht für Ausländer ab. All das zeigt das Gegenteil von Melting Pot alter Art.

Im großen und ganzen ergeben sich für die Zuwanderungs- und Ausländerproblematik in Amerika und Europa neuerdings vergleichbare Tendenzen. In diesem Bereich erscheint die Vergleichsrechnung nahezu ausgeglichen. Bei der kulturellen Identität und der Assimilierung und erst recht bei der Frage der multikulturellen Gesellschaft haben die Amerikaner allerdings die Nase eindeutig vorn. Ihr selbst gestricktes Nationalbewußtsein, von Generation zu Generation ungebrochen und unangefochten gleichsam vererbt, sorgt immer wieder für Erstaunen machende Integrationskraft. Insoweit missioniert die US-Gesellschaft nicht nur nach außen, sondern auch nach innen. Europa machen Kriege, Bürgerkriege, Wirtschaftskrisen und unausgetragene gesellschaftliche Spannungen auch in diesem Vergleich anstrengender, oft abstoßender, jedenfalls weniger attraktiv.

Zuzuwandern und dazuzugehören erfordert in der Alten Welt mehr Kraft, mehr Einfühlungsvermögen und vor allem mehr Durchstehfähigkeit als in der Neuen Welt. Nicht alle Magnete ziehen an, falsch angesetzt, können sie auch abstoßen.

Kampf der Vor- und Querdenker

Eu-nuchen gegen Arnold Schwarzenegger

Er fühlt sich in der Tradition der römisch-deutschen Kaiser und Könige, er denkt in den Kategorien der österreichischen und der deutschen Kaiser, er argumentiert als Europäer und er möchte als Weltbürger gelten – Otto von Habsburg, der demokratietaugliche, redegewandte Sohn des letzten österreichischen Kaisers, Karl. Jenseits seiner Familientradition und unabhängig von der Bürde seines Namens stellt er, der überzeugte Demokrat und Europäer, mit fragender Ungeduld eines Intellektuellen fest, „daß gerade auf den wichtigsten Gebieten der Zukunft (für Europa) kein tragfähiges Konzept besteht". In der Wiener Tageszeitung „Die Presse" kommt Otto von Habsburg am 30. Februar 2003 selbstkritisch zu dem Schluß: „Es gibt auch keine wirklich zündende Idee und führende Personen, die insbesondere die junge Generation begeistern könnten. Alle wirklich großen Reiche sind immer mit einer Idee entstanden. Das galt für die ‚Pax Romana' des Römischen Reiches, den ‚Orbis Europaeus Christianus' Karls V., ‚Rule Britannia' und die Vereinigten Staaten von Amerika."

Einem Kaisersohn historische Vergleiche abzunehmen paßt zwar in das Repertoire gepflegter Intellektueller beiderseits des Atlantik. Habsburgs Katalogisierung der USA als Imperium will jedoch nicht so recht ins Weltbild aufgeregter Zeitgenossen europäischen Zuschnitts passen. Und in den USA zählt es für viele sogenannte oder tatsächliche Intellektuelle zu einer Art Befähigungsnachweis mit elitärer Arroganz, den Verbleib als einzige Supermacht geradezu ideologisch zu bekritteln, die Durchschnittsamerikaner als tumbe, ungebildete Masse, anfällig für Werbung aller Art als manipulierbar hinzustellen. Bis über die Grenze patriotischer Gefühlsaufwallungen teilen die Leute vom Denkgewerbe mit ihren europäischen Gesinnungsgenossen die Skepsis gegenüber jedweder Autorität, Teil ihres – im übrigen oft verschwommenen oder verklemmten – Selbstverständnisses.

Atlantisches zeigt indessen schon bei den verbalen Umgangsformen nennenswerte Bruchlinien. Seit Jahr und Tag zählt es zum Wortinstrumentarium intellektueller Zirkel – ohne Scheu vor gefahrvollen und auch irreführenden Pauschalierungen – „die" Amerikaner als missionarisch zu bezeichnen, ungehobelt, oberflächlich, brutal wie Arnold Schwarzenegger (schließlich ein geborener Österreicher mit Ambitionen als republikanischer Gouverneur von Kalifornien), anmaßend, unbelehrbar und kraftmeierisch. Geht der Patriotismus mit dem einen oder anderen amerikanischen Mitdenker durch, so wird ihm von seinen europäischen Mitstreitern mehr oder weniger intellektuellen Zuschnitts entgegengehalten, karrieresüchtig zu sein, käuflich, materialistisch, kritikunfähig, regierungsgläubig, unfähig zu reflektieren und zu differenzieren – schlicht ein paar Zivilisationsstufen tiefer wie in einem Entwicklungsland am Werk zu sein.

Geht es um eine weltpolitische Weichenstellung wie den Irak-Krieg, so lassen die amerikanischen Einordnungen „der" Europäer an Deutlichkeit auch nichts mehr zu wünschen übrig. In Anspielung auf die Europäische Union, die EU, ist von Eu-nuchen die Rede, von feiger Politik, von Besserwisserei, bornierter Selbstzufriedenheit, von atlantischer Unzuverlässigkeit, von gedächtnisschwacher Undankbarkeit, auf dem globalen Auge blind. Nicht genug damit. Von unterschwelligem Anti-Amerikanismus als einem Schimpfwort ist die Rede, von anti-kapitalistischer Vergänglichkeit, die Europäer seien doch nur auf die Amerikaner neidisch und würden angesichts ihrer steckengebliebenen Integration aufheulen, wenn der amerikanische Verteidigungsminister Rumsfeld, gewiß kein durchtrainierter Diplomat, sondern ein in Amerika populärer Haudegen, aus Ärger über die politischen Extratouren der Deutschen und der Franzosen vom alten Europa spricht. Die mittel- und osteuropäischen Länder wie Polen als „neues Europa" hochzuloben, wie durch den US-Secretary geschehen, wird als Frechheit katalogisiert.

Auf dem Paukboden der Intelligenzler wird Europäern von Amerikanern entgegengehalten, Amerika nur deshalb nicht zu mögen, weil dieses Land für etwas eintrete und etwas erreicht habe, was den Europäern nicht oder nur unzulänglich gelinge. Im ideologischen Kleinkrieg liest sich die Retourkutsche der Europäer so: (Über-)Betonung des Freiheitsideals sowie das ungebrochene Vertrauen der Amerikaner auf Konkurrenz und Markt, ihr ständiger Wunsch nach Rückzug des Staates und ihr selbstverständliches Verlangen nach Vorrang des Individuums steht im unüberwindbaren Gegensatz kategorischen Staatsverständnisses zur wohlgefügten Wirtschaftsordnung, zur Lebensart der Libertinage und zum (unfinanzierbar geratenen) Sozialmodell der Alten Welt. Keine Dramatisierung, sondern das Ergebnis einer europaweiten Untersuchung des German Marshall-Plan-Fonds über einige Grundstrukturen im Verhältnis zwischen Europa und Amerika.

Ergebnis: Antiamerikanismus ist eine in Europa verbreitete Grundstimmung, die einmal mehr und einmal weniger faßbar gerät. Während sich Intellektuelle gegenseitig Schwachstellen ihrer Gesellschaftsordnung, ihrer politischen Usancen, ihrer wirtschaftlichen sowie sozialen Gewohnheiten vorwerfen, bestätigt der Marshall-Plan-Fonds, was seit langem offenkundig ist. In der Bevölkerung fehlt es an genauen Kenntnissen über die Systeme, die Lebensgewohnheiten sowie die politischen und wirtschaftlichen Verhältnisse des jeweils anderen. Welcher Nährboden für Vorurteile, welches Wissensdefizit auf beiden Seiten!

Um so erstaunlicher ist, daß die Masse der Europäer – Bush hin, Irak her – die USA nach der Europäischen Union in der nationalen Wertschätzung an zweiter Stelle reihen. Die Deutschen sind den Amerikanern gar geneigter als die Briten oder die Franzosen. Welche Wunden der 11. September 2001 auch transatlantisch hinterlassen hat, zeigt die Untersuchung über die Ursachen des Anschlags. Über die Hälfte der Europäer geht so weit, der Außenpolitik der USA – als Supermarkt, Hort des Kapitalismus und als Urvater der Globalisierung, jedenfalls als Verursacher der Abhängigkeit, der Beherrschung und des Unverständnisses – Mitschuld an den Terroranschlägen beizumessen – 63 % der Franzosen und 52 % der Deutschen glauben diese Verdrehungen.

Das eigentliche Unwohlsein der Europäer gegenüber den Amerikanern – also der alten, der oft abhängigen Welt von der „einzig verbliebenen Supermacht“ – erscheint jedoch nicht eine Reaktion der Massen, sondern eine Reflektion der Intellektuellen zu sein. Ihnen ist zuzuschreiben, daß nur noch 14 % der Europäer meinen, die USA sollten ihre Rolle als Supermacht weiterhin ausüben, während mehr als die Hälfte der Amerikaner naheliegenderweise an das Gegenteil glauben. Interessant auch, daß – entgegen weidlich gepflegten EU-Zweifeln samt Euro-Preissteigerungsverdächtigungen – 65 % der Europäer, also eine erkleckliche Mehrheit, dafür eintreten, die europäische Union sollte selbst eine Supermacht werden. Nicht überraschend im Umkehrschluß die Amerikaner. Von ihnen will nur ein Drittel auf Augenhöhe mit den Europäern umgehen.

Daß Europäisches nicht nur intellektuell, sondern auch im Meinungsbild große Vielfalt zeigt, belegen die Umfrageergebnisse, was die einzelnen Länder von Glanz und Gloria, von adäquater Macht und durchschlagendem Einfluß halten: 48 % der Deutschen plädieren für eine Supermacht EU, während 91 % der Franzosen eine kraftvolle Präsenz der Grande Nation wünschen.

Politische Strukturen mögen Rätsel aufgeben, Sprache erhellt. Ihre Beherrschung kommt im Extremfall einer „Versklavung von Menschen" (der deutsche Soziologe Helmut Schelsky) gleich. „In der Sprache ist ein Herrschaftsgrad von Menschen über Menschen erreicht. Demgegenüber ist physische Gewalt geradezu harmlos und veraltet ... Unüberwindbare Mittel gewinnt, wer die Schlüsselworte für die großen Sehnsüchte der Zeiten oder auch nur der Generation zu finden und auszubeuten vermag. Die Sprachherrschaft in der unmittelbar aktuellen Politik erwirbt, wer die Wortfelder besetzen kann, in denen die tagesfälligen Konflikte ausgetragen werden. Wer hier dem anderen die Worte vorschreiben oder vorreden kann, hat schon gesiegt." Zeigt sich diese Urgewalt schon in der eigenen Sprache, so erst recht zwischen den Sprachen und ihrer oft identitätsfremden Ausprägung.

Zum Beispiel das Wort Krieg. „War" hat im Englischen eine etwas andere, gleichsam harmlosere Bedeutung als die an sich nicht irreführende Übersetzung „Krieg". Im Deutschen assoziiert dieses Wort das Ende der Politik, den Beginn absoluter Gewaltanwendung und weckt vor allem bei gelernten oder gestraften Europäern intensivere und stärker richtungweisende Emotionen als bei Amerikanern. Tod und Verderben als persönliche Erfahrung aus klassischen Kriegen zwischen Nationen war den Europäern Generation für Generation tief in das Bewußtsein gesenkt. In Abwesenheit von Krieg im eigenen Land brauchten Amerikaner bis zum 11. September 2001 über eine Verletzlichkeit ihrer Heimat nicht nachzudenken. Mit der Katastrophe von Ground Zero sind nicht nur zwei Türme zusammengebrochen und 3000 Menschen umgekommen. Krieg in seiner neuen, nicht minder brutalen Art des Terrorismus hat dem amerikanischen Kontinent seine Unverletzlichkeit geraubt und das Selbstbewußtsein vieler Amerikaner im Mark getroffen. Im Englischen und in der Neuen Welt ging man bis zum 11. September mit der Begrifflichkeit von „Gewalt" und „Krieg" sowohl großzügiger als auch unbefangener um. „War" steht oft auch für Auseinandersetzung statt für gewollte Vernichtung mit Waffengewalt.

Freiheit, die sie meinen

Gestaltet, gepriesen und zugleich mißbraucht, mißverstanden und oft ins Gegenteil gewendet steht im Wettbewerb der Werte ein an sich hehrer Begriff ganz oben – Freiheit. „Wie wohl ist einem bei Menschen, denen die Freiheit des anderen heilig ist." Philosophisch läßt sich mit dem Freiheitsbegriff trefflich hantieren, etwa derart, dieser vielschichtige Begriff bestehe darin, „daß man all das tun kann, was einem anderen nicht schadet". Keine modische Erklärung zu den Menschenrechten, sondern ein romantischer Erklärungsversuch von Matthias Claudius im Wandsbeker Boten.

Seitdem die politische Auseinandersetzung mit politischen Begriffen geführt wird, steht „Freiheit" als Leitbegriff obenan. Wer plädiert schon für Unfreiheit? Wie trefflich läßt sich mit Freiheitsritualen punkten. Der Begriff lädt Identifizierung geradezu ein.

Der Streit um Definition und Inhalte der Freiheit währt bis heute. Da wird der selbständige Bürger gegen den betreuten Bürger sortiert, die Ordnungspolitik beschworen, was Selbständigkeit und Unselbständigkeit als freiheitliche Inhalte betrifft. Der pralle Ideologenstreit zwischen links und rechts – längst jenseits der traditionellen Partei-Formationen – wird mit dem Argument geführt, eigentlich gehe es um so etwas wie Herrschaftsgier der Betreuer, etwa im Wohlfahrtsstaat mit sozialem Netz samt Abhängigkeit.

Jedenfalls liefert das europäische Modell des Sozialstaates jenes gerüttelt Maß an Geborgenheit, um das Amerikaner Europäer gelegentlich beneiden. Von außen und von weitem erscheinen soziale Gerechtigkeit oder freie Selbstbestimmung der Person im gleichen Rang. Europäische Tatsachen zeigen freilich anderes, nämlich beklemmende Abhängigkeiten von Kollektiven wie Betrieben, der Bürokratie – staatlich oder nicht –, den Parteien, den Gewerkschaften und anderen, der Gruppendynamik willfährigen Seilschaften.

Die Europäisierung des Freiheitsbegriffs hat längst Einfärbungsprozesse eingeleitet, welche die einen als rosarot, die anderen als spätkapitalistisch und wieder andere als neoliberal apostrophieren. Tatsächlich leistet sich die europäische Gesellschaft in all ihrer Vielfalt einen Freiheitsbegriff voll von Widersprüchen, Inkonsequenzen, Extremen, Fallgruben und zugleich einem Defizit an Glücksgefühlen. Henry Ibsen schreibt am 18. 12. 1870 an Georg Brandes: „Das einzige, was ich an der Freiheit liebe, ist der Kampf um sie; aus dem Besitze mache ich mir nichts."

Amerikaner, die sich mit dem gesellschaftlichen Innenleben Europas befassen – was selten genug geschieht – stolpern immer wieder über die Werteproblematik. Wer ihnen Freiheit, Demokratie oder Rechtsstaat auf europäisch erklärt, setzt bequemerweise bei der politischen Kultur an. Mit der ganzen Arroganz der Alte-Welt-Bewohner wird statuiert, daß es außerhalb kein Heil gäbe. Sprach- und übersetzungsgewandte Europäer pflegen mit dem Begriff Demokratie locker zu hantieren. „Demokratie" wirkt für sie wie in Erz gegossen als Teil einer vorgegebenen und unabänderlichen Funktion des Staates. Einer ideologischen Wandelanleihe gleich, steckt in „Demokratisierung" jedoch Kampfbereitschaft im Sinne von Änderung auf organische und nötigenfalls auch gewaltsame Weise, etwa durch Streik. Werden ideologische Grenzen bei deutschen Begriffen verschoben und verwischt, so erst recht bei dem reichlich geratenen Import von Anglizismen. Längst vor der Seefahrt, der Fliegerei oder dem Internet-Zeitalter bürgerten sich sprachliche Schlampereien ein oder provinzielle Verballhornungen wie „Handy" und „Wellness" – beides im Englischen schlicht unbekannt.

Europäisches Bewußtsein wurde in Jahren und Jahrzehnten Opfer einer gigantischen, im wesentlichen importierten Manipulation. Wer das Wort hat, belegt den Sinn. Nach dieser Maxime verzeichnet Europa, mit unterschiedlicher Intensität, durch Sprachgebrauch und Lebensgewohnheiten eine Amerikanisierung ohnegleichen: T-Shirt, Blue Jeans, Sneakers, McDonald's, Hamburger, Chips, Ketchup – intellektuell fand und findet ein Check-in ohnegleichen statt. Im Kampf um die Begriffe hat Europa wichtiges Terrain an Amerika verloren.

Das Internet liefert dafür ein besonders aussagefähiges Beispiel. Allein schon sprachlich hat Europa vor diesem unentbehrlich gewordenen Kommunikationsmittel (damit meist unbewußt einem Stück Amerikanismus) kapituliert. Wir benützen ein Passwort, wir downloaden, wir surfen, wir chatten, wir arbeiten mit einem Provider, benützen den Scanner, usw. usw. Was wir beim Internet versäumt haben, hätten wir Europäer beim Handy, beim Mobilfunk zumindest sprachlich wieder etwas zurechtrücken können. Aber nein, wir torkeln intellektuell anderen Anglizismen sonder Zahl nach. Kulturell bedenklich ist, daß wir mit der Handy-Generation über die Sprache das Denken in neuen Begriffen verbiegen oder einengen: SMS, Smart Phones, paysafe-card. Nicht nur die Generation der Großeltern droht geistig abgehängt zu werden.

Verschwörungstheorien, es handele sich hier um Gehirnwäsche gigantischen Ausmaßes, muß man gar nicht beipflichten, um festzustellen, daß die Alte Welt der Verführung durch die Neue Welt auch sprachlich weithin erlegen ist. Eine Sprachoffensive mit einer Unterstellungsstrategie ist gar nicht mehr vonnöten. Semantisch hat Europa wesentliche Teile seines Einflusses auf- und preisgegeben, zugunsten der amerikanischen Macht und der englischen Sprache plus Vokabular moderner Kommunikation und Wirtschaftsweise.

Dazu kommt die raffinierte Technik weltweit wirkender Manipulation durch die New Yorker Avenue of the Americas. Dort, in der Siebten Straße von Manhattan, sitzen die Strategen moderner Aufklärung und Gegenaufklärung. Sie, von ordnungspolitischen Zweifeln von Monopolen, Oligopolen oder Marktbeherrschung nicht weiter geplagt, denken sich Parolen aus (wie: mit Hits „In"-Sein), die Alternativen (wie „natürlich" oder „optimale Business-Lösungen" oder „Die Innovation sind wir" oder „ökonomisch-ökologisch österreichisch").Wie man Abhängigkeit tief im Unterbewußten schafft und exerziert, wird uns teils intensiv, teils penetrant, manchmal meisterhaft vorgeführt: „Sie haben das Problem, wir haben die Lösungen", „Die Zuverlässigkeit kann man nicht kopieren", „weniger ist mehr". Als ob wir intellektuell durstig und bedürftig wären, wird uns mit Public Relations dies und das vorgemacht. Zum Schluß fühlen wir uns für dumm verkauft.

Trend und Mode werden – scheinbar – zum Vergnügen, nämlich des halbgebildeten, mobilisierbaren Verbrauchers gemacht. Zuerst werden Begriffsballons („Einfach aussteigen", „Machen Sie Urlaub vom Rest der Welt", „Erfolgreich anlegen geht immer", „Gute Aussichten", „Behalten Sie den Überblick", „Wo der Himmel am schönsten ist") in allen möglichen und unmöglichen Sprachen gestartet. Sind sie verflogen, tritt Englisch als das allein glücklich machende Medium auf. Tiefenpsychologie läßt grüßen.

In immer neuen Strategien der Public Relations werden ganze Begriffsmonster wie Globalisierung erfunden, genehme Inhalte wie Outsourcing – diese umstrittene Auslagerung von Arbeitsabläufen – aus dem Zylinder gezaubert und mit medialer Raffinesse Worte,

Begriffe und damit Zusammenhänge schlechterdings besetzt. Denken? Bitte abschalten. Wie in einer Reality-Show dient Sprache wirklich und unwirklich zugleich, als gefügiger Öffner für einen ach so komplexen Bereich, der sich Welt nennt.

Europa verschläft das Internet

Eine Amerikanisierung besonderer Art öffnet sich am Beispiel des Internet. Kommunikation, in des Wortes wahrer, auch militärischer Bedeutung, verhalf emsigen Planern im amerikanischen Verteidigungsministerium, dem Pentagon, zu einer Königsidee: Elektronisch ein System weltumspannend zu errichten, das Information allerorten, allezeit und unter allen Umständen gewährleistet. Seit jeher selbstverständlich? Schafften es nicht Funk, Telefon oder Fernschreiber? Offensichtlich nicht zu jeder Zeit, an jedem Ort in kürzester Zeit. Global handeln heißt global wirken (können). In einem technisch anmutenden Anforderungsprofil steckt, wie sich nachträglich herausstellt, Politstrategie geradezu genialen Ausmaßes. Wissen und Kombinieren, schneller und verläßlicher zu organisieren, sollte weltweit einen Vorsprung der Information gewährleisten wie das Knacken eines Geheimcodes im Krieg. Was dank der Computertechnik als geheime Kommandosache im „größten Büro der Welt", dem Pentagon, begann, bescherte mit world wide web, als www, Amerika einen wahren Triumph, von manchen zunächst nicht erkannt.

Europa hat den Siegeszug des Internet fürs erste verschlafen. In Pauschalierung, die in diesem Fall angebracht ist, bleibt in später Selbsterkenntnis zu registrieren, daß das heranmarschierende US-System Internet geraume Zeit nach dem alten Motto „nicht einmal ignorieren" einfach übersehen wurde. Dies geschah nicht systematisch, sondern in einer typisch europäischen Mischung aus Ignoranz, transatlantischer Verweigerung und unterentwickeltem Wissensmanagement. Was bleibt, ist der Verdacht auf provinzielle Eigenbrötelei, auf Technik-Verweigerung. Modernisierungsgegner glaubten, sich selbstzufrieden mit Antikapitalismus, Antiamerikanismus und anderen -ismen zurücklehnen und bei gepflegtem Wohlstand Häme verbreiten zu können.

In Wahrheit handelt es sich um einen tragischen Fall europäischer Verspätung. Geschah es doch mitten im Krieg, als der Berliner

Ingenieur Konrad Zuse den ersten voll arbeitsfähigen, programmgesteuerten elektromechanischen Digitalrechner der Welt zustande brachte. Computer und sein Patenkind Internet stammen also vom Zuse-Rechner Z 3 mit seinen damals – im Jahr 1941 – 2.000 Relais. Drüben, in der Neuen Welt, hatte man industriell die Hollerith-Tradition kaum hinter sich gelassen. Gefragt waren leistungsfähige Rechner, etwa für das Projekt Manhattan, den Bau der ersten Atombombe.

Programmatisch sollten Rechner von Anfang an mit hohem Anforderungsprofil entwickelt werden. Bis zum Computer unserer Zeit war es zwar ein kleiner Schritt, jedoch ein großer Fortschritt. Seine Road Map hieß und heißt Internet.

Mag es den Erfindern des Internet zunächst darum gegangen sein, militärische Kommandostrukturen auf den neuesten Stand zu bringen, so konnten sie selber wohl nicht ahnen, was sie in technischer, organisatorischer und kommunikativer Hinsicht initiiert oder zustande gebracht hatten – ein Stück Revolution moderner Zeit. Typisch amerikanisch, daß sich die geheime Kommandosache www nicht allzulange hielt und in einer Mischung aus Stolz, Unbefangenheit und als Beweis technologischer Überlegenheit das Internet relativ bald für jedermann zugänglich gemacht wurde. Nach ein paar Jahrzehnten, erst Spielfeld für Kenner, dann von Fans entdeckt und perfektioniert, war es bereits zum Kommunikationssystem rund um die Welt angewachsen, als es am 11. September 2001 seine eigentliche, freilich seine ungeplante Bewährung erfuhr.

Mit den Providern im World Trade Center fielen die weltgrößten Server mit der Katastrophe von Ground Zero aus. Innerhalb weniger Sekunden übernahmen andere Systeme die www-Funktionen des World Trade Center. Automatisch. Verläßlich und systemgemäß ohne Assistenz des Menschen. Besorgte Nachfragen aus aller Welt nach den Folgen der unvorstellbaren Katastrophe ließen zuerst das Telefonnetz rund um New York zusammenbrechen. Allerdings wurde dann auch der inzwischen automatisch aufgeschaltete Provider zeitweise überfordert.

Kein Fortschritt ohne Fußangeln. „In Genf wird die Forderung laut, die Verwaltung des Internet-Adressenverzeichnisses den Vereinten Nationen zu unterstellen“, läßt die Neue Zürcher Zeitung in ihrer internationalen Ausgabe am l. März 2003 berichten. „Die uneingeschränkte Macht der USA über das Internet mit Domain–Name–System hat mitunter unerwünschte Konsequenzen, derzeit beispielsweise die, daß irakische .iq-Adressen nicht zugänglich sind.“ Daß dieser Bereich amerikanisch nicht nur initiiert, sondern auch kontrolliert wird, kann nach Lage der Dinge eigentlich nicht überraschen. Die „Internet Corporation for Assigned Names and Numbers (Icann)“ verwaltet das Interessenverzeichnis des Internet. Gemäß den Vorstellungen, daß unter US-Ägide nicht alles staatlich bearbeitet wird, was anderswo des Staates ist, betätigt sich Icann privat. Dies geschieht mit der geradezu europäisch anmutenden Einschränkung, kein gewinnorientiertes Unternehmen zu sein. Icann verwaltet das Internet Domain Name System (DNS) zu Selbstkosten.

Dem guten, alten Telefon ähnlich sorgt seit mehr als zwei Jahrzehnten DNS dafür, daß bei www eine Mindestordnung bei Zeichen und Ziffern besteht. Nicht nur dafür sorgen die 32-Bit-Adressen. Technisch sollen die Maschinen dank Zahlencodes einander erkennen und miteinander kommunizieren. Und sie tun es auch in einer inzwischen imponierenden Zuverlässigkeit. Dazwischen keine Behörde, keine Bürokratie, kein Staat. Freie Marktwirtschaft, wie sie leibt und lebt.

www hat als technische Assistenz die gute alte Arbeitsteilung – gängig als Globalisierung, verdächtigt und gelobt – vielfach erst ermöglicht und sie begleitet. Millionen arbeiten damit, ohne sich der Entstehungsgeschichte und des Abhängigkeitsverhältnisses bewußt zu sein. Wen interessiert es schon, daß Internet seinerzeit auf Kosten der amerikanischen Steuerzahler von US-Universitäten entwickelt wurde? Wer ist sich schon der Tatsache bewußt, daß es sich bei diesem System auch um ein Macht- und Kontrollinstrument der USA handelt? Warum ist die Internetidee auf Wünsche einiger Pentagon-Planer und nicht auf das Kommunikationsbedürfnis kontaktfreudiger Europäer zurückzuführen? Fragen heißt derart antworten: Die Neue Welt ist der alten wissenschaftlich, technisch und organisatorisch (und nicht nur waffentechnisch) um zwei bis drei Jahrzehnte voraus. Nach wie vor.

Der zähe Automatismus amerikanischer Denkweise von „weniger Staat, mehr privat“ wirkt nicht nur in Parteiprogrammen und nicht nur in Seminaren zum Studium von Ideologie der Politik. Das Beispiel Internet belegt auf ebenso eindrucksvolle wie zum Nachdenken zwingende Weise, daß die transatlantische Kluft auch und besonders im Grenzbereich von Wissenschaft, Technik und Organisation eine Tiefe erreicht hat, die für Europa gefährlich, weil nicht überbrückbar geworden ist.

Selbstbestimmung, Selbstverteidigung und Selbstmitleid europäischen Zuschnitts entspricht es, www als Globalisierungsmotor als neoliberal, als kapitalistisch, gar als ablehnenswerte Leistungsmaschine zu denunzieren. Eigensinn, falsch verstandene oder angelegte Kulturarroganz gepaart mit Technik-Feindlichkeit tragen zum Antiamerikanismus mit fortschrittsfeindlicher Selbstverleugnung bei. In berufenen oder unberufenen Zirkeln der Alten Welt glaubt man, dem „Untergang des Abendlandes" Tribut zahlen zu sollen. Man verteufelt den Fortschritt und meint „die Amerikaner".

Beherrschung durch Sprache

Für die Wortbesetzung ganzer Tätigkeitsbereiche lassen sich weitere Beispiele nennen. Die Wirtschaftssprache strotzt von Anglizismen. Zählt es doch zum elitären Selbstverständnis der Ökonomen und ihrer Klientel, komplizierte Zusammenhänge durch möglichst viele Fachausdrücke aus der anglizistischen Ecke aufzumotzen: Maximierung des Nutzens als (unentbehrlicher) Teil menschlichen Zusammenlebens; Supply-Side-Economy; Makro- und Mikroökonomie des Geld- und Güterkreislaufs; Transferzahlungen; Brutto- und Nettosozialprodukt; allokative Verzerrungen; Break-even-Point; Cost Benefit Rechnungen; Corporate Identity; Shareholder Value, Stock-Options, Nasdaq, und das gesamte Börsianer-Chinesisch. Dazu gesellt sich der Abkürzungswahn: BiP, CEO, Euronext, Stoxx usw.

„On" sein, ist nicht nur ein Begriff der Fernseh- und Mediensprache. Neuigkeiten und journalistische Bemühungen werden als „News" verkauft. Fernsehen stammt nicht nur aus dem Sonderstudio, sondern aus dem Newsroom, wo Newsmanager, Newsredakteure mit was wohl werken? Gegen Vormarscherscheinungen des Englischen rüsten allerorten Sprachpuristen. Insbesondere in Frankreich. Es zählt nicht ausschließlich zu gepflegtem französischem Zivilisationsverständnis, gegen die Besetzung ganzer Lebensbereiche wie „Wirtschaft" oder „Internet" oder „der Unterhaltungsbranche" aufzumucken. Der Vormarsch des Englischen widerstrebt vielen auch in deutschen Landen – nicht nur altvorderen Anhängern Humboldtscher Bildungsideale. Etwas kryptisch sprechen manche von „Denglisch“ indem sie sich gegen einen oft gedankenlosen Mischmasch aus Deutsch und Englisch wehren.

Der wahre Triumph dieser sprachlichen Okkupation steckt in der Selbstverständlichkeit, mit der alle Welt, auch politisch-ideologische Widersacher, Anglizismen inhalieren und kolportieren. Verkannt oder verdrängt wird dabei, daß mit der Sprache auch das Denken beeinflußt wird, mit dem Denken die Handlungen und mit den Handlungen die Geschehnisse. Führt dies zu dem Umkehrschluß, Einflüssen aus den USA, aber auch aus England sprachlich und inhaltlich mit kontinentalem Stolz, mit europäischem Selbstbewußtsein und einleuchtenden Gegenthesen einer funktionierenden, einer erfolgreichen Leistungsgesellschaft zu begegnen? Es käme einer europäischen Überlebensstrategie gleich, mit der Sprache auch die Sache autonom zu gestalten. Eigenständig denken und handeln muß schließlich keineswegs als Antiamerikanismus verdächtigt oder abqualifiziert werden. Immerhin – Sprache dient auch im atlantischen Verhältnis entweder als Blockadeinstrument oder als Türöffner zu neuen Räumen.

Es handelt sich keineswegs nur um einen politischen Vorgang. Vielmehr wirkt die Okkupation der Sprache und der Eliten mehrfach. Sie, die die Fremdsprache oft nicht vollständig genug beherrschen, geben mit ihren Worthülsen unter ihresgleichen oder gegenüber Untergebenen einfach an. Gelegentlich wird das Kauderwelsch zu einer Art Befähigungsnachweis zum Eintritt in elitäre oder andere Zirkel. Die Sprache führt samt fachlichen Begriffen zu neuen Beherrschungsstrukturen. Durch Nutzung vermeintlicher Gelegenheiten findet im Kampf um Begriffe etwas statt, was als „Herrschaft von Menschen über Menschen“ bezeichnet werden kann.

Wir haben es nicht mit einer Verschwörungstheorie zu tun, sondern mit einem belegbaren Tatbestand, vordergründig auch in der schillernden Welt der Public Relations. Da stehen Multiplikatoren rund um die Welt bereit, gut bezahlt, erstklassig trainiert und auf alle Eventualitäten eines wettbewerbsfreudigen Marktes vorbereitet, um mit amerikanischen Waren und amerikanischen Diensten subkutan auch amerikanisches Wesen abzusetzen. Diese PR-Macher huldigen nicht unbedingt oder willentlich der Propaganda. Sie glauben, dem offenkundig unwiderstehlichen Gefühl des Fortschritts und den Gesetzmäßigkeiten des Marktes zu dienen.

Im medialen Überangebot werden Begriffe und Bilder zu einer Art Opium für willfährige Verbraucher. Man fragt nicht mehr nach

Herkunft und Redlichkeit, man gibt sich vielmehr mit Worthülsen zufrieden. Derlei Strategie der PR-Manager von Manhattan geht weltweit immer wieder auf. Sie können sich subtiler Methoden und milliardenfacher Werbeklischees bedienen und brauchen sich nicht mit billiger Agitation abzugeben. Sprache verbindet und trennt zugleich. Sprache, die verkauft, macht sich bezahlt. Sprache schafft zu alten Abhängigkeiten neue. In keinem Bereich ist der transatlantische Kreis so dicht, so groß und auch so undurchdringlich geraten wie bei den Public Relations für Waren, Dienstleistungen – aber auch für Politik. Und sei es mit einem konträren Beispiel.

Faul, fett, verschlafen, bärbeißig

Allezeit war es ihm langweilig. Er drückte sich vor der Arbeit auf der Rinderfarm, konnte nicht ausstehen, wenn er von der Familie angetrieben wurde. Er drückte sich vor Arbeit, seine liebste Tätigkeit war zu schlafen. Jim Davis, so heißt er, Jahrgang 1945, sympathisierte mit Katzen. Ihre sanfte Art, faul und gleichzeitig frech zu sein, inspirierte ihn vor einem Vierteljahrhundert zu einer Comic-Figur. Garfield, genannt nach dem Vornamen seines Großvaters, wurde am 19. Juni 1978 in der Küche von Mama Leones italienischem Restaurant in Muncie im US-Bundesstaat Indiana geschaffen.

Ein Erfolgswesen als Verkünder des anderen Amerika. Gefühl, Humanisierung eines bärbeißigen Katers mit erklärten Abneigungen gegen die Leistungsgesellschaft beeinflussen nachweisbar ganze Generationen Heranwachsender. Rund um die Welt. Was Garfield mit dem Teddybär Pooky und seinem Spielgefährten Odie verschläft, verfrißt und verweigert, hat auch mit Schlauheit und Witz amerikanische Terminologie allerorten unter die Leute gebracht. Essen und Schlafen als Hobby, als eine Lebensart, die ebenfalls als amerikanisch verbreitet wird, prägt Jahrgang für Jahrgang, auch die Rechtfertigung, dick zu sein, „ich bin nicht übergewichtig, sondern untergroß", formuliert Garfield.

Seine Bewunderer lieben die versöhnliche Sprechweise, die Situationskomik und die Katerphilosophie, verbreitet in 2.570 Zeitungen mit 263 Millionen Lesern in 63 Ländern und 23 Sprachen. In den letzten 20 Jahren wurden 12 Garfield-Specials für das Fernsehen produziert. Garfield-Gründer Davis, mit 56 Beschäftigten eigentlich ein mittelständischer Unternehmer, erhielt viermal den

Emmy-Award. Von 133 Millionen verkauften Büchern, in 26 Sprachen übersetzt, stehen 33 Garfield-Bücher zeitweise auf den Bestsellerlisten. Gleichzeitig gibt Garfield in 111 Ländern den Werbeträger für Markenartikel her, vornehmlich für US-Produkte wie McDonald's, Kellogg's, Campell Soup und Pizza Hut.

Was amerikanisch begann, schließt inzwischen weltweit, vornehmlich atlantisch den Kreis um ein ganzes Medienimperium. Es zeigt die Mentalität, die Denkweise und die Sprache eines sanften Amerika. Aus der Mitte der Neuen Welt stammend, wäre es nicht typisch amerikanisch, würde es nicht Idee mit Geschäft, Sympathisches mit Erfolg verbinden. Ein Zeichen unserer Zeit, daß ausgerechnet ein Kater made in U.S.A. und seine Weltkarriere zum Sprung gegen billige Vorurteile ansetzt.

Mark Twain und die Ernte

Mark Twain, der spottlustige Meisterschreiber amerikanischer Unbefangenheit gegenüber europäischen Traditionen berichtet aus seinem Journalistendasein im Mittelwesten. Als er, der Redakteur einen kleinen Provinzzeitung, beim Weggehen beiläufig zu seiner Hausfrau meinte, es werde in diesem Jahr wohl eine schlechte Ernte geben, antwortete sie: „Aber nein, ich wohne seit Jahren in der Gegend und kenne mich aus, die Ernte wird sicher gut." Mark Twain schreibt, eigensinnig wie er ist, eine Geschichte über die schlechten Ernteaussichten. Am nächsten Tag, als er wieder in die Redaktion gehen wollte, hielt ihn seine Hausfrau auf. „Entschuldigen sie, Herr Twain. Sie haben recht, es wird eine schlechte Ernte geben. Heute steht es in der Zeitung."

Die Freiheit, Meinungen nicht nur zu haben, sondern auch zu verbreiten, zählt zum transatlantischen Wertebündel „Pressefreiheit". Als Teil der Meinungsfreiheit ein persönliches und auch institutionelles Recht, das seine Grenze an den Gesetzen und am Rechtsschutz der Person findet, steht es hier wie dort stolz im Verfassungsrang. In den USA als First Amendment von 1791 als Grundrecht zwischen Religions- und Redefreiheit; in Europa nach einer Echternacher Springprozession bestehend aus Pressefreiheit, Zensur, Betätigungsgarantie und Verboten ist die Pressefreiheit als Grundrecht heutzutage unbestritten. Die äußere wie die innere Pressefreiheit will freilich gelebt sein. Geschieht dies?

Bei genauerem Hinsehen gibt es für direkte oder indirekte Eingriffe der Staaten, der politischen Parteien und der Mächtigen freilich vielerlei Relativierungen dieser ach so schillernden Freiheit. Umkämpft wie die äußere war und ist auch die innere Pressefreiheit – die Möglichkeit der Journalisten, ihre Beobachtungen und Meinungen unbeeinflußt von politischen oder wirtschaftlichen Vorgaben der Verleger, der Eigentümer und anderer Kontrolleure darzutun. Da stellt sich alles andere als transatlantische Gemeinsamkeit ein.

Der Sohn gebildeter jüdischer Einwanderer aus Cincinnati in Ohio (Jahrgang 1848) entwickelte sich zu einem Zeitungsherrn vom Scheitel bis zur Sohle. Sein Name: Adolph Simon Ochs. Zwanzigjährig pumpte er sich 250 Dollar, um die zahlungsunfähig gewordene „Chattanooga Times" zu kaufen, aufzufangen und bald zur führenden Zeitung im amerikanischen Süden zu machen. 1896 wiederholte Ochs in New York seine Sanierung von Chattanooga. Er lieh sich wieder Geld, diesmal 75.000 Dollar, um die verlegerische Kontrolle über die finanziell torkelnde „New York Times" zu erreichen. Mit Geld und Initiative einerseits und Seriosität und Geschmack andererseits zog Ochs in den Kampf gegen schmierige Presseerzeugnisse vom Boulevard. Neu auf dem glatten Parkett von Manhattan nahm der kantige Südstaatler mit dem kulturellen Ehrgeiz den Wettbewerb mit der offensichtlich damals schon verrotteten Yellow Press auf und er gewann.

In dem Bewußtsein, daß Freiheit auch Verantwortung und Pflicht bedeutet, halten die Macher der „New York Times" – Herausgeber, Journalisten und Blattmacher – heute selbstsicher fest: Leser, Informanten und Anzeigenkunden wollen sie fair und freimütig „without fear or favor" (ohne Furcht und Beeinflussung) zu begegnen. Die Reputation des Blattes wird vom beruflichen Ansehen seines Stabes getragen wird. Den Verantwortlichen möge daran liegen, nicht in Interessenkonflikte zu geraten oder auch nur den Schein eines solchen zu erwecken.

In dem Ethik-Kodex wird daran erinnert, daß die Männer und Frauen der „Times" in mehr als einem Jahrhundert die Integrität des Blattes eifersüchtig bewacht haben. „In keeping with its solemn responsibilities under the First Amendment, „The Times" strives to maintain the highest standards of journalistic ethics."

All that's fit to print

New York wäre nicht Amerika, wenn nicht in dieser vibrierenden Stadt moralische Eckpfeiler bestünden, die in ihrer Art und Stabilität, in ihrer Eindeutigkeit und Konsequenz ein ums andere Mal überraschten. Der Kodex der „New York Times" (NYT) macht da keine Ausnahme. Journalisten dürfen keine Aktien in Firmen oder Branchen besitzen, über die sie berichten. Entsprechende Portfolios von Familienangehörigen sind zu melden. Mehr noch – Leitende Redakteure dürfen überhaupt keine Aktien besitzen. Diese freiwillige Selbstkontrolle und der Mythos aus Seriosität und Glaubwürdigkeit vermochte einen hausgemachten Skandal nicht zu verhindern. Jayson Blair, ein Reporter der NYT, jung, begabt und schwarz, hatte vielbeachtete Geschichten ganz oder teilweise erfunden. Ein Schlag gegen die Reputation dieses Weltblattes. Er wurde gefeuert.

Was es bedeutet, wenn ein Weltblatt über die eigenen Vorsätze stolpert und mit Verlotterungstendenzen im Journalismus gleichgesetzt wird, erfuhren zum ersten Mal in der 152jährigen Geschichte der Zeitung ihr fünfter Herausgeber Arthur Sulzberger jun. und ihr Chefredakteur Howell Raines. Er, der autokratische, unbeliebte Reformer wurde von Sulzberger hinausgedrängt. Dem Chefredakteur wird seitdem nicht nur angelastet, 70 Geschichten des schwarzen „Star"-Reporters Blair, die, wie sich nachträglich herausgestellt hat, erfunden sind, veröffentlicht und andere, überwiegend junge Mitarbeiter gedeckt zu haben. Ethik hin, Blatt her – die verwöhnte Mannschaft der NYT, durch wirtschaftliche Schwierigkeiten ihrer Zeitung nervös geworden, konnte und wollte den autokratischen Führungsstil von Raines nicht mehr ertragen.

Handelt es sich um Medien-Rituale – einerlei ob amerikanisch oder europäisch? Nur nach außen hin. Bei genauerem Hinschauen zeigen sich auch medial von „Die Welt" bis BBC, von „Le Monde" bis ORF eklatante Unterschiede bei der Ausübung der sogenannten vierten Gewalt. Da steht amerikanische Ethik. Brav wie aus positivem Denken entsprungen, schwammig und im Bedarfsfall für Inserenten und Interessenten zugleich gehörig geschäftsfördernd. Dagegen existieren im alten, ausgeleiert wirkenden Europa unverbindliches Alibi mit Funktionärsgehabe oder journalistischem Freilauf. Das Ganze getreu unterschwelligem Kollektivismus durch Statute und ähnliches als gleichmacherischer Schutz für Redakteure vor Verlegern und Medienbesitzern. Statt Ethik und etwas Idealismus wirken die sogenannten Redakteursstatute in Europa bestenfalls defensiv, jedenfalls in der Sache selbstständigen Denkens abträglich. Bewirtschaftete Freiheit und ertragene Abhängigkeiten.

Nun gibt es keine wahre Selbständigkeit ohne wirtschaftlichen Erfolg – schon gar nicht im Amerika von heute. Es macht sich in Medien und anderswo gut, mit Gegenpolen zu arbeiten, etwa New York gegen Washington. Wirtschaftszentrum gegen Verwaltungsmetropole; die „New York Times“ als journalistische Opposition gegen Präsident George W. Bush; großstädtisches Flair gegen kleinkarierte Machtkämpfe, „inside the beltway“, innerhalb der US-Machtkontrolle; kulturelle Spannweite gegen Washingtoner Polit-Hickhack; Teiltreuhänder europäischen Denkens und Fühlens in New York gegen amerikanische Nabelbeschau in Washington; jüdischer Intellektualismus gegen verklemmten Protestantismus und/oder Pietismus.

Eigentlich kein Wunder, daß vom Stammblatt „New York Times“ Anfang 2003 rund 1,2 Millionen Exemplare verkauft werden; davon mehr als zwei Drittel an der Ostküste, im europäischsten Teil Amerikas. Verbunden im Aufschwung, verzahnt im Abschwung. Das Anzeigengeschäft schrumpft, die einst stahlharte Ertragskraft sinkt, die Jobsicherheit schwindet. Dieses Schicksal als Folge der weltweiten Unterbelichtung an Wachstum teilt die „New York Times“ mit Print-Medien in Europa (mit Anzeigenschwund bis zu 40 % und Hunderten, Tausenden Entlassungen selbst bei sogeannten Weltblättern).

Mehr oder weniger Expansion bestimmt auch das amerikanische Weltblatt. Nicht nur innerhalb Amerikas, sondern rund um den Globus. Ins Konzept und in den Konkurrenzkampf der „New York Times“ paßt, daß sie bei der „International Herald Tribune“ einsteigen konnte. Im Wettbewerb mit der „Washington Post“, dem nicht minder stolzen Hauptstadtblatt, ergab sich nach einigen Jahren quälender Abgrenzungskämpfe juridisch die Möglichkeit, daß die New Yorker den Washingtonians den 50%-Anteil an der „Herald Tribune“ Ende 2002 für 65 Millionen Dollar abjagen konnten. Verlegerisch ein (nicht unumstrittener) Coup, die Gemeinsamkeit der beiden Weltblätter nach 35 Jahren mir-nichts-dir-nichts gar unter Druck zu beenden.

Medialer Brückenschlag aus New York

Von vierhändig auf zweihändig – die NYT wollte allein brillieren. Mit der Blattlinie aus New York soll künftig die Redaktion in Paris journalistisch wie geschäftlich zum Expansionskurs beitragen. Rein amerikanische statt transatlantisch-europäische Betrachtungsweisen? Wer zahlt, schafft auch in diesem Medienfall an. Mancher Amerikakenner irgendwo draußen in der Welt muß künftig darauf verzichten, die Wertungen, die Kommentare und die Analysen der „Washington Post“ wie der „New York Times“ im nämlichen Blatt vergleichen zu können. Selbst Snobs in der Society von Manhattan sind einer Angebermöglichkeit beraubt – die „Herald Tribune“, in Manhattan schon seit langem nicht mehr erschienen, ließ der eine oder andere per Post von Paris nach New York kommen. Auf eigene Kosten. Transatlantische Mediengeschäfte – mit dem Zusatz „International“ – vorwärts und rückwärts, um Eindruck zu schinden.

Die „Herald Tribune“ gilt nach wie vor als ein erstklassiges, jedoch nicht Gewinn bringendes Objekt; Millionen Dollar Jahresverluste trotz einer Auflage um die Viertelmillion.

Es entspricht guter alter Ostküstentradition, unternehmenspolitisch und journalistisch amerikanisch zu fühlen, New Yorkerisch zu denken und transatlantisch zu handeln – freilich ohne dabei zu vergessen, wer der Koch ist und wer der Kellner.

Der „Fall Waldheim“ testet auch ein Druckerzeugnis wie die „New York Times“ (NYT). Berufsethische Ansprüche, in Selbstveranlagung auf höchste Höhen geschraubt, beziehen sich offenkundig nicht nur auf die Redakteursmanier, Einladungen zu Essen oder zu Reisen zu widerstehen. „Our fundamental purpose is to protect the impartiality and neutrality of The Times and its integrity.“ War und ist das Blatt – alles in allem – im Fall Waldheim unparteiisch, neutral und integer? Zweifel sind angebracht, ob die „NYT“ angesichts der Vorgeschichte, der Hintergründe, der Tatsachen und der Konsequenzen auf der Suche nach der Wahrheit nicht doch auf journalistische Abwege geraten ist – oder sich hat leiten lassen.

Der Fall Waldheim und der Fall Haider

Alle Welt kennt Waldheim und alle Welt verdächtigt Österreich. Dies geschieht nicht im Alltagsgeschäft, kaum im persönlichen

Umgang, selten im Geschäftsleben. Unterschwellig jedoch und dies andauernd. Es kommt auf die nachfolgenden Ereignisse an, um auszumachen, wie dieser Doppelvorgang zur Belastung und zur Aktivierung von Vorbehalten führt, zum Beispiel durch die internationale Einstufung von Jörg Haider (eine auch in Österreich umstrittene Ausnahmefigur).

Der begabte Populist und unberechenbare Politpartner, selbst alles andere als ein Nazi alten Stils, mußte selbst erfahren, was vom Fall Waldheim international übergeblieben ist: schwelender Verdacht der Radikalität bis zur Unterstellung faschistischer Allüren. Als Haider, eloquenter Landeshauptmann von Kärnten, im Jahr 2000 seine Partei nach einem stattlichen Wahlsieg in eine Koalition mit der Österreichischen Volkspartei führte, ging ein offenkundig von links organisiert wirkender Aufschrei durch den internationalen Blätterwald.

Wie zu Waldheims Zeiten geriet Österreich in Extremismus-Verdacht. Er reichte jedenfalls aus, um 14 der 15 EU-Mitglieder als Mitglieder des internationalen Sozialismus gegen die „schwarzblaue Koalition" von Wolfgang Schüssel und Jörg Haider aufzustacheln. Österreich wurde mit Sanktionen belegt, gleichsam in Acht und Bann versetzt. Gegen Buchstabe und Geist der Römischen Verträge wurde ein ganzes Land verdächtigt, vorverurteilt und geschnitten. Vergeblich. Die demokratische Entscheidung österreichischer Wähler und die ordnungsgemäße Bildung einer Regierung erwiesen sich als stärker. Geblieben aber ist, daß im Fall Österreich zum zweiten Mal Grundwerte mißachtet, jedenfalls mißbraucht wurden – die Demokratie und die Pressefreiheit, von Anstand einmal abgesehen.

Was mit semantischen Mißbildungen begonnen hatte, endete mit einer sträflichen Vernachlässigung der Grundwerte. Dies geschah nicht zum ersten Mal und geschieht wohl auch nicht zum letzten Mal. Ein offener Krieg der Worte entbrannte mit seltener Stärke in der Irak-Krise. Ende Februar 2003 erschien das Londoner Boulevard-Blatt „Sun" mit dem Aufmacher auf Seite eins „Chirac est un ver". Der Vergleich des Präsidenten der Republik mit einem Wurm hatte den Londoner Leuten vom Boulevard so gut gefallen, daß sie vom „Sun", einem englischen Niedrigprodukt, in französisch zweitausend Exemplare mit dem Wurm-Vergleich drucken und auf den Champs Elysée und an anderen Pariser Ecken unentgeltlich verteilen ließen. Dahinter steckte der Zeitungs-Zar Rupert

Murdoch. Dem globalisierenden Australier wird Bush-Lastigkeit nachgesagt.

In seinem Medienreich geht die Sonne kaum unter, umfaßt es doch 150 Zeitungen, Dutzende Fernsehstationen in den USA, Großbritannien und in seinem Heimatland Australien. Normalerweise dem „main stream“ verschrieben, leistet sich Murdoch gelegentlich gegen den Strich zu bürsten. Nicht in der „Sun“ oder im anderen Londoner Newserzeugnis „News of the World“ werden Kriegsgegner angegangen, sondern auch in der altehrwürdigen „Times“. Im Krieg der Worte ist derlei keine europäische Spezialität. Das „Wall Street Journal“, Paradeprodukt amerikanischen Wirtschaftsjournalismus, nennt Chirac wegen dessen Bush-feindlicher Irak-Politik eine „Ratte“ und bei anderer Gelegenheit „ein eingebildetes Monster“.

Auf dem amerikanischen Boulevard wird die TV-Serie „The Simpsons“ mit der Bemerkung geradezu genüßlich zitiert, die Franzosen seien „käsefressende feige Affen“. Und die „New York Post“ erscheint Mitte Februar auf Seite eins mit dem Bild eines amerikanischen Soldatenfriedhofs in Frankreich. Untertitel: „Sie starben für Frankreich, aber Frankreich hat sie vergessen.“ Wie Atlantisches demoliert wird.

Besonders extrem geht es bei den Radio-Moderatoren Amerikas zu. In der CNN-Sendung „Crossfire“ ruft der Moderator zu „Let's beat up the French“ auf. In Atlanta schlägt der Talkmeister Neal Boortz in seinem Radiosender vor, Pommes frites, die in Amerika allgemein unter „French Fries“ laufen, künftig „Freedom Fries“ zu nennen. Prompt folgt die Cafeteria des US-Kongresses in Washington dieser verqueren Idee und tauft die Pommes frites entsprechend um.

In Chicago gehen Venture-Kapitalisten unternehmenspolitisch vor. Sie sammeln über 10 Millionen Dollar, um linksorientierte, offen dem Pazifismus verschriebene Moderatoren zu lancieren und zu sponsern. Zu den Wunschkandidaten der Chicagoer Finanziers zählt Rush Limbough. Als Star-Moderator sorgt er dafür, daß bis zu 20 Millionen Amerikaner täglich im Radio seiner Rush-Limbough-Show lauschen. Bei Call-ins geht es um schwarze Minderheiten, Homosexuelle oder Gun Control. „Rush Limbough is a big fat idiot“, schreibt ein Al Franken in einem Buch über den erfolgreichen Radiomacher.

Die Chicagoer Finanzgruppe, die den Demokraten und Linksliberalen zugerechnet wird, möchte Al Franken als Gegenstück zu den Konservativen Moderatoren im Rush Limbough-Stil in einem eigenen Radio-Netz einsetzen. Den Fans konservativer Moderatoren sollen liberale Journalisten entgegengesetzt werden. Strategisches Ziel: Weniger Bush, weniger Predigten, mehr Unterhaltung. Die Väter der amerikanischen Pressefreiheit haben sich wohl auch eine etwas andere Nutzanwendung ihres Grundrechtes vorgestellt. Der Durchschnittsamerikaner fühlt sich heute dem ideologisch unterfütterten Streit pro und contra Bush, täglich stundenlang im Radio zelebriert, nahezu hilflos ausgeliefert. Im besten Fall schaltet er ab, im schlechtesten Fall glaubt er diversen Unterstellungen, wie Meinungsumfragen bereits ergeben.

In einer anderen Medienlandschaft als der amerikanischen, sucht man den europäischen Anspruch von „Ausgewogenheit" ohnedies vergeblich. Beide Modelle, Trends und Theorien trennt der Atlantik wie bei den Medien in kaum einem anderen Bereich angewandter Demokratie. Es bedarf gar nicht eines Wortekrieges, um zu erkennen, daß festgezurrte Denkschablonen schon den Begriff „Demokratie" ein ums andere Mal verklemmen. Allzuweit reicht der Verständnisbogen nicht. Er ist nicht erst heute überdehnt. Jahrzehnte atlantischen Diskurses betrachtet, muß man Verschwörungstheorien nicht anhängen, um festzustellen: Was Demokratie ausmacht, erreicht in der Neuen Welt andere Stellenwerte als in der Alten. Zum Beispiel die Wahl von George W. Bush.

Nicht altmodische Zählmaschinen sind es, die selbst amerikafreundlichen Europäern die Haare zu Berge steigen lassen. Vielmehr sind es die Methoden der Kandidatenkür und der Stimmzählung mit ihren regionalen Fallstricken, Fehlerquellen und Gaunereien die Europäer unisono abstoßen.

Besteht der Verdacht – und kann nicht ausgeräumt werden –, bei einer US-Präsidentenwahl sei es nicht mit rechten Dingen zugegangen, belieben europäische Besserwisser immer dann auf den Plan zu treten, wenn es sich „drüben" um einen Kandidaten aus dem bürgerlich-konservativen Lager handelt. Im Fall von George W. Bush zählt es dann zu den standardisierten Unterstellungen, beim Zählen und den Überprüfungen sei schlicht betrogen worden – nicht zuletzt in Florida, wo Bushs Bruder als Gouverneur subkutan für „erwünschte Wahlergebnisse" gesorgt habe. Zum europäischen Unverständnis von Recht und Ordnung in den Staaten zählen auch schwer vermittelbare Tatsachen der US-Wahlbeteiligung. Wenn

Kandidaten lediglich mit einem Drittel oder gar nur einem Viertel der Wahlberechtigten Präsident werden können (also der unzulänglichen Beteiligung wie bei Studentenwahlen auf europäischen Universitäten), ist es aus europäischer Sicht mit der demokratischen Legitimation und der Glaubwürdigkeit des Erkorenen oft nicht weit her. Kein Bush-Phänomen, Clinton etwa verdankte ähnlicher Beteiligung seine Präsidentschaft wie die meisten der 41 vor ihm.

Unterschwellig bleiben die Umstände der Wahl von Bush junior auf dem Repertoire-Zettel der Anti-Amerikaner, und schon wird das nächste Stück inszeniert: die Wiederwahl von Bush. Mit moraltriefender Entrüstung berichten die Korrespondenten europäischer Medien, wie es bei der Finanzierung der nächsten Bush-Kampagne bereits zugeht. Mit dem Ziel, die Wahlschatulle von 100 Millionen Dollar im Jahr 2000 auf 200 Millionen Dollar für die Wahl 2004 aufzufüllen, startet Präsident Bush tatsächlich frühzeitig. Der Herr im Weißen Haus läßt in das Nobelhotel Hilton zu Washington einladen. 2000 Dollar pro Person für ein karges Mahl (bei Ronald Reagan waren es vor 20 Jahren noch 1000 Dollar). Der Präsident kommt, der Präsident spricht, und schon sind fünf Millionen Dollar gesammelt.

Ähnliches ist geplant für New York, Miami, San Francisco und Los Angeles. Haben es Gegenkandidaten von der demokratischen Partei an sich schon schwer, einen regierenden Republikaner aus dem Weißen Haus zu vertreiben, so erst recht, wenn diese Partei – wie jede andere hauptsächlich ein Wahlverein – unter nicht weniger als neun Kandidaten zu entscheiden hat. Als aussichtsreichster Gegenkandidat zu Bush gilt lange Zeit der demokratische Senator John Kerry aus Massachusetts. Obwohl mit der millionenschweren Erbin eines Ketchup-Imperiums verheiratet und im Washingtoner Innenbetrieb rührig, wird es Kerry nicht leicht fallen, Amtsinhaber Bush auszuhebeln. Dabei spielen nicht nur Protokoll und Äußerlichkeiten eine Rolle, wenn etwa Kandidat Bush mit dem 747-Super-Jumbo Airforce One daherkommt: Ehrengeleit, roter Teppich und aller protokollarischen Aufmerksamkeiten eines gern monarchisch auftretenden Präsidenten ausgestattet ist. Kerry hingegen taucht mit einem Serienauto und kaum erkennbarer Begleitung vergleichsweise bescheiden auf.

Unterschiede in der Sammelkapazität allein sind es nicht, die atlantisch gesehen zählen. Die Systeme sind grundverschieden bei der Stellung der Parteien, was Verfassungsrecht, Organisationsdichte,

Mitgliederzahl und vor allem Finanzierung und deren öffentliche oder institutionelle Kontrolle betrifft. Wahlkampf ist in Amerika – auch um das Weiße Haus – gleichsam Privatsache – in Europa Wahlkampf normalerweise Staatssache. Im einen Fall zahlt jeder nach Vermögen und Belieben, im anderen Fall als nicht gefragter Steuerzahler.

Fund Raising, eine typisch amerikanische Geldsammel-Methode (und deshalb weithin steuerlich absetzbar), ist für Amerikaner nicht nur unverdächtig, sondern normal. Parteienfinanzierung aus Steuergeldern für laufenden Parteibetrieb, für Parteiakademien, für Wahlkämpfe zählt für Europa zur unliebsamen, fallweise verdächtigen Form. Jenseits des Atlantik ist öffentliche Rechnungslegung im Stil von Aktiengesellschaften üblich, diesseits geldliche Transparenz weithin unüblich. Daher bleibt das Thema Wahlen und ihre Finanzierung medial ein ums andere Mal ein Fressen für Kritiker und Kritikaster.

Atlantischer Gegenschlag von links

Zu den Verdrängungsprozessen eigener Urteilsfindung zählt, daß derlei auf der Rechten mit dem Vergrößerungsglas und auf der Linken mit dem umgedrehten Feldstecher beobachtet wird. Zum Beispiel die Tatsache, daß ein John F. Kennedy, der Demokrat mit hohen Sympathiewerten bei der linksliberalen Schickeria rund um die Welt, als Prototyp des flotten Intellektuellen mit der knappen Mehrheit von 42 000 Stimmen vor Richard Nixon gewählt wurde. Vergessen und verdrängt ist auch, daß in Kennedys Amtszeit unter Berufung auf die Selbstverteidigung amerikanischer Interessen und westlicher Werte von ihm außerhalb der UNO der Vietnamkrieg losgetreten und in der Schweinebucht der (gescheiterte) Versuch, unternommen wurde, Kuba von Fidel Castro zu befreien. Seit jeher steckt Missionarisches in der US-Politik. Amerikaner mögen es, Europäer verachten es, die einen wissen es, die anderen vergessen es.

Bekennt sich ein trainierter Provinzpolitiker wie Bush zu Gottesfurcht, zu westlichen Idealen (in ihrer ganzen Unbestimmtheit), zu Leistung, zu Besitz und zu konsequenter Prinzipientreue – alles in allem (in naiv anmutender Direktheit) zu Konservativismus auf Amerikanisch –, ist die Reaktion in der europäischen Gemengelage geradezu vorprogrammiert: Zu missionarisch, zu viel, zu hart, zu gewalttätig, zu rücksichtslos, zu undifferenziert, zu arrogant, zu unzivilisiert. Weltpolitik lasse sich nicht in Cowboymanier betreiben. Setzen, Fünf.

Tritt ein amerikanischer Präsident wie George W. Bush mit dem erklärten Ziel an, im Kampf „der Guten gegen die Bösen" für Ordnung zu sorgen, jault weltweit nicht nur die linksliberale Schickeria auf. Derartige Konsequenz aus der Neuen Welt ist in der Alten – und nicht nur dort – offenkundig nicht mehrheitsfähig. Selbst eingeschworenen Bürgerlichen und Amerikafreunden ist die globale, die zugleich uramerikanische Denk- und Handlungsweise eines Kennedy oder eines Bush junior unheimlich. Um so leichter, weil oberflächlicher, spannen Linke wie Antiamerikaner an.

Sie, die sich Jahrzehnte vom Amerikanismus gegängelt und mehrfach in die Defensive gedrängt und gleichzeitig von amerikanischer Lebensart geradezu magnetisch angezogen fühlen, holen zum atlantischen Gegenschlag aus. Alt gewordene Angehörige der halbrevolutionären Generation von 1968 wittern neuerdings ideologisch Morgenluft. Wie die Kaffeehaus-Literaten in vorrevolutionären Zeiten wagen sie beim Umbau der sogenannten Gesellschaft wortreich viel, geht es ums Konkrete, jedoch nicht alles.

Medial spesenfrei verstärkt, wäre es auch ohne die Irak-Problematik zu einem von Samuel Huntington literarisch angekündigten und aufbereiteten „Clash of Civilizations" gekommen. Endlich, nach Jahrzehnten von Wohlstand und Selbstbestimmungsversuchen konnte man sich – fallweise in Weltuntergangstimmung – getrost der Haßliebe gegenüber westlicher Lebensart hingeben. In Schüben von Masochismus werden mit dem Blick auf globale Konfrontationen die westlichen Ideale – allen voran der stets böse Kapitalismus – jedweder Geringschätzung ausgesetzt. Persönliche Freiheiten, soziales Modell, wirtschaftliche Errungenschaften, politische Identität, auf grünem Ideologietrip – ist alles nur in europäischer Machart zu haben. Jedenfalls belieben Vor- und Nachdenker in einem System von Einbahnstraßen zu agieren. Einmal links, einmal rechts, wie geradeaus, am liebsten im Kreis. Dort verbucht beispielsweise Salman Rushdie im Werte-Defizit Westliches, allzu Westliches: „Küssen in der Öffentlichkeit, Schinken-Sandwiches, öffentlicher Streit, scharfe Klamotten, Literatur, Großzügigkeit, Wasser, eine gerechte Verteilung der Weltresourcen, Kino, Musik, Gedankenfreiheit, Schönheit, Liebe."

Dem wird ein „totalitäres Selbstbildnis Amerikas" gegenüber-

oder entgegengestellt. Hart, besitzergreifend, rücksichtslos, auf eigene, fremde Moral fixiert. Schlachtruf von Intellektuellen oder solchen, die sich dafür halten. Sie werden seit Ende des Zweiten Weltkrieges bis heute nicht müde, bei jeder sich bietenden Gelegenheit auf ihrem Trip gegen Amerika im allgemeinen oder unliebsamen Administrationen im besonderen ihren Vorurteilen und Thesen zu huldigen. In diesen Kreisen zählt es zum guten Ton, einfach alles in Frage zu stellen, was von „drüben" kommt. Jedweder Wertekatalog wird angezweifelt, möglichst lächerlich gemacht. Intellektuellen Erbschaften gleich wird das Recht der Bewertung exklusiv beansprucht. Wer anders denkt, macht sich verdächtig. Selbstzweifel, gelegentlich kokett aufgesetzt, wirken einmal als Mode, ein andermal als Alibi. Fast alles wird europäisiert – Menschenbild, Menschenwürde, Menschenrechte, unbehinderte Entfaltung der Persönlichkeit sowie die Freiheit von Glauben oder Meinung. Amerikanisches ist in diesen Kreisen „out". Immer kommt es auf die Abstempelung an – europäisch ist gut, amerikanisch schlecht. Wenn es so einfach wäre. Die reale Welt ist wahrlich anders und komplizierter.

1945 entstand jenes Zwielicht schlechten Gewissens wiedergewonnener Freiheit und zivilisatorischer Selbstzweifel, das die europäische, vor allem die deutschsprachige Publizistik geraume Zeit ausgezeichnet hat. Wie konnte es geschehen, daß eine Gewaltherrschaft beginnend mit der Sprache zivilisatorische Erscheinungen besetzt, benützt und ins Gegenteil zu verkehren vermochte wie Patriotismus, Heimat, Treue, Pflicht, Kameradschaft, Volksgemeinschaft oder Vorsehung. Von der Politkarriere zum Sprachtabu, ein weiteres Phänomen.

Das 12-Milliarden-Ding

Das Wort Zivilgesellschaft war zwar noch nicht in Mode, der gottlose Nihilismus des Hitler-Systems noch gar nicht voll erkannt und der Sieg der westlichen, der freien, aber auch der kommunistischen Welt über das Dritte Reich noch nicht erreicht, als die medialen Planer aus Washington zu einer Art Beglückungsfeldzug ansetzten. Für Amerikaner war die Vision vorgegeben, ihr Land sei endgültig Nummer eins in der Welt. Für die Europäer blieb lediglich der Gnadenerweis, trotz allem für voll genommen zu werden, prioritär die Engländer und die Franzosen. Vor allem an den Deutschen war auch intellektuell großzügig „Hilfe zur Selbsthilfe“ zu installieren. Aus einem Selbstläufer amerikanischer Nachhilfe wurde eine Erfolgsgeschichte.

Wenn den USA heute entgegengehalten wird, missionarisch und imperialistisch vorzugehen, so trifft diese Gestion erst recht für die US-Politsubstanz der vierziger und fünfziger Jahre des vergangenen Jahrhunderts zu. Ist es doch der Marshall-Plan, der mit seiner ordnungspolitischen und medialen Breite für die Nachkriegsordnung transatlantisch jene Grundlage schuf, die heute, mehr als 60 Jahre später, noch immer gilt: Die Suche nach verläßlicher Partnerschaft unter Anerkennung der Führungsfunktion der USA. Was finanzakrobatisch wirkt – Transfers kombiniert mit gleich großen und bleibenden Eigenleistungen – zeigen schon im Denkansatz globale – manche sagen oder meinen – imperiale Politik: Den Besiegten nicht zur Ader zu lassen. Mittelalterliche Rache ist hintanzuhalten. Über Ordnungspolitik sind Gesamtstrukturen zu begünstigen, die dem American Way of Life nahekommen und entsprechen.

Gegen Ende des Zweiten Weltkrieges – als noch in scheinbar fugenloser alliierter Gemeinsamkeit der Anti-Hitler-Koalition gekämpft wurde – schnürten die Planer eines horizontalen Finanzausgleichs von der Neuen in die Alte Welt das 12-Milliarden-Dollar-Paket. Diese großzügige, freilich nicht selbstlose Hilfe wurde vom State Department zu Washington von jüdischen Emigranten aus Deutschland als Wiederaufbauhilfe an Europa konzipiert. Der Transfer wurde nach dem amerikanischen Außenminister George Marshall, einem intellektuellen Haudegen, benannt. Dieser Plan, European Recovery Program (ERP) genannt, sollte sich als willkommener Vorläufer einer weltanschaulichen Auseinandersetzung mit einem ebenfalls imperialen Anspruch erweisen. Stalins Konzept der Weltrevolution und der Sicherung russischen Machteinflusses in der Mitte Europas wurde eine amerikanische Antwort entgegengesetzt.

Längst Geschichte, hinterläßt auch dieser kühne, erfolgreiche Brückenschlag über den Atalantik Spuren bis in unsere Tage. Noch immer wird über ERP-Fonds in den westeuropäischen Ländern dies und das (in Österreich zum Beispiel Investitionen im Tourismus) finanziert. Was wie ein Perpetuum mobile wirkt, ist eine ebenso einfache wie erhaltenswerte Idee statt mittelalterlicher Rache oder Forderung uneinbringlicher Reparationen wie nach dem Ersten Weltkrieg: Hilfe zur Selbsthilfe als einmalige Königsidee.

In the Mood

Der Krieg ist vorbei. Es stellt sich jenes unnachahmliche Gefühl der Entkrampfung, der Hoffnung auf besseres Leben, auf etwas Glück ein. Mit dem „Ami“ zieht dessen Lebensart in Mitteleuropa ein. „In the Mood“ als Schlager, als Zeichen für jedermann, den Anschluß zu finden an „made in U.S.A.“ oder überhaupt an Westliches, an Tolerantes, an Modernes. „In the Mood“ – eine einschmeichelnde Melodie, straffer Rhythmus, eingängige Synkopen, einmal laut, einmal leise, mit Mut zur Wiederholung. Ganz im Zeitgeist – mit hohem Sympathiewert, der als Hoffnung auf besseres, sichereres Leben alle anderen Werte eindeutig übertrifft.

Eine heile Welt bietet sich als Zukunftsversprechen an – jenseits der Trümmer im gegenständlichen und im übertragenen Sinn. Europäer hatten von Politik und Krieg die Nase voll. Amerika, der lässige Sieger, wartet großzügig auf mit seinem schillernden Angebot von Freizügigkeit, der Lösungskapazität lebenswichtiger Probleme (z. B. mit Care-Paketen gegen den Hunger). Ein neuer, ein anderer Ausgleich zwischen persönlicher Freiheit und sozialen Notwendigkeiten wird angeboten. Der „American way of life“ erscheint als eine Art Gesamtkunstwerk schöneren Lebens. Wer wagt es schon in der europäischen Aufbruchsstimmung, Zweifel anzubringen? America first, reicht das nicht? Für überzeugte Atlantiker zählte es seinerzeit zu den unumstößlichen Voraussetzungen einer neuen Friedensordnung, daß „God's own Country“ unbestritten Nummer eins in der Welt ist und bleibt. Zweifler sind nicht gefragt.

Atlantisch spielte Mediales von vornherein eine zentrale Rolle: Mit dem Geld amerikanischer Steuerzahler als Finanziers des Marshall-Plans sollen nicht zuletzt US-Ideen (und Interessen) exportiert werden – nämlich Demokratie und Marktwirtschaft als Stabilisatoren gegen Nationalsozialismus und Kommunismus. Es geht um Pluralität, wie sie sich das Ostküstenestablishment vorstellt, wo es damals noch zum guten Ton zählte, französisch zu parlieren; drüben setzt man auf die Zugkraft demokratischer Ideale als Immunisierung gegen den Selbstzerstörungsbazillus in Europa. Dies geschieht vornehmlich am Beispiel erstarkter Printmedien in England, Frankreich, Italien und eines bereinigten Journalismus in Deutschland nach dem damals unbestrittenen Muster der „New York Times“ („Neue Zeitung“, München). Eine gehörige Portion Marktwirtschaft mit Wettbewerb als Sheriff wird beigemischt. Dahinter steckt ein Wohlstandsversprechen: Vorbei soll der Krieg sein durch Überwindung des durch Kriegswirtschaft aufgeblasenen Staatseinflusses mit seinen einschüchternden Ritualen.

„Re-Education" ist das Stichwort der Besatzungsmacht. Mit dem nationalsozialistischen Gedankengut sollen auch unamerikanische Vorstellungen von Staat, Recht und Individualität ausgetrieben werden. Was für die einen Entnazifizierung, bringt im Laufe der Zeit für andere einen ersten Schub unerbetener Amerikanisierung. Allmählich tut sich ein Zwiespalt der Gefühle, der Meinungen und der Reaktionen auf. Freiheit „ja", aber nicht „made in USA"; Demokratie „ja", aber als Eigenbau; Marktwirtschaft „ja", aber ohne wesensfremde Ordnungspolitik absoluten Wettbewerbs. Ein Prozeß europäischer, zunächst schüchterner Selbstbestimmung gegenüber einem gelegentlich unzivilisierten Amerika hat seine Wurzeln in der Besatzungszeit. Sie sprießen bis heute.

In Washington glaubten viele, auf ein ausgefeiltes Konzept für den Export amerikanischer Ideen getrost verzichten zu können. Siegen genügt, meinten sie – nicht zum ersten und nicht zum letzten Mal. Amerikanismus wird als Selbstläufer betrachtet. Schwamm doch Amerika auf einer Sympathiewelle, tatsächlich oder dem Schein nach – je nach politischer Gefechtslage und Gefühlswelt der Medienmacher und der sogenannten öffentlichen Meinung. In der Not – und die war groß – frißt der Teufel sogar amerikanisch.

Bei Siegern und Besiegten ergeben sich auch medial grundverschiedene Ansatzpunkte. Nach dem Krieg ist vor dem Krieg. Diesem Motto folgte die Publizistik in Großbritannien, etwa mit der damals noch unbestrittenen BBC oder der „Times", in Frankreich mit „Le Monde", teilweise in Italien mit „Corriere de la Sera", sowie den Beneluxstaaten mit „Le Soir" in Belgien, dem „Handelsbladed" in den Niederlanden, mit „Dagens Njether" in Dänemark oder „Svenska Dagbladed" in Schweden. Was bestand doch damals für ein nahezu unbändiger Hunger nach freier, internationaler Information. Der aufkommende Wohlstand mit seinen Werbebedürfnissen polsterte die Verlage und machte Qualität oft erst möglich.

Die Kumpaneien der CIA

Vor Beginn des Fernsehens Mitte der fünfziger Jahre konnten die Zeitungen in Westeuropa unternehmerisch einiges Fett ansetzen.

Drüben, im vergötterten Amerika, waren die Zeiten nicht so rosig. Nach dem Krieg mußte sich auch die amerikanische Wirtschaft erst wieder „zivilisieren“. Statt Rüstung und der einen oder anderen Staatshilfe begann wieder der Markt zu diktieren. Unbarmherzig, wie es so seine Art ist. Diesseits des Atlantik war man bald nicht mehr auf direkte Fremdhilfe angewiesen. Jedoch indirekt. Über Agenturen wie United Press International (UPI) und Associated Press (AP) zog Amerikanismus in das Pressegeschäft ein, oft im Wettbewerb mit altehrwürdigen Agenturen wie Reuters. Schnell, unbefangen, rücksichtslos, jedoch auch populistisch in der Gewichtung dessen, was geschah und was als wichtig erklärt wurde. So entstand medial ein Mix aus Politik, reichlich Sport, genügend Wirtschaft, jedoch unzureichend Kultur.

In Dauerberieselung ergab sich ein neues, ein amerikanisiertes Maß für das, was journalistisch richtig ist und was falsch. Unternehmerisch spielten sich finanziell relevante Querverbindungen nicht nur zum Marshall-Plan ein, sondern auch gelegentlich zu den Geheimdiensten wie der CIA. Die Central Intelligence Agency setzte im kalten Krieg auch medial – einmal erkennbar, ein anderes Mal nur zu vermuten – beim Kampf mit dem Hauptgegner Kommunismus auf atlantische Kumpanei. Mancher Start am Boulevard wurde erst durch geheime Kassen möglich. Wer Freund ist und wer Feind, wurde zum ersten Mal politisch-ideologisch ein- und angesetzt.

In der Auseinandersetzung mit der heraufziehenden anderen Supermacht Sowjetunion genügte es damals bald nicht mehr, verbal für die USA einzutreten. Für Gefolgschaft waren ebenso Beweise zu erbringen wie für Feindschaft. Auch im US-Kongreß. Als es um die Finanzierung der Geheimdienste ging und diese ihre Auf- und Ausgaben zu rechtfertigen hatten, stellten erstaunte Parlamentarier auf dem Kapitol fest: Nicht alle mögen amerikanische Lebensart und nicht alle unterstützen US-Politik automatisch und gefügig. Antikommunismus sollte gefälligst groß geschrieben werden; Kommunismus sollte als Hort allen Übels verteufelt, als die Ursache alles Bösen bezeichnet werden. Wie mit wagnerianischem Getöse traten in Washington ideologische Tugendwächter auf. Sie glaubten die hehrsten Werte der Nation gefährdet und erklärten Andersgläubigen im ideologischen Kampf eine andere Art Krieg. Überzeugt von einer direkten Gefährdung amerikanischer Interessen riefen sie zur (ideologischen) Selbstverteidigung auf. Sie sahen zum ersten Mal Amerika im eigenen Herrschaftsbereich – vornehmlich von Intellektuellen – bedroht. Bei eigener Bedrohung, welcher Art auch immer, versteht „Amerika" keinen Spaß. Es schlägt zurück.

Die Rede ist nicht von George W. Bush jun., sondern von Joseph Raymond McCarthy, Jahrgang 1909, seit 1947 republikanischer Senator für Wisconsin. Was im McCarthyismus von damals als Verhaltensmuster steckt, zeigt Gebrauchswert bis in die Gegenwart. Mit der Energie eines Gesinnungstäters erschnüffelte der umstrittene, selbsternannte Saubermacher Kommunismus allerorten. In der Verwaltung. Unter den Intellektuellen. In der Kunstindustrie und in Hollywood. In einer Mischung aus Großinquisitor und Chefankläger in politischen Schauprozessen war McCarthy nicht zimperlich. Er schüchterte ein, er prangerte Verdächtigte in aller Öffentlichkeit an. Monatelang belieferte der McCarthy-Untersuchungsausschuß die Medien mit Verdächtigungen, Halbwahrheiten und purer Propaganda, verpackt in Haß.

Spät, freilich nicht zu spät, erkannte das geschockte Washington die Gefahr für die Glaubwürdigkeit des Senats und das Vertrauen in faire, jedenfalls demokratische Systeme der Selbstverteidigung und der Selbstkontrolle. Lang, allzu lang hatte McCarthey mit seinen ideologischen Rundumschlägen und fragwürdigen Verdächtigungen eines durchgängigen Kommunismus demokratiepolitisch geschadet. Grobschlächtig ohnegleichen hatte er – gelegentlich mit antisemitischen Zwischentönen – zuerst Regierungsangestellte, dann Künstler, Intellektuelle und andere unbescholtene US-Bürger diffamiert. So wurde ein Charly Chaplin als Kommunist zuerst intern und dann öffentlich gebrandmarkt. Mit seinesgleichen packte er die Koffer, verließ Amerika, und viele Europäer standen kopfschüttelnd vor den Folgen dieses amerikanischen Extremismus im Stil der Inquisition. Jetzt wurde Europa zum sicheren Hafen.

Schließlich wehrte sich die US-Army. Nach vier Jahren Hexensabbat mißbilligte der Senat dieses ungewöhnliche Treiben seines Mitgliedes. 1954 war es zwar mit dem McCarthyismus vorbei, nicht aber mit der amerikanischen Schwarz-Weiß-Methode, lediglich eine Trennung von Gut und Böse und keinerlei Übergänge zuzulassen. In Europa war der ideologische Flurschaden durch den McCarthyismus erheblich. Zum ersten Mal nach Ende des Zweiten Weltkrieges kamen Zweifel hoch in die Konsistenz, in die Führungsqualitäten und in die Selbstreinigungskraft des amerikanischen Systems. Dabei war einem unbescholtenen Amerikanismus und seinem Wertepotential so viel Vorschußlorbeer gezollt worden.

Mit dem Beginn des kalten Krieges und den Segnungen des Marshall-Plans war bald wieder Bekennermut gefragt. Wer wo steht – keine Frage. Ohne größeres finanzielles Risiko vermochten sich die Medien diesseits des Eisernen Vorhangs auf amerikanischer Linie zu tummeln. Ein gemeinsamer Widersacher – und schon schaltete die so oft beschworene, jedoch nie recht ausdiskutierte atlantische Partnerschaft ihren Automatismus ein. Gemeinsame Werte im Dauertest. Was ließ sich da nicht alles zum Fenster hinaus schönreden!

Hatte doch die Auseinandersetzung des demokratischen Westens mit dem kommunistischen Osten die Teilung Europas nicht nur im geographischen, sondern auch im psychologischen Sinn bewirkt. Weder Phantasie noch Mut gehören dazu, um „westlichen Werten" brav und gebetsmühlenartig Tribut zu zollen. Daß sich während des kalten Krieges auf einer anderen unteren, zunächst nicht sichtbaren Ebene Spaltungselemente zwischen der Alten und der Neuen Welt einnisteten, blieb weithin unerkannt: Amerikanische Arroganz gegen europäische Aufmüpfigkeit, Streit um Geld und Posten, um Wirtschaftsinteressen und um Einflüsse. Etwas für akademische Zirkel, für engagierte Anti-Amerikaner oder – umgekehrt – US-Kritiker europäischer Behäbigkeiten und Seilschaften aller Art. Nach außen benutzte man die gleichen Vokabeln, Worte, Begriffe und begnügte sich mit Loyalitätsbekundungen. Nach innen jedoch wuchs der Zwiespalt über Staat, Recht, Gesellschaftsordnung und Autorität. Trennung begann auf leisen Sohlen. Dabei hat das Auseinanderdriften der Interessen, der Politik und der Methoden viele Ursachen. Es herrschte weithin Ignoranz. Wer kam schon auf die Idee zu untersuchen, ob, wieviel und warum sich die Kontinente politisch-ideologisch auseinanderleben?

Was heute modisch als Reform samt Stau bezeichnet würde, war damals nicht allgegenwärtig. Im Gegenteil. Nach dem Sieg über Hitler ließ mancher Besatzungsoffizier und später mancher Beauftragter des Marshall-Plans seinen Triumphgefühlen freien Lauf. Besserwisserei, oft von Emigranten, wollte ertragen sein. Erst allmählich stellte sich heraus, daß der gleiche Lebensabschnitt Verantwortlichen in Bewußtsein und Wertung Unterschiedliches, kaum Vergleichbares, jedenfalls nicht Übertragbares mit sich brachte. Sogar die Ordnungspolitik, etwa in der Kartellfrage, spielte in diese Bewußtseinsspaltung hinein zwischen jenen, die nach draußen emigrieren mußten und jenen, die drinnen weitergemacht hatten.

Zweierlei Erlebniswelten, zweierlei Verhaltensnormen, zweierlei Reaktionsvermögen – das alles wirkt bis in unsere Tage (etwa auch im Fall Irak) nach.

Wettbewerb, Korrektiv der Marktwirtschaft, wurde von vielen im europäischen Unternehmerlager seinerzeit als unangenehmer Ideologieimport, gar als Zumutung empfunden. Sogar ein überzeugter Marktwirtschaftler wie Ludwig Erhard mußte sich (bei der Ausarbeitung des deutschen Kartellgesetzes, das später Eingang in die Römischen Verträge fand und damit bis heute nachwirkt) gefallen lassen, der Liebedienerei gegenüber den Amerikanern (unberechtigterweise) verdächtigt zu werden. Ähnlich verhielt es sich medial. Freie Presse empfanden viele als aufgepfropft, künstliches Gewächs und subventionierte Gehirnwäsche. Diese Mischung aus Vorurteil und Verdacht ist keineswegs nur in Deutschland anzutreffen.

Undank gegenüber dem Big Spender

Als sich herausstellte, daß führende Zeitungen in England, Frankreich, Italien und anderen Ländern am Tropf des Marshall-Plan-Fonds hingen, begann Vorbehalt unter Intellektuellen Mode zu werden. Demokratie hatte zunächst wenige und wenn zarte Wurzeln geschlagen. In klassischer Besiegten-Manier schlug im deutschen Fall den Printmedien wie dem damals noch dominierenden Radio der ständige Verdacht entgegen, von drüben gelenkt, befohlen und indoktrinierend unterwegs zu sein.

Immerhin – Amerika wurde fürs erste als Sieger, als Vorbild und als Big Spender akzeptiert, bewundert und zunächst unterstützt. Amerikanische Ideale und Lebensformen – von einem relativ unkritischen, geldgierigen Hollywood filmisch vermarktet – boten jenen geschlossenen Kreis von Frieden, Freiheit und Fortschritt. Ein Hauch von Zukunft samt Führungsfunktion der USA war unbestritten, weil erfolgreich, anziehend und unverdächtig. Transatlantisches wirkte nach außen wie ein Herz und eine Seele – wer es nicht glaubte oder gar hinterfragte, gehörte zu einer Minderheit. Amerikanische Anwesenheit war allumfassend und mutierte mit dem kalten Krieg jahrzehntelang zu einer Existenzgarantie für den westlichen Teil des gespaltenen Europa. Die Washingtoner Strategie für ein Nachkriegseuropa, inzwischen erdacht und zu einem Langzeitkonzept verdichtet, wurde fast widerstandslos durchgezogen. Je länger sie jedoch praktiziert wurde, desto stärker geriet die Wahrnehmung amerikanischer Interessen unter Verdacht und später unter Beschuß. Im Umkehrschluß trat ein struktureller Abbau amerikanischer Interessen für Europa ein, nur die Europäer merkten es zunächst nicht. Wenn kontinentale Platten auseinanderdriften, gehört seismographisches Feingefühl dazu, derlei zu erkennen.

„Ami go home" – wie das böse Erwachen aus einem angenehmen Traum mußte bald alle Welt erkennen, daß sich unter der Decke der (Selbst-)Zufriedenheit allmählich Potential des Zweifels und der Aggression angesammelt hatte. Sein Ausmaß, seine Stärke und seine Wucht wurde beiderseits des Atlantik jahrelang verkannt und unterschätzt. Nicht zuletzt medial. Pazifismus, Politverweigerung und jugendliches Aufbegehren gegen überlieferte Strukturen („Unter den Talaren Muff von tausend Jahren") artikulierte sich zunächst in Randgruppen. Diese waren von vornherein antikapitalistisch und im falschen, weil oberflächlichen gesellschaftspolitischen Rückschluß antiamerikanisch. Ob der Funke der Kulturrevolution aus China wirklich zuerst auf Amerika und dann auf Europa übergesprungen ist, bleibt fraglich. Es werden dazu mancherlei Theorien geboten, jedoch keine Beweise.

Einerlei, für engagierte Bewohner der Alten Welt stand schließlich europäische Lebensart gegen amerikanische Lebensart. Nicht die anscheinend saubere Welt aus Hollywood-Filmen sollte Maßstab vieler Dinge sein, nicht der pralle Besitzstand in „God's own Country", nicht die Fortune-Liste der Reichen und Superreichen, nicht der Milliarden-Umschlagplatz New York, nicht die zur Selbstverständlichkeit gewordene Freizügigkeit von Waren und Kapital. Internationale Arbeitsteilung verstand sich im Lauf der Jahrzehnte als selbstverständlich. Mit der Kampfbezeichnung Globalisierung hat die gute alte internationale Arbeitsteilung allerdings nicht nur Sympathisanten aus dem linkslinken Spektrum erregt. Im zunehmenden Lager der Amerika-Zweifler und Amerika-Gegner wurde anti-atlantisch angespannt.

Es bedurfte einer reichlich langen Klärungsphase, bis das ganze Ausmaß der unterstellenden Agitation und der bösartigen Verdrehung erkannt und – noch später – angemessen erwidert wurde. Das europäisch-amerikanische Verhältnis, zunächst einer eigentlichen Bewährung gar nicht ausgesetzt, geriet in den Strudel eines quasi revolutionären Prozesses. Ein ganzes Politgebäude schien durch die

68er Generation frontal attackiert. Mit absolutem Besitzanspruch auf neue Wahrheiten wurde der Abgesang auf alte Werte ideologisch ein- und angestimmt. Obrigkeit, Leistungsverlangen, geordneter demokratischer Machtwechsel und staatsferne Ausgleichsmechanismen wettbewerbsorientierter Marktwirtschaft sowie die Selbstzufriedenheit der Wohlstandsbürger und die Selbstgerechtigkeit der neuen Eliten – alles wurde in Frage gestellt, nötigenfalls durch Krawall auf der Straße. Man gab sich als Bürgerschreck. Schlampige Kleidung war die Uniform.

Antiamerikanismus auf Berlinerisch

Wenn Gerhard Schröder und Joschka Fischer – damals unter den 68ern prominent, heute im Berliner Machtzentrum deutsche Normalität vertreten, wie sie sie verstehen, werden sie – gewollt oder ungewollt – vom Antiamerikanismus der damaligen Zeit wieder eingeholt. Einem Pendelschlag gleich wirkt Missionarisches nach Jahrzehnten atlantisch zurück – damals 68er, heute George W.

Ist damit die Befreiungsphase der Nachkriegszeit endgültig vorbei? „In the Mood" mehr eine sentimentale Begleitmusik für ein Glücksgefühl ohnegleichen, daß nicht mehr geschossen wird? Wird in später Umdeutung des Freund-Feind-Verhältnisses Antiamerikanismus politisch vereinnahmt? Paßt Solidarität nicht mehr ins Weltbild (an)gelernter Europäer? Lösen sich kulturelle Selbstverständlichkeiten auf? Ist das Verhältnis zwischen Amerika und Europa nicht mehr krisenfest? Erleben wir gar eine revolutionäre Umwälzung der transatlantischen Ordnung? Haben sich die Realitäten wirklich verändert oder unterliegen wir anno 2003 einer ähnlichen Indoktrination wie einige Jahrzehnte früher? Wenn Medien und Intellektuelle eines gemeinsam haben, dann ist es die flotte Verbreitung vieler Fragen und das große Schweigen angesichts weniger Antworten. Was sich im Werte-Kanon unserer Zeit eigentlich abspielt und politisch zählt, ist vom allgemeinen Bewußtsein gefährlich weit entfernt.

„Ich bin nicht nur ein Freund, sondern auch ein Bewunderer Amerikas", erklärt der Topmanager und frühere CDU-Politiker Jürgen Todenhöfer der „Frankfurter Allgemeinen Sonntagszeitung" am 2. Februar 2003. Gefragt wurde er nach seinem Buch über die „Irrtümer des Kreuzzuges gegen den Terror". Darin bezeichnet Todenhöfer, 18 Jahre für die Christlich Demokratische Union, die CDU tätig, Mitglied des Deutschen Bundestages und zeitweise abrüstungspolitischer Sprecher der CDU, die amerikanische Außenpolitik als „neokolonialistisch und kriegstreiberisch".

Diese Doppelreaktion ist typisch für einen nicht unbeträchtlichen Teil europäischer Intellektueller. Sie bewundern Amerika und sie verdammen es fast im gleichen Atemzug. Originalton Todenhöfer: „Amerika hat erheblich weniger Einwohner als Europa und schlägt uns auf fast allen Gebieten – seien es nun die Naturwissenschaften, Literatur, Kunst, Musik, Sport oder Wirtschaft." Bezeichnend auch, daß die Todenhöfers trotz ihrer Haßliebe gegenüber Amerika sich persönlich amerikanisiert geben. „Meine älteste Tochter studiert in Amerika, mein Sohn wird auch bald dort studieren. Ich liebe Amerika und seine Menschen ... meine Kritik wendet sich gegen George W. Bush und Bush ist nicht Amerika."

Es zählt zu dem neumodischen Aufbegehren europäischer Intellektueller, auf die Frage, ob dem irakischen Volk nicht zu wünschen sei, von Diktator Saddam Hussein befreit zu werden, folgendermaßen zu antworten: „Natürlich. Aber ich stelle die Frage, wie viele Kinder man in einem Krieg töten darf, damit ein Diktator gestürzt wird." An solchen und ähnlichen Argumentationen ist nicht nur unter Intellektuellen kein Mangel; und Andersdenkende tun sich schwer.

„Amerika ist in einer seiner Phasen historischen Wahnsinns", schreibt John le Carré. Der 71jährige Ex-Diplomat, der sich dieses Pseudonyms spätestens seit seinem Welterfolg „Der Spion, der aus der Kälte kam" bedient, drückt sich in seiner abgrundtiefen Amerika-Kritik unverhohlen undiplomatisch aus. Die jetzige Phase wertet er als schlimmer denn den McCarthyismus, die Schweinebucht-Invasion auf Kuba oder den Vietnamkrieg. Zur Debatte stehe nicht eine bevorstehende terroristische Drohung, schreibt John le Carré Anfang 2003 im Hamburger Nachrichtenmagazin „Der Spiegel", sondern „der ökonomische Imperativ amerikanischen Wachstums". Zur Debatte stehe Amerikas Bedürfnis, uns allen seine Militärgewalt zu demonstrieren. Der überzeugte Brite, offenkundig ein Kritiker des sozialistischen Premiers Tony Blair, sieht sich an die ärgsten Auswüchse des britischen Weltreichs erinnert, angesichts des „über Amerika schwebenden Ruchs religiöser Selbstgefälligkeit". Der literarische Spionageexperte weiß dann davon zu berichten, einer seiner amerikanischen Freunde sei zum örtlichen Supermarkt mit einem Auto-Aufkleber gefahren: „Frieden ist auch patriotisch". Als er seinen Einkauf beendet habe, sei der Aufkleber weg gewesen.

Le Carrés aufgeregter Artikel mit all seinen Seitenhieben auf Bush, Gott und Israel läuft also letztlich auf die Enthüllung hinaus, daß ein Aufkleber eines seiner Freunde entwendet wurde. Mit solcher Häme, typisch für die Auseinandersetzung zwischen europäischen Intellektuellen, schlägt sich Leon de Winter ebenfalls im „Spiegel" auf die andere, amerikafreundliche Betrachtungsseite. Der 48jährige Niederländer gegen den 71jährigen Briten. Literaten unter sich, was in jedem Fall ein Übermaß an Häme erwarten läßt. Meinungsführerschaft der Literaturmacher ist nicht zu unterschätzen, erst recht nicht, wenn sie als Autoren die Bestsellerlisten füllen. Der Brite, so meint der niederländische Erfolgsautor, spiele „die Ölkarte, das Lieblingsargument der Pazifisten. Es gehe den Amerikanern ums Öl." Was sie dann in Bosnien und im Kosovo gesucht hätten, lasse le Carré nach Meinung de Winters unerwähnt, um hämisch anzufügen, „es sei denn, als Verschwörungsdenker vermutet er auch unter dem Balkan Öl."

Am Beispiel des Irak-Problems beschreibt de Winter die andere, die differenziertere, die im Saldo pro-amerikanische Argumentationskette. Le Carré und seinesgleichen interessierten die Massenmorde Saddam Husseins nicht oder das tragische Schicksal der irakischen Völker auch nicht. „Was Araber einander antun, die Millionen Tote, die die Kriege im arabischen Raum in den vergangenen Jahren gefordert haben, die nicht vorhandene Freiheit und Rechtssicherheit, das alles kümmert le Carré offenbar kaum, denn sonst hätte er sich zu den Kurden, den Sudanesen, den Algeriern oder allen anderen Völkern geäußert, die in Nordafrika und im Nahen Osten unter Diktaturen leben." Die Spannweite dieser und anderer Diskurse weitet sich bei Leon de Winter durch die Tatsache, daß er Jude ist. Die Schrecken des Holocaust stehen offenkundig im Zentrum seines Denkens und Schreibens.

Eine überall herrschende Irrationalität gibt auch dem britischen Autor Ian McEwan zu denken. Er schreibt im Februar 2003 in der „Frankfurter Allgemeinen Zeitung": „Die Verständnislosigkeit, welche die arabische Welt und der Westen füreinander zeigen, hat einen neuen Höhepunkt erreicht." Als Beispiel nennt McEwan die Tatsache, daß ernst zu nehmende Zeitungen in Kairo die Geschichte aufgriffen, die Vereinigten Staaten hätten die Twin Towers selbst zerstört, „um endlich einen Vorwand für den Angriff auf den Islam zu haben“. Unter dem Titel „Ich vertraue Blair“ nennt McEwan Kosovo und Afghanistan als Beispiel für einen erfolgreichen Kurs: „Weit mehr Menschen hätten leiden müssen, wenn man damals nicht eingegriffen hätte.“

Für das Verhältnis der europäischen Intellektuellen zu Amerika liefert das Irak-Problem, tragisch wie es ist, ebenso Anschauungsmaterial wie das verquere, unter- oder überschätzende Verhältnis amerikanischer Intellektueller zu Europa. Norman Mailer bezieht in seine nachdenkliche Selbstkritik alles Amerikanischen die europäischen Wurzeln mit ein; Tom Wolfe amüsiert sich über die historisierende Enge der Europäer, Gore Vidal bewundert ihre Anpassungsfähigkeit mit Hintersinn, und Noam Chomsky wird nicht müde, amerikanischer, wahrlich freiheitlicher Lebensart Vorrang vor der europäischen Enge zu predigen.

Was die Denker, Schreiber und Analytiker des intellektuellen Betriebes diesseits und jenseits des Atlantik verbindet, sind der professionelle Widerspruch, die Neigung, alle und alles in Frage zu stellen und nach Belieben Vorbehalte gegen die jeweils verdammenswerte Macht anzubringen. Sie suchen die Auseinandersetzung und sie finden sie in dem, was sie zu wissen glauben, was sie (im Bauch) empfinden, was sie (hoffentlich im Kopf) verarbeiten und was sie glauben, von sich aus von sich geben zu müssen. Sozial oder liberal, konservativ oder progressiv – der Selbstbezug der Kritik im eigenen Haus überwiegt allemal das Korrekturbedürfnis gegenüber der jeweils anderen Seite.

Intellektuelle Chaoten – oder intellektuelle Loyalisten

Für die Szene der Intellektuellen sind – wenn es ernst wird – zwei grundverschiedene Dramaturgien festzustellen. In Europa ist es fast ausnahmslos Brauch, in Zeiten von Krisen und Kriegen argumentativ das Unterste zuoberst zu drehen. In geradezu beklemmender Weise wird in Zeiten wie diesen voreilig zu einer Hetzjagd nach Verursachern geblasen, die Schuldfrage hochgespielt und mit dem ätzenden Gift nachgemachter Großinquisition den Verantwortlichen das Leben bis zur Unerträglichkeit schwer gemacht. Damit nicht genug – mitten in der Testphase einer Krise oder eines Krieges stellen Intellektuelle in Europa bevorzugt das gesamte System der

Staaten zur Diskussion und zur Disposition, etwa im Fernsehen. Dolchstoßlegenden, wie sie am Ende des Ersten Weltkrieges verbreitet wurden, dienen auch in Zeiten wie diesen als Vorbild für allgemeine Verunsicherung möglichst bis zum Chaos. Typisch europäisch ist, den Autoritäten persönlich und inhaltlich die Gefolgschaft streitig zu machen oder zu versagen.

Anders die Intellektuellen in Amerika. Ihre gebündelten Vorbehalte gegen den Staat, das jeweilige Regime, die Politikerkaste oder andere angriffsbereite Mächtige werden im Fall von Krise oder Krieg spontan beiseite geräumt. Der Präsident oder die Politik seiner Administration verschwinden ebenso aus dem Fadenkreuz intellektueller Querdenker wie das US-Establishment aus Kongreß, Wirtschaft und auch Armee.

Als ob Intellektuelle glaubten, sich einen Beweis nationaler Souveränität leisten zu sollen, neigen sie dazu, die Systemkritik und auch die Gesellschaftsschelte auf die Zeit danach zu vertagen: Im Inneren ruhiggestellt oder gemäßigt, wird die Selbstdisziplinierung von US- Intellektuellen in den Medien, in der Literatur und im allezeit linkslastigen Kulturbetrieb vom Ausland her oft falsch eingeordnet. Die Branche der Geistigen hat nicht ihren Biß verloren und ihre Aggressivität an der Garderobe der Staatsmacht abgegeben, sie huldigt beflissen einer amerikanischen Tradition, daß man zusammenrückt, wenn es draußen stürmt. Ausnahmen bestätigen auch hier die Regel wie der Oscar-Auftritt Michael Moores. Der widerspenstige Autor von „Stupid White Man“ hatte es am Anfang des Irak-Krieges sichtlich darauf angelegt, vor einer Weltöffentlichkeit mit seinen wohl bedachten, jedoch intuitiv wirkenden Attacken auf Präsident Bush Stimmung zu machen und sich bei seinesgleichen als Leitfigur zu etablieren.

Im transatlantischen Vergleich zeigen sich wiederum fundamentale Unterschiede. Man reflektiert anders, man theoretisiert anders, man praktiziert anders. Verstandesmensch zu sein, ist hüben und drüben zweierlei. Hintergründen nachzugehen und dabei im Bedarfsfall bei der Wahrheitssuche keinerlei Rücksicht zu nehmen, zeichnet amerikanische Intellektuelle anders aus als europäische.

Die einen geben rationalen Abläufen und Konsequenzen den Vorzug, während die anderen Gemüt und Gefühl nicht außer acht lassen (wollen). Beiden ist zwar das Unterbewußtsein einer gewissen Beachtung wert. Seine Einordnung und Bewertung jedoch scheidet wiederum die Geister. Angelsächsischer Tradition gemäß hüten sich intellektuell angehauchte Verstandesmenschen vor vorgestanzten Einseitigkeiten, die Europäer gelegentlich mögen. Probleme werden bis zur Selbstbegeisterung durchgeackert. Beiderseits. Mit unterschiedlichen Konsequenzen.

Europäische Intellektuelle halten sich zugute, ihre angeborene oder angelernte Skepsis auf Autoritäten loszulassen. Allerorten und allezeit. Mit Einsichten und Tatsachen nimmt man es in der Alten Welt nicht immer so genau. In der Neuen hingegen werden gesellschaftliche Abläufe meistens nüchtern und unvoreingenommen wie in einem Labor untersucht. Forschungsergebnisse auf amerikanisch heißt konsequent bis zur Selbstbeschädigung vorzugehen.

Probleme sollen mit Lösungsabsicht angegangen werden, ohne ideologische Scheuklappen, ohne allzu viele historische oder wettbewerbliche Vorgaben. Fair Play ist auch im Umgang Intellektueller untereinander die Regel. Aufklärerisch, wie es sich in europäischer Tradition gehört, geht der europäische Intellektuelle von Verdachtsmomenten aus. Er forscht nicht gezielt, sondern um des Forschens willen in die Tiefe. Dabei läßt er sich von sozialen Verhaltensweisen ganz gern und zeitgeistig beeinflussen, indem er vorgefaßte Meinungen verfestigt, bevor Prozesse nüchtern abgelaufen und zusammengefaßt sind.

Kein Wunder, daß Intellektuelle in Amerika auch – was ihre Präferenzen aus Parteien, Interessengruppen oder eigener Abhängigkeit betrifft – ideologisch schwerer einzuordnen sind als ihre europäischen Kollegen. In Europa hat man sich als Intellektueller nach politischer Farbenlehre oder scheinobjektiv zu verhalten. Entweder möchte man es sein oder erträgt es einfach, zu einer aufmüpfigen Minderheit gezählt zu werden. „Amerikanische" Suche nach der Wahrheit, der Praktikabilität oder den eigentlichen Zusammenhängen steht also gegen Querdenken im Wolken-Kuckucksheim, Kritik, Voreingenommenheit und Lagerdenken. Ausnahmen bestätigen auch hier die Regel.

Im allgemeinen konkretisiert sich der Versuch einer theoretischen und praktischen Abgrenzung oder Unterscheidung amerikanischer und europäischer Intellektueller, wenn es um das Verhältnis zum Staat, zur Gewalt, um das Recht auf Widerstand und um die Folgen von Verstandesarbeit, also Broterwerb, geht. Genügen doch wenige Stichworte, um die Unterschiede etwas plastischer zu machen: Patriotismus, nationale Ehre, Solidarität – etwa mit den eigenen Soldaten im Feld, Respekt vor der Mehrheit oder ihre Verachtung, Zeitgeist als gruppendynamische Verpflichtung oder anzufechtende Denkmode. Ganz zu schweigen von Individualismus und Kollektivismus, hinter dem auch transatlantisch das Problem steckt, bilateral oder multilateral, universell oder egozentrisch vorzugehen. Bewerten doch Intellektuelle im transatlantischen Vergleich die freie Entfaltung und die Würde des einzelnen und seinen Anspruch auf Glück extrem unterschiedlich. Kein Wunder also, daß die Rolle des Staates auch intellektuell extrem differenziert wird: Möglichst große Entfaltungsmöglichkeit für den einzelnen und/oder Pflichten gegenüber der Allgemeinheit.

Was Parteien oft aus Gründen der Wahlpropaganda in die Formel packen „Mehr privat, weniger Staat", zeigt mehr als ein Korn Wahrheit. Der Staat als Kollektiv ist und bleibt europäischen Intellektuellen gepflegter Haßliebe verpflichtet, als unentbehrlicher Hort, um Geisteskräfte zu entwickeln, zu fördern und im Bedarfsfall auch zu lenken. Andererseits ist der gleiche Staat als verzopfte Autorität, als anmaßender Machtapparat und als ungebetener Nachfrager für staatsbürgerliche Loyalitäten europäischen „Geistesarbeitern" ein Lieblingsgegner; klammheimliche Freude der Selbstzweifler, an den Autoritäten zu nagen, sie zu untergraben und ein ums andere Mal in Zweifel zu ziehen. Es geht darum, ständig zu relativieren, möglichst viele Werte lächerlich zu machen, für Unordnung zu sorgen statt für Ordnung. Mit geradezu religiöser Inbrunst werden möglichst viele Werte in Frage gestellt. Und wenn es nicht weiter geht, wird flugs nach dem Staat gerufen.

Amerikanischer Individualismus setzt genau auf das Gegenteil, nämlich die Beziehung zwischen Menschen zu vermenschlichen, nicht zu verstaatlichen, indem auf Anstand und moralische Qualität des einzelnen gesetzt wird. So steht der Anspruch auf Glück und Gott nicht zufällig in der amerikanischen Verfassung. In europäischen Verfassungen findet man solche Bezüge (bisher) nicht. Die meisten US-Denker verschließen sich der Allgemeinheit nicht von vornherein.

Die Pinscher und das Wirtschaftswunder

Zum europäischen Ritual gehört, die Spannung zwischen Politikern und Intellektuellen als naturgegeben und anlaßbedingt einzustufen. Ludwig Erhard, der pausbäckige, oft unterschätzte Verkünder des deutschen Wirtschaftswunders, nannte Intellektuelle einmal „Pinscher". Als Bürger und Ökonom, der einen einmal erkannten Weg unbeirrt verfolgt, ärgerte er sich über intellektuelle Mäkeleien an der sozialen Marktwirtschaft. Sie sei weder sozial noch der Wirtschaft dienlich. Im Bewußtsein, so etwas wie ein „Wirtschaftswunder" vollbracht zu haben, fühlte sich Erhard ideologisch und politisch mißverstanden, geradezu beleidigt. Er glaubte fest daran, amerikanischen Kapitalismus wirtschaftspolitisch europäisiert und der Ordnungspolitik durch den Zusatz „sozial" auf Dauer eine bürgernahe Wendung verschafft zu haben. Wirtschaftswunder hin, Pinscher-Beschimpfung her – für das gestörte Verhältnis zwischen Politik und Geist fehlt es bis heute nicht an ähnlichen Beispielen.

Unter europäischen Intellektuellen stört natürlich Links nicht links. Mit der Mitte und rechts davon tun sie sich von Helmut Schmidt bis Tony Blair schon schwerer. In schöner, freilich schon etwas verstaubter Tradition zählt es diesseits des Atlantik zum intellektuellen Statussymbol, Autoritäten im allgemeinen und den Staat im besonderen in Frage zu stellen. Bei jeder sich nur bietenden Gelegenheit wird so etwas wie Widerstand angemeldet. Europäische Intellektuelle agieren als selbsternannte Tugendwächter, wenn es darum geht, politische, ökonomische und auch kulturelle Abläufe zu erfassen, zu verarbeiten und auch zu beeinflussen. Reichen dabei Sachverstand, Erfahrung, und Analysefähigkeit nicht aus, wird sicherheitshalber mit Unfehlbarkeitsansprüchen nachgebessert. Zum Selbstverständnis zählt auch, als elitäre Minderheit zu operieren. Weder dem Staat noch automatischer Vertretung des Allgemeininteresses und damit einer meist „schweigenden Mehrheit" hat man sich verpflichtet zu fühlen. Wenn es paßt, läßt man Gefühlen gern freien Lauf und spekuliert gelegentlich mit der Wirkungskraft des Unbewußten oder auf das (meist schlechte) Gedächtnis der Massen.

Im Bewußtsein ergeben sich also nennenswerte und faßbare Unterschiede im Spektrum transatlantischer Intellektualität. Meinungsforscher haben festgestellt: Intellektuelle in Europa lehnen mehrheitlich jede Art von Gewalt ab; von Staat und Politik gibt man sich enttäuscht und setzt sich für Natur und Umweltschutz ein; das Verbot sämtlicher Atomwaffen wird gefordert, mit alternativen Lebensarten sympathisiert, mit Gottesverständnis gehadert. Mit guten Vorsätzen tut man sich schwer, vor allem wenn es sich um Fortschritt, Wirtschaftswachstum und Optimismus schlechthin handelt. Ideologisch enttäuscht gibt man sich vorsorglich antikapitalistisch und legt mit Anti-Amerikanismus nötigenfalls eine Schaufel nach.

Jenseits des Atlantik ergibt sich ein deutlich anderes Bild. Intellektuelle „made in USA" fühlen sich geradezu verpflichtet, über die Zukunft ihres Landes in einer Mischung aus Stolz, Zweifel und Selbstkritik, jedoch möglichst positiv nachzudenken; sie treten mehrheitlich für Recht und Ordnung ein; spüren bevorzugt dem Sinn des Lebens nach; sie zählen zu Leuten, denen Freiheit über alles andere geht und legen Wert auf Unvoreingenommenheit; sie geben sich als überzeugte, gottesfürchtige Demokraten, die von Ausländern nicht allzu viel halten; und sie nehmen den Anspruch auf Glück ernst, so bei der Wahl ihrer Freunde, der Kindererziehung, der Berufsausübung und in ihrer Freizeitgestaltung.

Es sind wesentliche Unterschiede festzustellen, was das Verhältnis zum Staat betrifft, zur Gesellschaft, zur Allgemeinheit und in der Definition und Gestaltung des persönlichen Lebens. Drüben die Psychologie, hier die Ideologie. Es kann eigentlich nicht erstaunen, daß Intellektuelle, wesentliche Teile der Elite, atlantisch auf verschiedenen Ebenen denken und handeln. Daß die beiden Welten auseinanderdriften, hat auch unter Intellektuellen tiefe, schon geraume Zeit währende Ursachen. Wir erleben einen Prozeß, der durch äußere Umstände wie den Wiederaufbau, den kalten Krieg und durch andere Rang- und Reihenfolgen von zwei Wohlstandsgesellschaften zwar überlagert, in seiner Wucht jedoch unterschätzt wurde.

Wenn die Leute von der Denk- und Analysebranche mit ihrem umstrittenen Anspruch auf alles Geistige antreten, folgt daraus:

1. daß die atlantischen Gemeinsamkeiten bestenfalls äußerlich gegeben sind, nicht jedoch bildfüllend oder gar intellektuell und

2. daß diese ganze Branche wesentlich dazu beiträgt, die atlantische Scheidung zu betreiben und zu beschleunigen.

Bewußt oder unbewußt wird diese Tatsache vielfach weggeblendet. Im Wettkampf der Werte steht es zwischen den USA und Europa bestenfalls unentschieden, eigentlich 1:0 für Amerika, Fehler der Schiedsrichter, die schließlich aus dem Volk stammen, ausgeschlossen.

Der Glaube des George W. Bush

Draußen Fahnen über Fahnen. Der Verkehr wird angehalten. Sirenen heulen auf. Automatische Waffen im Anschlag. Die Wagenkolonne – aus Sicherheitsgründen aus einer anderen als der erwarteten Richtung. Hand an den Helm. Schulkinder, die extra frei bekommen haben, schwenken Fähnchen. Noch eine Begrüßung, noch einmal Applaus. Und dann kommt der große Augenblick des Town Meetings von Nashville. Präsident George W. Bush junior soll über „im Glauben wurzelnde Initiativen" sprechen. Politisch angekündigt, neugierig aufgenommen, gerät der präsidentielle Vortrag zu einer Predigt: „Wir sind aufgerufen, die Versprechen dieses Landes auszuweiten auf das Leben eines jeden Bürgers, der hier lebt. Gott hat uns aufgerufen, um unser Land zu verteidigen, um die Welt zum Frieden zu führen. Und wir werden beide Herausforderungen mit Mut und Selbstvertrauen angehen", 10. Februar 2003.

Glaubensritter rüsten zum Kreuzzug, vermeldet in eilig aufgebauter Gegenposition das deutsche Nachrichtenmagazin „Der Spiegel". „Religiösen Eifer" macht das durch gefälschte Hitler-Tagebücher bekannt gewordene Konkurrenzorgan „Stern" aus, während die linksliberale Presse quer durch Europa gegen „fundamentalistische Frömmigkeit" anschreibt.

Wie kaum ein amerikanischer Präsident vor ihm verbindet der Präsident der USA – wo Staat und Kirche institutionell getrennt sind – seine persönliche Gläubigkeit mit politischen Erfordernissen und fundamentalistischem Kult. Originalton Bush jun., unübersehbar abweichend von den liberalen Traditionen seiner Familie, vor allem seines Vorvorgängers im Amt, seines Vaters: „Es ist keine Frage, daß wir diese Nation von Hoffnungslosigkeit und Verzweiflung befreien können, weil das größte an Amerika der Charakter des amerikanischen Volkes ist." Lang anhaltender Applaus der Nashviller und der angereisten Provinzler. „Wir sind ein barmherziges Land und wir sind großzügig zu unseren Mitbürgern. Und wir sind ein mutiges Land, wenn nötig bereit, den Frieden zu verteidigen." Genug verdammenswerte Worte für eine europäische Publizistik. Im linken Lager beheimatet und engagiert auf Anti-Bush-Trip, treibt sie es genüßlich mit Gegen-Religiosität, um den sichtlich religiösen Mann im Weißen Haus zu denunzieren.

Es entsteht das Schreckbild einer gefährlichen christlich-fundamentalistischen Gegenbewegung zur säkularen Demokratie. Und die europäischen Medien fühlen sich berufen, die Amerikaner vor den Gefahren für den Kernbestand der amerikanischen Zivilgesellschaft zu warnen und zu verteidigen. Sie sehen Bush in Seelenverwandtschaft mit Abtreibungsgegnern, Sektenanhängern sowie Suprematisten. Am liebsten möchten sie amerikanische Religiosität, wie sie sich darstellt, von außen als Anwälte individueller Freiheit umdrehen.

Mit kaum verhohlener Häme wird die Bush-Administration mit säkularem Hochmut der Europäer als gottesfürchtig verdächtigt und abqualifiziert. Mit geradezu kabarettistischen Untertönen wird davon berichtet, daß Kabinettsitzungen im Weißen Haus regelmäßig mit einem Gebet begonnen werden. Bush bittet einen Geistlichen um Worte der Besinnung. Einer Kritik zu einem B-Movie aus Hollywood ähnlich wird weiter berichtet: Alle senken die Köpfe. Wie bei Prayer's Breakfasts, einem hochgradigen, ernst zu nehmenden Besinnungsereignis, falten alle die Hände, schließen die Augen.

Kaum Präsident, hat Bush jun. im Weißen Haus etwas eingerichtet, was unter Bush sen. unvorstellbar gewesen wäre: einen Bibel-Kreis. Freiwillig zwar für den Mitarbeiterstab des Präsidenten, was die Exegese der Bibel anlangt. Wer kommt und wer fern bleibt, wird wohl registriert. Was das Arbeitsklima in der amerikanischen Machtzentrale betrifft, zählt es zum Washingtoner Ortstratsch zu wissen oder zu vermuten, daß im Weißen Haus Alkohol untersagt ist, Rauchverbot besteht und Fluchen zumindest als unschicklich gilt. Europa ist anders.

Religiosität als Spaltpilz

In kaum einem anderen Bereich der Gefühle leben Amerikaner und Europäer derart offenkundig in zwei Welten wie beim Glauben und der kirchlichen Bindung und im praktizierten Christentum. Einem erdrutschartigen Verfall in Europa steht eine beständige, freilich in Tiefe und Öffentlichkeitswirksamkeit wahrlich andere Religiosität gegenüber. Nach dem Anteil der Bevölkerung gefragt, der sich zum Glauben an Gott bekennt, ist der Unterschied eklatant. Sie liegt in der Alten Welt (mit Abweichungen von Nation zu Nation und von Stadt zu Land) zwischen 50 und 60%, in der Neuen Welt über 90%. In Österreich, einem traditionsgemäß katholisch geprägten Land mit verfeinerter Christlichkeit bekennen sich über eine Million Österreicher als Atheisten bei einer Gesamtbevölkerung von acht Millionen. Amerika ist anders.

In Europa kommt kein Politiker auf solche Ideen und hütet sich erst recht, in diesen Glaubensfragen eigene Öffentlichkeitsarbeit zu betreiben. Während George W. Bush seine Überzeugung öffentlich macht, „daß Gott es ist," der ihm in diesem geschichtlichen Augenblick dieses Amt übertragen hat. Typisch für einen Bush, der nach Eigendarstellung täglich in der Bibel liest. Oder Nachahmungstrieb gegenüber dem von ihm bewunderten Ronald Reagan, der dem „Reich des Bösen" seinerzeit den Kampf angesagt hat?

Reagen, das ist gewiß, hatte mit Religiosität wenig, mit Macht und Fingerspitzengefühl für Politik jedoch viel im Sinn. „Gottes Heimat" spielt bei den meisten US-Präsidenten in deren Glaubensbekenntnis – nicht im politischen, sondern im persönlichen Sinn – eine Rolle.

Entflohen doch schon die Pilgrims herrschsüchtigen Staatsreligionen und landeten anno 1620 mit der „Mayflower" auf Cape Cod in der Hoffnung, einen liberalen Staat mit persönlicher Frömmigkeit aufzubauen. Kirchen sollten – anders als in der früheren Heimat – in Staatsgeschäften nichts zu suchen haben. Eine eigene Staatsreligion kam engagierten Amerikanern vor, während und nach der Aufklärung ohnedies nicht in den Sinn. Religiosität war und ist Privatsache. Dennoch dient sie als Befähigungsnachweis für moralische Integrität und Vorbildfunktion.

Der junge Bush hat 40 Jahre gebraucht, um ein durchgängiges Glaubensbekenntnis für sich persönlich zur zentralen Kraft werden zu lassen. Verschrien als Playboy und minder begabter Sohn reicher, zivilisierter Eltern hatte Bush jun. als junger Mann zweimal Pleite gemacht. Das hat seinen Minderwertigkeitskomplex gegenüber dem erfolgreichen Vater und dem allseits geliebten jüngeren Bruder Jeb immer neue Nahrung und ihm ein Übermaß an Selbstzweifeln gegeben. Bis zu jenem Julitag des Jahres 1986. George W. feierte seinen 40. Geburtstag auf die bis dahin gewohnte Weise mit Saufkumpanen. Dann geschah es. Nach eigener Darstellung bat er danach Gott um Unterstützung auf dem Weg in ein anderes Leben. Und er erhielt sie, wie gern berichtet. Bis heute. Geholfen hat ihm dabei Billy Graham, der populäre Verkünder der protestantischen Erweckungsbewegung.

Der begabte Prediger Graham, der mit seinem Charisma Millionen ansprach und erreichte, zählte zu den Freunden der Familie Bush. Vornehmlich auf dem sommerlichen Familiensitz der Bushs in Kennebunkport im Bundesstaat Maine suchte man nach dem Sinn des Lebens. Was zunächst für die Alten, die Strebsamen des Bush-Clans geeignet schien, erwies sich bald auch für George W. als motivierende Attraktion. Bush heute zu damals: „Graham hat mir ein Senfkorn in mein Herz gepflanzt, und ich fing an mich zu ändern." Sein zweites Leben verdankt der ehemalige Playboy einer höheren Macht. Geläutert begann auch für diesen Bush jener Aufstieg, den andere Bushs vorgemacht und längst vollzogen hatten. Erfolgreicher Unternehmer, wiedergewählter Gouverneur von Texas, Wahl zum amerikanischen Präsidenten unter freilich ungewöhnlichen und auch umstrittenen Umständen.

„Die Lehren der Bibel waren ein Grund für seinen Entschluß, sich um das Präsidentenamt zu bewerben", erzählt Tony Evans, Pfarrer aus Texas, heute geistlicher Berater des amtierenden Präsidenten. Er fühle, daß Gott zu ihm spricht.

Medien nennen ein anderes Datum für eine Art Wiedergeburt des George W. Bush: 11. September 2001. Bis dahin wirkte er wie ein Genießer im Weißen Haus. Ohne rechtes Ziel, mit tastendem Konservativismus, politisch weitgehend in der Hand seiner ebenso routinierten wie ehrgeizigen Mitarbeiter. Der mörderische Anschlag auf das World Trade Center, gezielt auf die Weltmacht, amerikanische Lebensart und die Erfolgsstory namens „Westen" veränderten den farblosen Amtsinhaber im Weißen Haus von Grund auf. Diplomaten, von der Frömmigkeit des Präsidenten eher amüsiert und von seiner Uninformiertheit irritiert, kabelten zu seiner Entschlossenheit in Sachen Terrorismus: „Aus dem geistig abwesenden Präsidenten Bush ist ein entschlossener Kriegsherr geworden."

Seinem Glauben verdanke er, wie er immer wieder auch öffentlich beteuert, die Fähigkeit, aus schlichter Religiosität zuerst politische Überzeugungskraft und dann den Mut der Tat zu schöpfen. So lag es im Zwang der Entwicklung und später in der Logik eines Krieges, die neue Bush-Doktrin als Vorwärtsverteidigung seiner Werte und damit seines Landes anzulegen. Was Berufseuropäer als aufgelegten US-Imperialismus empfanden, als das selbst gemachte

Recht des Stärkeren und nicht als unumstößliche Stärke des Rechts, leitet sich aus „God's own Country" als religiöser Rückhalt dieser Doktrin ab. Gottgefällig soll nicht nur in Amerika gelebt werden, sondern weltweit. Geht es nach dem fernsehbekannten Sonntagsprediger Jerry Fallwell, so steht aller Welt eine neue, eine evangelikale Unfehlbarkeit ins Haus. In doktrinärer Auslegung der Bibel. Christlicher Fundamentalismus und amerikanischer Protestantismus, von Reisenden aus Europa in ihrer Aufdringlichkeit belächelt oder auch unterschätzt, machen nicht erst beim jungen Bush präsidentielle Politik. Auch ein Jimmy Carter gab sich erweckungsbewegt. Im Streit um die Werte fügt sich in den USA Religion in Politik. Staat und Kirche will man dennoch getrennt halten, wenn es um die „ Moral", um Anstand, um das Bibelwort, um ein christlich gereinigtes Amerika geht.

Mit Glaubensfragen als Ansatz marschiert die amerikanische Rechte unablässig gegen Links, gegen die Verweichlichten, die unkalkulierbaren Liberalen, gegen die Schwulen, die Feministen, die Abtreibungsfreunde, die Waffengegner und alle anderen außerhalb des religiös-konservativen Wertekanons. Von kulturellem Wandel wollen sie nichts wissen und fühlen sich in der Verteidigung ihrer Glaubensrituale bestärkt – nicht zuletzt im eigenen Land, unter Amerikanern. Für Jerry Fallwell war der Terrorangriff vom 11. September 2001 nicht Rache oder „Kriegserklärung" des Islam, sondern „Gottes Strafe für die Sünden seines Volkes".

„Jeder von euch weiß", so Bush in Nashville, „daß die Kraft des Glaubens ein Leben ändern kann. Menschen voller Glaube, Güte und Idealismus haben auch die Kraft, unsere Gemeinschaft und unsere Nation zu verändern. Ich habe ein hohes Ziel für Amerika gesetzt. Wir müssen das große Mitgefühl unseres Volkes auf die größten Probleme in diesem Land lenken. „Der Fundamentalist im Weißen Haus" läßt kaum eine Gelegenheit verstreichen, um zu verkünden: „Das Böse muß bestraft, das Gute belohnt werden."

Glaube, Religiosität, Kirchlichkeit

In keinem anderen Lebensbereich erscheinen Europa und Amerika so eindeutig auf getrennten Pfaden unterwegs wie in Sachen Glaube, Religiosität und Kirchlichkeit. Zweierlei Sendungsbewußtsein, zweierlei Intentionen, zweierlei Frömmigkeit, zweierlei Religiosität, zweierlei Kirchlichkeit, zweierlei Abgrenzungen – zwei Welten. Selbst die Katholiken, ein Viertel der amerikanischen Bevölkerung, wollen und können sich als hierarchisch organisierte und auf Rom orientierte Einheit dem Spannungsverhältnis zwischen zweierlei Gottesfurcht nicht entziehen. Bei den (zersplitterten) Protestanten, mehr als der Hälfte der US-Bevölkerung, ergeben sich im transatlantischen Vergleich mehr als statistische Abweichungen. Schon im Selbstverständnis versteht sich – pauschal gesehen – Amerika als fromm und Europa bestenfalls als religiös. Wer diese Unterschiede, die zu echten Gegensätzen geraten, nicht wahrnimmt und bedenkt, befindet sich auf dem Holzweg.

Zu den äußerlichen Unterschieden zählt nahezu naturgegeben das verschiedenartige Verhältnis von Kirche und Staat in europäischen Landen. In ihrer institutionellen, auch verfassungsrechtlichen Trennung von Kirche und Staat lassen sich die USA offenkundig nur von einem einzigen europäischen Staat übertreffen – nämlich ausgerechnet von Frankreich. Die meisten Länder haben ein fundamentalistisch wirkendes, aber nur bedingt funktionierendes Rechtssystem für die Beziehung zwischen Kirche und Staat aufgebaut. Immerhin, Konkordate regeln im katholischen Europa gegenseitige Eingriffsrechte und Hilfsmechanismen.

Der Staat besorgt einerseits kirchliche Geschäfte – wie im deutschen Fall das Inkasso der Kirchensteuer für beide Religionen. In anderen Fällen herrscht ein Mix aus Kirche und Staat, etwa bei der Ernennung von Bischöfen, der Besetzung von universitären Lehrstühlen der Theologie oder bei der Entsendung Geistlicher zur Betreuung von Armeen.

Im Fall der USA hingegen ist das Prinzip „Mehr privat, weniger Staat" seit der Verfassung von 1786 unzweideutig vorgegeben – nämlich eine absolute Trennung – auch in Finanzangelegenheiten wie der Steuer. Gleichzeitig besteht ein geradezu inniges, gleichsam privates Verhältnis zwischen den einzelnen Kirchen und ihren Gläubigen. So wirken nach außen in den USA die Kirchen wie Vereine, die in jeder – keineswegs nur in finanzieller – Weise für sich selbst und ihre Priester zu sorgen und auch zu bezahlen haben. Die Selbstversorgung reicht bis zu griffigen Lobbys in den Gemeinden, den Staaten und im Bund.

Zu den Besonderheiten gelebter Verfassungswirklichkeit zählt, daß in der Neuen Welt nicht wegen der Trennung von Kirche und Staat, sondern trotz dieser Grenzziehung der Einfluß der Religiosität auf das öffentliche Leben als Massenphänomen ausgeprägter, faßbarer und nachhaltiger gegeben ist. Dies bezieht sich nicht nur auf allseits kontroverse Themen wie die Erlaubnis und das Verbot der Abtreibung und die Exekution des einen oder anderen Prinzips, sondern auch auf die Außenpolitik, z. B. den jüdischen Einfluß auf den Washingtoner Machtapparat.

Spätestens im Fall des Irak-Krieges führt dieser Einfluß zu Spannungen innerhalb der amerikanischen Gesellschaft. Normalerweise wird der Verdacht eines starken und in der Sicht vieler Amerikaner überproportionalen Einflusses jüdischer Mitbürger medial abgeladen. Die Finanziers und die Macher führender Zeitungen wie der „New York Times" oder quotenstarker Fernsehsender wie CBS oder NBC werden subkutan als prosemitisch eingestuft und verdächtigt. Nur gelegentlich artikuliert sich dieser Verdacht eines starken, fallweise übermächtigen jüdischen Einflusses offen mit der abschätzigen Provinzlerbemerkung, jemand sei „too New York".

Im Washingtoner Machtapparat hingegen schlägt Religiosität im allgemeinen und Antisemitismus im besonderen einmal mehr und einmal weniger durch. „Inside the Beltway", im Washingtoner Machtgetriebe, wird traditionsgemäß je nach politischer Großwetterlage befunden, Widersprüche, Rätsel und Inkonsequenzen eingeschlossen. So treten Intellektuelle und Nahesteher der Demokraten normalerweise pro Israel auf und wenden sich im Zweifel gleichzeitig oder phasenverschoben gegen den Automatismus der Macht-Anwendung durch Präsidenten wie derzeit Bush.

Schon aus Überheblichkeit hält man in intellektuellen und einigen politischen Zirkeln von Kreuzzugsmethoden der republikanischen Bush-Administration recht wenig. Im Irak-Fall freilich verliert die Katalogisierung religiöser Art an Wirkung, wenn nämlich der Präsident die Boys in den Krieg schickt. Dann ist es unamerikanisch und unpatriotisch, dem Mann im Weißen Haus am Zeug zu flicken – wer immer es auch sei.

Gegen das religiös angehauchte Konzept von Bush jun. tun sich in Washington politische Profis ebenso schwer wie gegen religiöse Eiferer. Die Folgen sind offenkundig. Die Opposition der Demokraten, meist leicht linksliberal eingefärbt, dampft im Kriegsfall ins Leere. Gegen Rechtsfundamentalisten, mögen sie mehr oder weniger religiös angehaucht sein, haben Intellektuelle und Demokraten ebensowenig Gleichwertiges aufzubieten wie die Kohorten medialer Zweifler am missionarisch geprägten Stil der Bush-Administration.

Für Israel eintreten und gleichzeitig einen Irak-Krieg ablehnen oder pro-islamisch argumentieren, um dem Rechtsfundamentalisten eins auszuwischen? Im Washingtoner Machtbetrieb als Widersprüche unvorstellbar und unvereinbar. Für Europäer in ihrem Trennungstrott von provinzieller Alltagspolitik und hehrer Religion schlicht nicht einzuordnen. Man gleitet offensichtlich ab.

Bei der Frage von Krieg und Frieden taucht US-Antisemitismus unversehens, jedoch um so vehementer auf. Amerikanischen Juden wird unterstellt, das geopolitische Konzept der verfestigten Weltmacht, seit Jahren erdacht, in einschlägigen Zirkeln diskutiert und der Washingtoner Machtapparatur vor- und eingegeben zu haben. Vorläufiges Endergebnis: Die militärische Machtdemonstration gegen Saddam Hussein.

Keineswegs nur in den Washingtoner Couloirs werden diese Verdachtsmomente personalisiert auf den stellvertretenden Verteidigungsminister Wolfowitz und den hochrangigen Präsidentenberater Richard Perle. Ihnen und ihresgleichen werden Ideen, Konzepte und Ablaufskizzen zugeschrieben, wonach dem Sieg über den Kommunismus mit der großen Wende des Jahres 1989 eine neue Weltordnung unter der Patronanz der USA unvermeidlicherweise zu folgen habe.

Cuius regio eius religio

„Wem das Land gehört, dessen Religion muß das Land annehmen." Nach diesem spätmittelalterlichen Rechtsprinzip soll in moderner Auflage mit dem „American way of life" der Machtanspruch der USA in alle Welt exportiert und in Einzelfällen exekutiert werden. Als bevorzugtes Denkmodell galt Vordenkern wie Perle seit langem der Nahe Osten. Die Bereinigung des jahrzehntealten Existenzkampfes zwischen Israel und den Palästinensern und darüber hinaus die Einflußsicherung für den „Westen" „east of Suez". Nach dieser alten Maxime des britischen Weltreiches setzen die Amerikaner rund um Bush ihr Sendungsbewußtsein konkret um: Mit der Beherrschung der überlieferten Krisenregion Nahost, der Zugang zu dieser Region samt Sicherung der Ölversorgung für die westliche Welt, also für Amerika, aber auch für Europa.

Einem Ronald Reagan war dieses Sendungsbewußtsein zu kühn und zu einseitig. Sein Konservativismus, nicht frei von liberalen

Tendenzen, fand instinktiv seine Grenzen an ideologisierter und politisierter Religiosität und an Rücksichten auf Europa. Von „God's own Country" hielt der 40. Präsident weit weniger als der 43. Im Filmgeschäft und später als Gewerkschaftsfunktionär sowie als Berufspolitiker setzte Reagan auf gebändigte Macht und weit weniger auf Dogmatismus und Fundamentalismus. Religion als Fixpunkt allen politischen Handelns hat vor George W. Bush kein amerikanischer Präsident derart konsequent betrieben. Und keiner hat sich seiner Umgebung und seinen Beratern derart intensiv hingegeben wie Bush.

Religiosität, Dogmatismus und Konservativismus als Schlüssel zur Entscheidungswelt von Bush jun. Unter diesen Prämissen vermochten Berater wie Wolfowitz oder Perle ihre Weltsicht bei Bush als missionarischem Gutmenschen einzubringen. Spätestens mit Kriegsbeginn gegen den Irak verdichteten sich die Vorbehalte anderer, möglicherweise abgewiesener Berater und ihrer medialen Zuarbeiter zu einem antisemitischen Verdachtsgebräu. Kein anderes Land verfüge über derart starken Einfluß auf Bush wie Israel. Ohne Beweise zu liefern, wird – ausgehend von Amerika und geradezu begierig – auch in Europa die These verbreitet, das ebenso gewaltige und riskante Engagement der USA in Nahost diene hauptsächlich der Entlastung Israels. Europa stört Amerika und Bush offenkundig, die EU soll zahlen und schweigen.

Wie und wo Bush im Spannungsfeld zwischen Religion und Politik tatsächlich einzuordnen ist, wenn er etwa über „die Achse des Bösen" spricht, ist nicht ganz leicht festzustellen. Seiner angeblichen oder tatsächlichen Israel-Neigung steht eine Art Gegenbewegung rechtsorientierter Protestanten gegenüber. Reverend Baily Smith, früher Sprecher der Southern Baptist Convention, sorgte vor einigen Jahren mit der Bemerkung „Gott erhört nicht die Gebete eines Juden" für einen landesweiten, lang anhaltenden Wirbel. Absicht? Provokation? Mißverständnis? Aus dem Zusammenhang gerissen? Distanzierungen folgten für die Baptisten nur zögernd. Immerhin – mit 16 Prozent Gläubigen sind die Baptisten nach den Katholiken die größte Religionsgemeinschaft in den USA.

Selbstzweifel vertragen sich für die meisten Amerikaner nicht mit ihrem „christlichen Erbe". Losgelöst von der Tagespolitik – wie dem üblichen Hader von Religionsgemeinschaften – möchten sie eine „leuchtende Stadt auf dem Berge" (Ronald Reagan) abgeben. Nicht mehr, nicht weniger.

Unbewiesen und unbeweisbar geht die Annahme israelisch gesteuerter Einflußnahme weit über andere, nicht weniger problematische Nutzanwendungen amerikanischer Religiosität hinaus. Nachzuweisen ist, daß die Person Bush für die Verbindung von Religiosität und Politik ein aussagekräftiges Beispiel liefert: Zum methodistischen Glauben – der Kirche seiner Frau – konvertiert, verfolgt er, der Spätbekehrte, sendungsbewußt heidnischen Frevel allerorten. Nach dem oft beschriebenen Wandel seines Lebensstils, der konsequenten Absage an Alkohol und mancherlei Hedonismus – unter seinesgleichen in der US-Oberschicht galt er lange Zeit als ausgeprägter, unbelehrbarer Playboy –, betreibt Bush auch als Präsident der Supermacht Protestantismus pur: Gottesgläubig, sittenstreng fühlt er sich offensichtlich dem fundamentalistischen Repertoire verpflichtet, wie demonstriertem Gott-Bezug, Leistung, Anstand, Heimatliebe, Familientreue und Kalkulierbarkeit.

Für Bush jun. ist die Bibel mehr als das Buch der Bücher. Er bekennt sich zu jenen 73 Prozent aller Amerikaner, die davon ausgehen, die Bibel sei Gottes Wort. Mehr als die Hälfte von ihnen treten dafür ein, die Bibel wörtlich auszulegen. In dieses Weltbild paßt, daß wiederum die Hälfte der Bibeltreuen davon überzeugt ist, Gott habe die Welt erschaffen. Sie lehnen die Evolutionslehre rundweg ab. Inwieweit Bush sich in dieser fundamentalistischen Strömung bewegt, ist (noch) nicht überliefert.

Im politischen Zusammenhang bleibt offen, inwieweit dem sonst historisch nicht allzu beschlagenen 43. US-Präsidenten nach den Erfahrungen mit dem Irak-Krieg geschichtliche Querverbindungen – etwa zum Islam, zu dieser Milliarden-Religion – beachtenswert erscheinen. Belehrungen aus der Alten Welt verbittet sich Bush ausdrücklich. Für ihn sind Europäer in moralischer Hinsicht nur bedingt paktfähig.

Angesichts der Spannungen zwischen der Alten und der Neuen Welt kann man in Washington und im weiten Land die Meinung hören, die Religiosität spalte diese unsere Welt eigentlich schon seit Menschengedenken. Seien es doch die ersten amerikanischen Siedler gewesen, die in ihrem fanatischen Fundamentalismus in ihrer alten Heimat als Sektierer galten und dort schließlich nicht mehr toleriert wurden. Dazu die protestantische Theologie mit dem unerbittlichen Monopolanspruch, Gott belohne nur die Gläubigen und die Tüchtigen. Auch was ein Calvin als Leistungsprimat seinerzeit gepredigt hat, durchzieht noch heute die amerikanische Denkweise und Lebensart als etwas Existenzielles des US-Kapitalismus aller Schattierungen.

Die Doppelbödigkeit amerikanischer Religiosität läßt sich auch am Fehlverhalten Pädophiler (kein US-Spezifikum) und ihrer Behandlung in der amerikanischen Öffentlichkeit sowie durch ihre eigene Kirche ablesen. Ein Priester soll 130 Buben im Laufe der Jahre mißbraucht haben, ein anderer hundert. Bischöfen wird vorgeworfen, Vorgeschichten als Sexualtäter in eigener Sache und bei untergebenen Priestern geheimgehalten oder ignoriert zu haben.

Obwohl Kindesmißbrauch wahrlich keine typisch amerikanische Erscheinung ist, fühlen sich amerikanische Protestanten in ihrem fundamentalen Vorbehalt gegenüber der katholischen Kirche als eine Art europäisierendem Ideologie-Import bestätigt. Mit einer Mischung aus Rechthaberei und Anmaßung beliebt der zersplitterte Protestantismus in der Neuen Welt zu übersehen, daß auch in seinen eigenen Reihen Fälle von Korruption und Ämtermißbrauch in nicht geringer Zahl zu verzeichnen sind. Den Unterschied macht die Denk- und Handlungsweise aus. Hier steckt eine allgemeinere Erklärung, welchen Eindruck die Belichtungsunterschiede der Religionsszene hinterlassen. Nicht zuletzt zwischen Amerika und Europa ergeben sich Unschärfen im Gesamtverhältnis in einem moralisch wie politisch schwer faßbaren Bereich.

Amerikaner wähnen sich in nicht zu unterschätzender Zahl mit ihren fundamentalistischen Anschauungen und Zielsetzungen als einzige auf dem Pfad der Tugend. Europäer beziehen zu nicht geringerem Anteil die Gegenposition gelebter Liberalität zu puritanischer Selbstverwirklichung. Religiöse Vorgaben werden bewußt oder unbewußt einem eigenen Geviert zugeordnet, das mit Regieren und politischem Tagesgeschäft so gut wie nichts zu tun hat. Selbst das Engagement des Papstes gegen einen offenen Irak-Krieg und für friedliche Lösungen wird bei weit verbreiteter Bewunderung des polnischen Oberhirten von den meisten Europäern als Sonntagsreden abgetan. Anders die Amerikaner. Sie empfinden in ihrer Mehrheit die römischen Aktivitäten als störend. Wie nach Gehirnwäschen trauen sich selbst widerspenstige Intellektuelle, ihre Irak-Zweifel nur verhalten zu äußern. Man ist nicht gern unpatriotisch. Bush-Syampathisanten mischen aktuellen Widerspruch zum Engagement des polnischen Papstes mit tief sitzenden Vorbehalten gegen ein katholisch dominiertes Europa.

Dieser Neu-Amerikanismus – in den USA offenkundig mehrheitsfähig – möchte sich seinen durchgestylten Machtanspruch von der Alten Welt auch nicht religiös in Frage stellen lassen. Nicht minder engagierte Europäer wollen und können nicht anerkennen, daß Religiosität und Missionarisches à la Bush atlantisch als eine Mentalitätsschleuder gegen sie eingesetzt wird. Daß es dabei nicht um Philosophisches, Akademisches oder im engeren Sinn Religiöses geht, zeigt die Bemerkung des US-Verteidigungsministes Rumsfeld über die „alten" und die „neuen" Europäer – sicherlich keine Freudsche Fehlleistung des redegewaltigen Strategen aus dem Pentagon. Aus dem alten Rom wird derlei Taktik zwecks Gefügsamkeit unter „divide et impera" überliefert. Europäische Bildungsbürger mögen diese Worte mehr zum Nachdenken anregen als Polit-Profis vom Schlage eines Donald Rumsfeld in Washington.

Die Frage des Kardinals

„Ist es wahr, daß die meisten Kirchen in Amerika Sonntag für Sonntag gut besucht sind?" Franz Kardinal König stellt die Frage dem Besucher aus Amerika ein ums andere Mal. Bejaht, läßt sich ein bemerkenswerter Unterschied zwischen der Alten und der Neuen Welt feststellen. Alles andere als eine Äußerlichkeit, trifft er ins Mark der Religiosität, und diese wiederum ergibt einen weiteren Beweis für europäisch-amerikanische Unterschiede in der sogenannten Befindlichkeit. Bezeichnend auch, daß der Kardinal selbstkritisch feststellt, daß selbst ihm, einem der populärsten Oberhirten der katholischen Kirche, der aufklärerischem Zeitgeist nicht fern steht, werde nur zweimal im Jahr ein volles Gotteshaus beschert. Lediglich Weihnachten und Ostern ist der Stephansdom in Wien wirklich bis auf den letzten Platz gefüllt.

Sagen die Unterschiede im Kirchenbesuch etwas aus über das Bedürfnis nach Momenten der Ruhe, des Gebets oder der inneren Einkehr? Oder handelt es sich in Zeiten vordergründiger Symbole im amerikanischen Fall vielfach um eine Mischung aus Town Meeting und Cocktail Party? Besteht in Europa der Kirchenbesuch mehrheitlich aus Gewohnheit, Routine und sozialem Event? Oder ist es hier wie dort nicht notwendig, Gotteshäuser aufzusuchen, um mit dem Herrgott ins Reine zu kommen?

Beim Gebet scheiden sich jedenfalls die Geister. Ein Drittel der

Deutschen beten nie, knapp ein Fünftel regelmäßig. In den USA verhält es sich genau umgekehrt. Zwei Drittel der Amerikaner beten regelmäßig und über ein Fünftel nie. Was Meinungsforscher vergleichsweise feststellen, bestätigt weitere fundamentale Unterschiede. Religiosität trennt nicht nur äußerlich, sondern erst recht innerlich. Über die Hälfte der Amerikaner bezeichnen sich als religiöse Menschen. In Europa liegt dieser Satz mit unterschiedlicher Intensität jedenfalls tiefer. Immerhin bekennen mehr als ein Drittel der Deutschen, mit Religiosität nichts im Sinn zu haben. Das Interesse an religiösen und kirchlichen Themen, das allmählich erlahmt war, erholt sich in Zeiten wie diesen erstmals geringfügig. Die Religiosität des Elternhauses und der Erziehung spielt in den USA, wie Meinungsumfragen erkennen lassen, eine größere Rolle als in Europa.

In der Alten Welt sinkt der Stellenwert des Religiösen rapid. Typisch: Der Anteil der Jugendweihe in den ostdeutschen Bundesländern steigt auch nach der Wiedervereinigung. Das einst kommunistisch eingefädelte Kontrastprogramm zu Firmung und Konfirmation mag in der ehemaligen Deutschen Demokratischen Republik an Sympathie und Nachahmung Bestand haben, weil die Zuzahlungen, von den Kommunisten eingeführt, auch nach der Wende aus demokratischen Kassen weiter fließen. Die christlichen Kirchen tun sich sichtlich schwer, dieses Phänomen der Ungläubigen zu erklären und vor allem zu überwinden.

Eine persönliche Beziehung zu Gott zeigt im transatlantischen Vergleich ebenfalls eklatante Unterschiede: Zwei Drittel der Amerikaner bekennen sich zu einer solchen Beziehung, weniger als die Hälfte – soweit es sich feststellen läßt – der Europäer. Annäherungswerte ergeben sich jedoch beim Glauben als Quelle von Kraft und Trost. In welcher Form sich diese gewollte Abhängigkeit ausdrückt, läßt sich in unserer hektischen, lauten Umwelt nur ahnen. Was die Lektüre der Bibel hingegen anlangt, klaffen die Gewohnheiten transatlantisch wieder weit auseinander. Fast zwei Drittel der Europäer bekennen, die Heilige Schrift niemals zu lesen, während die amerikanischen Werte das Gegenteil ergeben. Konsequenterweise hält sich die Kenntnis biblischer Geschichten oder auch nur ihrer Stichworte in Grenzen. Von David und Goliath oder dem Verrat des Judas haben immerhin mehr als die Hälfte der von Meinungsforschern befragten Europäer eine Vorstellung. Der Rest heißt Schweigen.

Ein gewisser Gleichklang ergibt sich bei den Zehn Geboten. Beiderseits des Atlantik tritt fast die Hälfte der Befragten für das fünfte Gebot, „Du sollst nicht töten“, ein und fast ein Drittel für das vierte Gebot, „Du sollst Vater und Mutter ehren“. Auch die anderen Werte lassen einen gewissen zivilisatorischen Gleichklang erkennen, etwa beim siebten Gebot „Du sollst nicht stehlen“ oder beim achten Gebot „Du sollst kein falsches Zeugnis geben wider deinen Nachbarn“ oder beim zehnten Gebot „Du sollst nicht begehren deines Nächsten Hab und Gut“. Bei den anderen Geboten ergeben sich beiderseits deutlich niedrigere Werte.

Was jedoch den Unterschied in der Lebensart deutlich macht, ist die Bindung an die Pfarrgemeinde. In Deutschland besteht bei einem Viertel der Befragten überhaupt keine Bindung und nur bei einem Siebtel ein enger, regelmäßiger Kontakt. In Amerika ist es wiederum genau umgekehrt. Dort winkt die Gemeinde als so etwas wie ein sicherer Hafen, für den man einsteht und dem man hilft, für den man arbeitet und auch – aus freien Stücken – zahlt.

Der Aufstand der Lämmer

Den Vergleich mit der Neuen Welt braucht die Alte indessen nicht zu scheuen. Auch diesseits des Atlantik fehlt es für gelebte Religiosität nicht an Lebenszeichen, einmal stärker, einmal schwächer, einmal schlagend. „Wir leiden darunter, daß der Zugang zur eigentlichen Botschaft Jesu Christi durch manche Gegebenheiten in der gegenwärtigen katholischen Kirche für viele Menschen erschwert wird.“ Mit diesen Worten wird ein Kirchenvolksbegehren in Österreich im Sommer 1995 eingeleitet.

Getragen von der Plattform „Wir sind Kirche“ strebt ein initiativer Teil des Kirchenvolkes im immer noch überwiegend katholischen Österreich nach fundamentalem Wandel der Beziehungen zwischen Klerus und Laien sowie nach Wandel kirchlicher Grundpositionen. Wortgleich mit einem deutschen Volksbegehren wird die Erneuerung der Kirche gefordert. Durch Gleichwertigkeit aller Gläubigen soll die Kluft zwischen Amtskirche und Laien überwunden werden. Inhaltlich wird die Gleichberechtigung der Frauen begehrt, deren Mitsprache und Mitentscheidung in allen kirchlichen Gremien sowie der Zugang der Frauen zum Priesteramt. Zwischen zölibatärer und nicht-zölibatärer Lebensform soll es freie Wahl geben. „Die Bindung des Priesteramtes an die ehelose Lebensform ist biblisch und dogmatisch nicht zwingend, sondern geschichtlich gewachsen und daher auch veränderbar", statuiert das Volksbegehren mutig.

Durch eine positive Bewertung der Sexualität soll die Empfängnisregelung der verantworteten Gewissensentscheidung überlassen und nicht mit Abtreibung gleichgesetzt werden. Anstelle der lähmenden Fixierung auf Sexualmoral wird gefordert, andere wichtige Themen wie Frieden und soziale Gerechtigkeit stärker zu betonen. Unter dem Thema „Frohbotschaft statt Drohbotschaft" soll es mehr helfende und ermutigende Begleitung und Solidarität anstelle von Angst und Normen geben, die einengen. „Wir", schreiben die Proponenten des Kirchenvolksbegehrens an die Adresse der katholischen Amtskirche, „erhoffen uns, daß eine Umsetzung dieser Ziele schrittweise möglich sein wird. Dadurch könnte verlorenes Vertrauen wieder zurückgewonnen werden."

Lebendige Kirche auf europäisch könnte im Engagement fast amerikanisch geraten sein. Hubert Feichtlbauer, einer der angesehensten Journalisten Österreichs, in Eigendarstellung „überzeugter, engagierter, ohne Vorbehalt kirchlich katholisch engagierter und natürlich fehlbarer Christ" empfand und artikulierte Bedarf mit seinesgleichen in Österreich und Deutschland. Ähnlich dem Leipziger Motto „Wir sind das Volk," das anno 1989 nach Montagsgebeten in der Nicolaikirche in Leipzig zu Sturz und Ende des kommunistischen Deutschlands sowie der Teilung Europas beitrug, zeigen die Volksbegehren des Kirchenvolkes in Österreich und Deutschland auf völlig anderer, in der Sache nicht vergleichbarer Ebene: Gelernte Demokraten und trainierte Gläubige wollen *es* wissen. *Es* – die Reformfähigkeit und den Modernitätsbezug der Kirchen und der Religiosität.

Im katholischen Fall unterschrieben in Österreich ein Volksbegehren mehr als 500.000 und in Deutschland mit ähnlichem Aufbegehren mehr als zwei Millionen. Aus dem Buch Jesaja, Kapitel 40, Vers 11 zitiert Feichtlbauer: „Siehe da, Gott der Herr ... weidet seine Herde wie ein Hirte. Er sammelt sie mit seinem Arm. Die Lämmer trägt er an seiner Brust, behutsam leitet er die Mutterschafe." Symbolik, Hintergrund und Nachdenkpotential auch für Feichtlbauer. Und Stoff für sein Buch und dessen Titel „Der Aufstand der Lämmer". „Es besteht ein ausgeprägtes Bedürfnis nach Beheimatung jenseits von Fernsehapparat, Zweitauto und Ferienwohnung. Sehnsucht nach Transzendenz", nennen es die Fachleute, Hunger und Durst nach nicht kaufbarem Sinn. Der Wille zum Sinn ist nach Viktor Frankl, dem Vater der Logotherapie („Heilung durch Sinnstiftung") die Voraussetzung dafür, daß jemand ein zufriedener, glücklicher Mensch sein kann.

Bei allem persönlichen Verständnis und schier unendlichen Debatten um das Kirchenvolksbegehren winkt die Amtskirche ab – durch die Affäre Groër mit dem Verdacht der Pädophilie in arger, zeitweiliger Verlegenheit. Der Papst läßt am Zölibat oder dem Abtreibungsverbot nicht rütteln. Für die einen eine abendländische Klarstellung, für die anderen ein Rückschlag in angewandter vorwärts gerichteter Religiosität. Wieder andere sehen gar einen Pyrrhussieg für die Amtskirche, jedenfalls in ihrem deutschsprachigen Teil.

In Amerika erzielt das Begehren aus Europa zwar bei einigen eine gewisse Aufmerksamkeit. Auch erregt hier wie dort die Geschlechtlichkeit, die Gleichberechtigung für die Frauen. Inzwischen drängen im amerikanischen Katholizismus andere, nicht minder heikle Fragen nach vorn. Auf der Suche nach Glück beschritten US-Katholiken andere Wege, teilweise zwecks Distanz zu Rom, zum Vatikan und seiner Autorität in Sachen des Katechismus, der Heilslehre und der katholischen Lebensweise. Der Papst wird in seiner umfassenden Autorität – vielerlei Disputationen, Ränkespielen und Beschwichtigungsversuchen zum Trotz – nicht in Frage gestellt. Law and Order befolgen amerikanische Katholiken wie europäische. Insoweit schließt sich der Kreis um das Verhältnis von Kirche und Staat.

Angewandter Protestantismus ist für viele Durchschnittsamerikaner nach außen hin stilprägend. Die Geschlossenheit, mit der die 25% Katholiken unter der US-Bevölkerung dank eines durchgestylten Lehramtes nach wie vor auftreten, steht nicht nur numerisch im Gegensatz zu der organisatorischen Vielfalt der Protestanten. Ihre 51% unter den mehr als 300.000 Gemeinden Amerikas sind auf sieben protestantische Hauptrichtungen und Dutzende von Sekten zersplittert. Und beide christliche Kirchen können es mit der Organisationsfähigkeit der israelitischen Gemeinden mit ihren bald vier Millionen Mitgliedern nicht aufnehmen.

Wo Amerika am amerikanischsten ist

In New York, der oft allzu weltstädtischen Metropole, tun sich sämtliche Religionen schwer. In der Provinz, wo Amerika am amerikanischsten ist, bildet die Konfession eine verbindende Kraft. Über 90% aller US-Ehepartner haben die gleiche Religion. Mischehen gehen Juden mit sieben Prozent am seltensten ein, Katholiken am häufigsten – auch dies ein deutlicher Unterschied zu Europa, wo die Lebensbedingungen zwischen Stadt und Land ebenso verwischen wie zwischen den Konfessionen und bei religiös gemischten Ehen und ihren Kindern.

In den USA werden städtische Agglomerationen eindeutig von Katholiken und Juden bevorzugt. Protestanten bilden in Großstädten nahezu eine Minderheit. Anders auf dem Land. Hier sind die protestantischen Teilkirchen denk- und stilprägend. Die 51% Protestanten der Gesamtbevölkerung splittern sich auf in 16% Baptisten, 9% Methodisten, 6% Lutheraner, 3% Presbyterianer, 2% Episkopale, „Sonstige", immerhin 12%, repräsentieren eine typisch amerikanische Sonderentwicklung – die Sekten. Was aus Religionsfreiheit im Extremfall entstehen kann, bildet auf dem Sittengemälde der USA ebenso leuchtende Punkte wie dunkle Flecken.

Man trägt Esoterik, erträgt, daß *es,* dieses gewisse Etwas, aggressiv vermarktet wird, teilweise mit okkulten Praktiken. Von der Lebenshilfe bis zum Sesselrücken, mit spirituellem Schulungsdrang und teilweise aufdringlicher Weltanschauung in willigen Medien. Oft genug machen Wahrsager, Hellseher, Kartenleger und Wünschelrutengänger ihre Geschäfte überwiegend beim Bürgertum. Mehr als 10% des Buchmarktes entfallen auf esoterische Literatur. Gläubige und solche, die sich einbilden, es zu sein, sehen in ihrer Gebrauchsesoterik in den meisten Fällen keinen Widerspruch zum christlichen Glauben. Typisch amerikanisch? Keineswegs. Die Missionierung von unten oder aus Seitenflügeln ist atlantisch unterwegs.

In Deutschland wird die Zahl der Anhänger, die sich gelegentlich oder regelmäßig mit esoterischen Praktiken, Ideen und Schriften befassen, auf etwa drei Millionen geschätzt. Tendenz steigend.

Vielen gelten sie als Sekte, anderen als Missionare und Außenstehenden in ihrem Fleiß und Zusammenhalt als reich. Eine entschlossene Minderheit von weniger als 1% der Christen der USA erreichen die Mormonen mit ihrem unermüdlichen Missionierungseifer überproportionalen Einfluß. Außerdem bilden sie eine transatlantische Brücke aus Religion und Geschäft.

Mit ihrem kirchlichen Kollektiv für den zur Vermehrung verpflichtenden Besitz der einzelnen Mitglieder hat die Kirchenleitung seit Jahrzehnten ein Wirtschaftsimperium – geschätzter Gesamtwert 25 bis 30 Milliarden Dollar und 4 bis 6% Jahreswachstum – aufgebaut, das sich sehen lassen kann. In annähernd hundert Ländern sind nicht nur Mormonen-Missionare aktiv – junge, bescheidene, korrekt gekleidete und sich benehmende Verkünder ohne Penetranz –, sondern auch Geschäftsleute. Eines der Paradeunternehmen der Mormonen ist die Hotelkette Mariott, ein anderes Radio- und Fernsehstationen samt Programm.

Beten, dienen oder boxen

Die Blacks, die Coloreds, die Afro Americans und – wie es früher hieß – die Negroes stellen bis heute im Wertekanon Amerikas auch und besonders in ihrer Religiosität einen Sonderfall dar. 12,9% der Bevölkerung, streben die Schwarzen nach wie vor nach Eigenart und Eigenständigkeit. Sozial, geschäftlich, intellektuell und politisch. Am ehesten finden sie sich selbst und in einer weit verbreiteten Anerkennung auf Teilgebieten der Kultur. Das Stichwort heißt Soul.

In ihrer Selbstverwirklichung auch unter Gesichtspunkten der Menschenrechte, behindert oder zumindest nicht gefördert, bleiben den Afroamerikanern, wie sich neumodisch die Schwarzen in Erinnerung an ihre Herkunft gerne selbst definieren, nur drei extreme Lebensformen – die Religiosität, die Armee und der Sport. In New York und anderswo in den Großstädten ist immer wieder zu hören, daß schwarzen Amerikanern oft nur Sport im allgemeinen und Boxen im besonderen bleibt, um sozial anerkannt zu werden und sozial aufsteigen zu können. Auch in anderen Sportarten wie Handball, Leichtathletik und neuerdings Golf und Tennis erreichen sie mit außerordentlichen Leistungen nationale und internationale Anerkennung. Schwarze gewinnen Olympiamedaillen (einmal Hand aufs Herz, manchmal geballte Faust zum kommunistischen Gruß).

Die spirituelle Kraft und die oft ungebändigte Frömmigkeit sorgen bei den Afroamerikanern für Religiosität besonderer Art. Ein

Gottesdienst in Kirchen der Schwarzen unterscheidet sich in seiner Dynamik und Lebendigkeit vielfach von jenem in Kirchen Weißer. Schwarze kleiden sich Sonntag für Sonntag feierlich wie bei Hochzeiten oder anderen Festen. Sie besuchen „ihre" Kirchen regelmäßig, auch wenn sie in von Weißen bevölkerten Stadtteilen liegen, weil durch Zuzug ganze Straßenzüge und Ortsteile einmal überwiegend von schwarzer und dann wieder überwiegend von weißer Bevölkerung bewohnt sind.

Alte Gemeindemitglieder bleiben ihren Kirchen treu – auch Schwarze – und besuchen sie nach wie vor, auch wenn sie längst woanders wohnen. Man schätzt die eigene perfekt ausgestattete Kirche, auf Hochglanz poliert, einheitliche Gewänder der Chöre, eine große kräftige Orgel, einen religiös überzeugenden, rhetorisch begabten Priester. Der Gottesdienst schließt Zwiesprache bewußt ein. Nicht nur im Austausch religiöser Gefühle und Gedanken, sondern mit Zwischenrufen, mit Unterbrechungen der Predigt, mit Hingabe zur kirchlichen Musik. Die Chöre weisen begabte Sänger auf, mit unverwechselbarem Klang und ansteckenden Rhythmen. Musikalisch präzis, in ihrer Spiritualität oft aggressiv, ergibt sich jene Dauerwirkung, die als phonetische, tröstende Wegweisung für die Härte des Lebenskampfes während der Woche angelegt zu sein scheint. Weiße Amerikaner vermissen, beneiden oder fürchten fallweise die religiöse Urkraft der Schwarzen.

Rassistische Untertöne sind oft nicht zu überhören. In der Kirche wird aufbegehrt gegen tatsächliche oder vermeintliche Diskriminierungen im Alltag. Mancher Prediger weiß auch zu mobilisieren wie Jesse Jackson, der linksorientierte Agitator. Für die meisten Schwarzen jedoch überwiegt Religiosität an sich. Ihre eigene Kirchlichkeit verbindet Schwarze, und ihr Gottesglaube wirkt ungebrochen. Er schließt die Loyalität des Gläubigen Afroamerikaners gegenüber seinem eigenen Staat, den Vereinigten Staaten, normalerweise bewußt voll ein. Kirche ist zwar auch für die Schwarzen primär Privatsache, ausgedrückt in Engagement und Unabhängigkeit. Aber in ihrer Gemeinde, wo jeder etwas gilt und alle in der Summe immerhin einiges, auch Karitatives, zu bewegen vermögen, bleibt jenseits der religiösen Eigenart ein zentraler Wert für den Alltag – die Loyalität gegenüber Amerika.

In den Kirchen der Schwarzen drückt sich ihr Staatsverständnis aus wie in den Kirchen der Weißen. Überall steht das Sternenbanner neben der Kanzel und dem Kreuz. Nicht unter- oder übergeordnet, sondern gleichberechtigt und damit eine Hoffnung für viele schwarze Amerikaner in „God's own Country" eines Tages zu sein wie die Weißen, zu leben wie die Weißen und anerkannt zu werden wie die Weißen. Das erklärt auch den relativ hohen Anteil Schwarzer in der Verwaltung des Bundes und der meisten Staaten sowie in der Armee; Aufstieg und Anerkennung bis zum Generalstabschef und später zum Außenminister – wie im Fall von Colin Powell.

Afroamerikaner bilden im transatlantischen Vergleich einen Amerikanismus sui generis. Vorgeschichte, Geschichte und Gegenwart – schwarze Amerikaner sind mit keiner ethnischen Minderheit in Amerika wie Zu- und Einwanderern aus Asien oder Lateinamerika zu vergleichen. Was sich in Vororten von Paris, in Berlin-Kreuzberg, unter Polizeioffizieren in London, unter Nordafrikanern in Marseille oder in Rom, Mailand, Athen oder Wien an ethnischen Aufmischungen etwa mit Türken ergibt, zeigt unvergleichliche Indikatoren. Nicht zuletzt bei der Religiosität. Moscheen, in den letzten Jahrzehnten reichlich gebaut und intensiv genützt, bilden nur ein Symbol für ein europäisches Religionenproblem – nämlich das Verhältnis zwischen Christentum und Islam. Das Verhältnis religiöser Gruppen zum jeweiligen Staat in Europa ist ambivalent, jedenfalls instabil. Amerika liegt im Bereich der Integrationskraft und -fähigkeit eindeutig vorn.

Wenn allerdings der Muezzin ruft, wird der Stolz der Amerikaner auf uneingeschränkte Religionsfreiheit auf eine harte Probe gestellt. Puritanisch, katholisch oder ähnlichen Glaubensgemeinschaften verbunden, mischt sich relativ liberale Religiosität mit politischer Ambition. Dies geschieht unfreiwillig, ungeplant und ruckartig mit oft erstaunlichen Folgen für das gesellschaftliche Gefüge der Neuen Welt. Aus Unverständnis wird Abwehr, aus Abwehr Aggression, aus Aggression Ideologie und aus Ideologie im Extremfall Krieg. Europa ist wiederum anders, weniger konsequent im „schlampigen Verhältnis" zu anderen.

Ins Weltbild des Durchschnittsamerikaners paßt die Wucht des Islam und seiner religiös wie politisch engagierten Anhängerschaft kaum. Für ihn gilt Christentum als Inbegriff gelebter Religiosität mit monopolisierenden Ansprüchen, Recht zu haben, zu behalten und den American way of life religiös wie politisch notfalls mit Gewalt durchzusetzen. Die Verständnistoleranz bleibt drüben eng. Islamische Lebensart, wie sie im Nahen Osten gang und gäbe ist, wirkt als Kontrastprogramm zum Amerikanismus mit seinen – ausgesprochenen oder unausgesprochenen – Dominierungsfaktoren und kollektivierten Lebensformen der Massen. Sie wollen eins zu eins akzeptiert und umgesetzt sein.

Mischt sich Religion mit politischem Anspruch, so ist die Konfrontation zwischen amerikanischem Christentum und nahöstlichem Islam vorprogrammiert. Das gegenseitige Verständnis schrumpft im Belastungsfall auf Null. Ein beträchtliches Verständnisdefizit. Eliten sind es, die mit transatlantischer Arroganz davon ausgehen, die Mißachtung islamischer Denkweise, Religionsausübung, Politpraxis und Wirtschaftsübung unbeirrt fortsetzen zu können. Selbst erfolgreiche Einwanderer aus islamischen Ländern, die sich in der zweiten oder dritten Generation hochgearbeitet und reichlich Geld gemacht haben, tun sich nicht nur im social life schwer, sondern in der wahren Akzeptanz ihrer Herkunft und ihrer Lebensweise.

Realitätsverweigerung der Sekten

Religiosität auf amerikanisch heißt jedoch auch Sektentum. Aus einer inneren oder äußeren Gefährdung, auch der Religionsausübung, oder aus Prestigemangel entsteht so etwas wie eine Verfolgungsideologie samt Abwehrhaltung, anders zu sein als die anderen. Elitär, exklusiv und mit dem Monopolanspruch auf Wahrheit, Glück oder Vollendung sogenannten göttlichen Willens.

Mit unamerikanischer Ideologie verstehen es Sekten in Amerika wie – in abgeschwächter Form – auch in Europa, aus der Sinnsuche Anziehungskraft, Gefolgschaft, Einfluß, vielfach Geld und absoluten Gehorsam abzuleiten. Sekten verstehen es, religiöse Defizite bis zum Massenselbstmord zu nutzen. Meistens an eine charismatische Führerfigur gebunden, bleibt die amerikanische Gesellschaft an ihren Rändern für Sekten und ihre Heilsverkündungen offenkundig eher empfänglich – samt Anerkennung von Autorität und monopolisierter Wahrheitsfindung – als Europa.

Hier wie dort verstehen es Sekten, mit ihren oft wirren oder verwirrenden Weltbildern dem endzeitlichen Erneuerungsbedürfnis vor allem verunsicherter Wohlstandsbürger mit einer echten oder echt erscheinenden Sinngebung zu entsprechen.

In ruhigen Zeiten vermögen sich Sekten in der Alten wie in der

Neuen Welt innerhalb des Toleranzbogens von Menschenrechten, Religionsfreiheit und Demokratie zu bewegen. In Krisenzeiten verzeichnen die Sekten einerseits Zulauf und andererseits Anfeindungen. Dem Durchschnittsbürger bleibt diese extreme Religionsausübung allezeit fremd.

Daß in Amerika vieles anders und manches extremer einzuordnen ist als im vielfältigen, oft verschlafenen Europa zeigt sich auch in Fragen der Religionen. Europäer antworten im Zweifelsfall ausweichend und unverbindlich. Amerikaner wünschen klare, saubere Verhältnisse. Sie setzen auf Verbindlichkeit bis zum Extrem: Entweder in der US-Gesellschaft mitmischen, wie die Mormonen, oder sich abschotten, wie die Amish – jene skurrile Religionsgemeinschaft in Pennsylvania, die dem Fortschritt abschwört, indem sie z. B. elektrischen Strom, Auto oder Telefon ablehnt. Amerika ist anders.

Das neue Gleichgewicht des Schreckens

Liebesbedürfnis mit Entzugserscheinungen

Eine Tragödie: Es bedurfte eines spektakulären Waffenganges wie im Irak, um das Ausmaß des transatlantischen Zerwürfnisses so recht bewußt zu machen. Unversehens hat der Spaltungsprozeß ein gefährliches Ausmaß erreicht. Was jahre-, jahrzehntelang als Gemeinsamkeit beschworen wurde, hält dem Sturm unserer Zeit offenkundig nicht mehr ohne weiteres stand. Seit langem gilt nicht mehr das Wort, daß der Handel der Flagge folgt. Allerdings gilt die Umkehr auch nicht mehr. Wirtschaftlich hält die atlantische Partnerschaft, sie verdichtet sich zu einem strapazierfähigen Interessengeflecht. Wichtigtuerei der Politiker bleibt weithin draußen vor der Tür.

Anders die atlantische Beziehung in ihrer politischen Dimension. Sie driftet auseinander und dies in einem Ausmaß, wie es noch vor kurzer Zeit unvorstellbar war. Längst droht die Gefahr, daß die Interessengegensätze, in der wirtschaftlichen Verflechtung ebenso normal wie lösbar, politisiert werden und auf abschüssiger Bahn schließlich außer Kontrolle geraten. Jedenfalls zählt der atlantische Trennungsprozeß inzwischen zu den neuartigen Störfaktoren internationaler Beziehungen. Dies zu leugnen oder gar schönreden zu wollen, trüge zu jenem Phänomen bei, das unter Realitätsverweigerung läuft. Stellt sich doch bei näherer Betrachtung heraus, daß die Ursachen dieses Prozesses weit zurückreichen und keineswegs in flüchtiger Aktualität anzutreffen sind.

Einem George W. Bush jun. ist – gütiger Hegemon hin, unzivilisierter Weltordnungsmacher her – immerhin zuzubilligen, gleich zwei Werten zu dienen – der Vision, Ordnungsmacht Nummer eins zu sein und sich dies von keinem streitig machen zu lassen, sowie der Bereitschaft zum Handeln. Auf der anderen Seite fühlen sich ansehnliche Teile der europäischen Wohlstandsgesellschaft vom amerikanischen Ordnungsbegehren zuerst überrascht, dann überrumpelt und schließlich ausgetrickst: Planvolles Machtstreben der Administration Bush und ihres gewichtigen Landes (in Wahrheit nicht zu vergessen ein Kontinent) steht gegen historisierte Ratlosigkeit, gepflegte Vielfalt und chaosträchtige Besserwisserei. Für Dämonisierung wie Idealisierung entsteht transatlantisch eine Großwetterlage, die im Westen von Sonnenschein und im Osten von drückender Schwüle gekennzeichnet ist. Kein Wunder also, daß in Europa selbst verstaubte Feindbilder Amerikas aus der Lade geholt, ideologisch aufpoliert und – cum grano salis – vergleichshalber in moraltriefender Politik vorgezeigt werden.

In einem keineswegs beendeten Krieg gegen „das Böse" im allgemeinen und den Terrorismus im besonderen gibt sich Bush jun. auch im Fall Irak als siegreicher Feldherr. Zupackend wie er ist oder sein möchte, lassen ihn europäische Zweifel und Skrupel kalt (ob der Waffengang im Irak angemessen und wenn nicht völkerrechtlich, so doch moralisch zu rechtfertigen ist). Bush stützt sich auf die demoskopische Zustimmung von 60 bis 70 % der Amerikaner, allerdings mit abnehmender Tendenz. Er überläßt Kriegsgegner der Obsorge von Mittelklassereferenten.

Nur ausnahmsweise werden Europäer je nach Nützlichkeitsgrad höheren Orts, bestenfalls durch Außenminister Colin Powell zum Gespräch vorgelassen. Es ähnelt mehr einer Befehlsausgabe. Wer die Macht hat oder glaubt zu haben, kann es sich leisten, amtliches Protokoll und internationale Höflichkeit schmalspurig zu fahren. Werden dabei Empfindlichkeiten oder gar geschichtliche Reminiszenzen der Europäer angerührt, so reicht das Protokoll, um zu demonstrieren, wer und was für die USA zählt – nämlich Interessen, und dies in einem Ausmaß wie seit Jahrzehnten nicht mehr.

Einige Europäer, die als „Kriegsfreunde" einsortiert sind wie Englands Tony Blair, Spaniens Xavier Aznar und Italiens Silvio Berlusconi dürfen sich der Gunst der Bush-Administration erfreuen. Camp David für die einen, die Texas-Farm der Bushs für die anderen. Wenn Protokoll Politik macht, dann im Washingtoner Umgang mit den Kriegsgegnern, initiiert von Deutschlands Gerhard Schröder und angeführt von Frankreichs Jacques Chirac. Der Öffentlichkeit weniger zugänglich zeigen verschlüsselte Berichte der Diplomaten aus Washington in Richtung Europa sowie aus Paris und Berlin in Richtung Amerika fast übereinstimmend: es handelt sich bei den Klassifizierungsmethoden à la Bush nicht um spontanen Ärger, der verfliegt, sondern um einen Bruch, der – systembedingt und personalisiert – bleibt.

Konsequenzen weltpolitischer Schlamperei

Im Wechselbad der Gefühle, der Interessen und der politischen Substanz ist das transatlantische Verhältnis schier unbegrenzten Vertrauens verwelkt. Die einst intime Beziehung hat noch niemals derartigen Schaden genommen. Nun zeigt sich: Wir erleben nicht eine Laune der Aktualität mit baldiger Rückkehr zur Normalität. Vielmehr ist ein Scheidungsprozeß in Gang gekommen, dessen Ausmaß fürs erste nur zu ahnen ist. Hinter dem Auseinanderleben der Europäer und der Amerikaner steckt in der Tat eine Vielzahl von Ursachen und Wirkungen. Einige sind so alt wie das Verhältnis, manche rühren sogar noch weiter zurück in die transatlantische Geschichte. Es ist der Wirbel um den Irak-Krieg, der das Faß des Mißtrauens – bestehend aus dem Gift der Interessen und Konkurrenz pur – zum Überlaufen gebracht hat.

Jetzt rächt sich, daß man sich beiderseits Illusionen gemacht hat, Meinungsverschiedenheiten wurden verdrängt, Interessen schöngeredet und Strukturen nicht belastungsfähig genug gehalten. Jedenfalls stellt sich die Frage, wie es zu dieser weltpolitischen Schlamperei kommen konnte. Warum hat sich alle Welt mit oberflächlicher Rhetorik im Stil von Sonntagsreden, etwa zum Thema Wertekanon, zufrieden gegeben und wo liegen die wahren Ursachen für den atlantischen Konflikt und seine Unfähigkeit zur Lösung.

Typisch die europäische Seite. Bevor sich das Grundsätzliche des Zerwürfnisses herumgesprochen hat, ereifern sich Stammtische wie Cocktailparties, Parteiregisseure wie selbsternannte oder auch befugte Intellektuelle. Hastig wird reichlich anmaßend gefragt, wie die Amerikaner von diesem Präsidenten, dem „Cowboy im Weißen Haus“, und seinen macht- und kriegslüsternen Paladinen gleichsam zu befreien sei. Dabei zählt es zum intellektualisierten Ritual, den USA wegen des „illegitimen Irak-Krieges“ völkerrechtlich wie machtpolitisch jedwede Autorität abzusprechen. Europa wird in seiner unorganisierten Vielfalt als wahren Hort des Völkerrechts, des Machtverzichts und der gefühlvollen, zukunftsfähigen Interessenbalance dargestellt. Schön wär's.

In Wahrheit kreuzen sich zwei offenkundig unversöhnlich gewordene Betrachtungsweisen – nämlich die Vielfach-Globalisierung der Amerikaner mit dem provinziellen Regionalismus der Europäer. Nach der Haltet-den-Dieb-Methode belieben engagierte und selbsternannte Europäer in Umkehr der Beweislast „den“ Amerikanern die Schuld am transatlantischen Dissens in die Schuhe zu schieben.

Zum politischen Zwist kommt ein zunehmendes Gefälle der Mentalitäten. Dort sehen Amerikaner sich selbst oben, die Europäer unten, so weit sich derlei Beobachtungen pauschalieren lassen. Im politischen All-Inclusive verzeichnen Amerikaner in oft naivem Liebesbedürfnis, man meine es doch so gut, handele frei von Egoismus und lade alle Welt ein, es dem American way of life gleichzutun. Schon stellen sich im Verhältnis von alter zu neuer Welt in letzterer Entzugserscheinungen ein.

Von derlei Erscheinungen sind die meisten Europäer frei. Für sie sind gegenwärtig selbst rührende Fälle gegenseitiger Harmlosigkeit irrelevant. Zum Beispiel die Sache mit dem Teddybären. Man schreibt das Jahr 1880, als Margarete Steiff in Giengen auf der Schwäbischen Alb aus Wollfilz Nadelkissen macht. Einige in Tierform. Als Firma Steiff versucht man es auch mit Bären aus Mohair. Kopf, Arme und Beine beweglich. 1903 wird das schwäbische Produkt auf der Leipziger Messe gezeigt. Ein amerikanischer Aufkäufer nimmt 3000 Stück mit nach New York. Kurze Zeit danach ist die Hochzeitstafel für die Tochter des amerikanischen Präsidenten Theodore Roosevelt, einem passionierteren Bärenjäger, herzurichten. Für jeden Gast ein deutsches Stofftier. Präsident Roosevelt, Spitzname Teddy, gibt sich begeistert und dem deutschen Stofftier einen Namen fürs Leben: „Teddybär".

Der Trennungsbazillus hat sich atlantisch bereits vor Jahrzehnten eingenistet. Seine Gefährlichkeit mag schon seinerzeit die eine oder andere Diagnose ergeben haben. Ursache und Wirkung blieben jedoch lange Zeit unaufgearbeitet. Zur politischen Therapie hat es nicht gereicht. Vielmehr stellte sich eine inzwischen gefährlich gewordene Mischung aus Elementen des Selbstbetrugs ein: Dossiers mit Trennungsberichten, über Extratouren, Strategiewechsel, Militär, Finanz- oder Marktbeherrschung, selten genug von mutigen Beamten und analytisch begabten Beobachtern verfertigt, landeten bestenfalls in den Archiven.

Während des kalten Krieges war weder Zeit noch Bedarf für Feinschliff. Lange Zeit wirkte der Ostblock als Gegner wie Kitt für Atlantisches. Weit über die Regeln und Bedürfnisse der NATO-Verteidigungsallianz hinaus fiel es den jeweils tätigen Eliten relativ leicht, Solidarität zu üben und Disharmonien – etwa bei der deutschen Wiederbewaffnung oder im französisch-amerikanischen Verhältnis – beiseite zu schieben. Unter dem Allianzschirm ließen sich die gemeinsamen wie die nationalen Interessen relativ bequem im Trockenen halten.

Die Dominanz der USA als politische Führungsmacht blieb geraume Zeit, selbstverständlich wie sie geraten war, so gut wie unbestritten. Unter der Sicherheitsgarantie der westlichen Supermacht ließ es sich gut leben. Ging es um einen Lastenausgleich, gaben sich die Europäer traditionsgemäß schwerhörig. „Burden sharing" blieb jahrzehntelang ein frommer US-Wunsch. Auch ist dem allgemeinen Bewußtsein der Europäer mehr oder weniger verborgen geblieben, daß Durchschnittsamerikanern die Sinnhaftigkeit des US-Engagements in Europa nicht immer und nicht automatisch einleuchtete. Während europäische Regierungen gelegentlich aufbegehrten, wie die französische mit ihrem Austritt aus der Kommandostruktur der NATO, blieben die Washingtoner Administrationen, Demokraten wie Republikaner, ausnahmslos bei der Stange (was gegenüber Isolationisten im US-Kongreß alles andere als selbstverständlich war und dennoch von den europäischen Eliten als unabänderlich quittiert und weithin unbedankt blieb).

Auf Alternativen des einen oder anderen Querdenkers (wie die Ergänzung des Militärischen durch eine wissenschaftlich kulturelle Verflechtung) glaubten ganze Generationen von Politikern und Diplomaten beiderseits des Atlantik getrost verzichten zu können. Mit ihrem reflexarmen Automatismus schien die Partnerschaft wie in Erz gegossen. Der Phantasie der Routiniers entzog sich die Vorstellung, daß sich die Verhältnisse geopolitisch, weltpolitisch und auch ideologisch eines Tages ändern könnten. Es überstieg ihre Analysepotenz bei weitem, daß fundamentale Wechsel durch die Westallianz geschaffen und ausgelöst werden könnten. Wahrlich unvorstellbar war es für sie, die jahrzehntelang auf Rüstung, Nachrüstung und Abschreckung gesetzt hatten, daß der kalte Krieg ohne einen einzigen Schuß abzugeben durch die Selbstbefreiung im Osten, aber auch durch die Kraft der westlichen Ideen zu gewinnen wäre.

Nachträglich, als beide Seiten ihre Karten weitgehend auf den Tisch legen (konnten), zeigen sich vielerlei Über- und Unterschätzungen militärischer Fähigkeiten. „Der" Westen hatte „den" Osten bei weitem überschätzt. Noch ein Versagen der Geheimdienste. So locker und gelassen wie im konventionellen Bereich die Kampfkräfte auch nachgerechnet und relativiert werden – im atomaren Bereich bleibt die überlieferte Überrüstung bis heute. Auch wenn die Zielprogramme der Computer angeblich oder tatsächlich längst gelöscht sind, hat auch eine erweiterte Europäische Gemeinschaft unserer Tage in diesem Bereich mit dem Vernichtungspotential Rußlands bei Atomwaffen und ihren Trägersystemen zu rechnen. Geht es hart auf hart, ist Europa weiterhin auf Amerika angewiesen.

Irak ist nicht Deutschland oder Japan

Atomar sind und bleiben sich Washington und Moskau auch in unseren Tagen nichts schuldig. Beim Atom existiert für die einzig verbliebene Supermacht, die USA, derzeit nur ein ernst zu nehmender Gegenpart, nämlich Rußland. Wenigstens in diesem Bereich kann sich Putin mit Bush messen und im Bedarfsfall arrangieren. Die EU spielt in dieser Liga des Schreckens jedenfalls nicht mit. Selbst konventionell, bleibt die Gemeinschaft eine Quantité négligable. 60.000 Mann Eingreiftruppe als späte EU-Initiative wirken wie ein Papiertiger.

Als George W. Bush, der 43. Präsident der USA, mit einem Kampfjet auf dem US-Flugzeugträger Lincoln vor laufenden Kameras landete, und damit, nicht ganz nebenbei, seinen Anspruch auf Wiederwahl martialisch anmeldete, ließ er wohl bei seinen Redenschreibern nicht zufällig in die Kiste der Geschichte greifen. Mit dem Irak-Krieg sei bewiesen worden, „daß man anders als in Deutschland und in Japan zu Zeiten des Zweiten Weltkrieges einen Diktator beseitigen kann, ohne große Teile eines ganzen Volkes auszulöschen."

Einiger Symbolwert steckt in diesem Hinweis, nämlich die geradezu traditionelle Schwankungsbreite der USA zwischen Selbstbeschau, Isolationismus und Export hehrer US-Werte, als da sind Meinungsfreiheit, Demokratie oder Marktwirtschaft. Nach wie vor ziehen offenkundig Prinzipien einer Einwanderungsgesellschaft wie Wettbewerb, unkontrollierte Lebensart, unbändiger Fortschrittsglaube. Kommt unbefangener Einsatz hausgemachter technologischer Machtmittel bis zum Krieg hinzu, düngt dies zwar US-Selbstvertrauen. Gleichzeitig schürt es aber das Mißtrauen aller anderen.

Die Betreiber des Irak-Krieges mit ihrer mageren Erklärungskapazität und mangelnden Fähigkeit, Ursachen und Wirkungen weltweit zu verdeutlichen, zeigt erneut, daß die Amerikaner schlechte

Diplomaten, jedoch gute Journalisten abgeben. Gute amerikanische Medien bringen es in Krisenzeiten fertig, neben professioneller Kritik ein gesellschaftlich erwünschtes Maß an solider Information zu bieten. Man möchte sich intellektuell frei halten. Vor allem gegenüber der jeweiligen Administration ist Rückgrat gefragt. Gleichzeitig möchten US-Medien dem Verdacht Main-Stream-Americas widerstehen, unpatriotisch oder gar unamerikanisch zu wirken.

Europäische Medien lassen sich weder auf diese noch auf andere Weise gerne in die Pflicht nehmen. Von Land zu Land verschieden verbindet sie ein geradezu mechanischer Vorbehalt gegenüber einem Übermaß an nationalen Interessen oder gar gegenüber kritiklosen Loyalitätsbegehren der eigenen Regierung. Vor allem in Deutschland und Österreich wirkt das braune Gift der Gleichschaltung und der totalen Mediendiktatur nach. Wie beim Thema Gewalt verhält es sich auch beim Spielraum der Medien – nach so vielen Einseitigkeiten, Mißbrauch und Ausnutzung schlägt das Pendel der Demokratie Richtung Freiheit, die fallweise zu Libertinage gerät.

Das gilt selbst für die altehrwürdige British Broadcasting Corporation, die BBC. Wo sich ganze Generationen vor allem europäischer Journalisten orientiert und zum Lernen eingefunden haben, sprengt der „Fall Kelly“ manche Kategorie. Der Freitod des angesehenen britischen Wissenschaftlers, einst UN-Waffeninspekteur im Irak, und Zweifler an dem dortigen Einmarsch der Amerikaner und Briten (und Informant der BBC), bringt selbst einen Tony Blair in arge Bedrängnis.

Wie sein atlantischer Partner Bush in Beweisproblemen, ob der Krieg angemessen und der Frieden machbar sei, erreicht die informative Verquickung der BBC mit Kelly vor dem Hintergrund weltweiter Zweifel die feine Linie von unabhängiger Information medialer Gehirnwäsche und regierungsamtlicher Rechthaberei. Der tragische Tod Kellys verschafft einer Auseinandersetzung, in der auch nach Kriegsende fast täglich US-Soldaten im Irak sterben müssen, eine besondere, eine beklemmende Dimension. Geht es um Menschenleben, gibt es auch für Medien kein Entrinnen aus ihrer Verantwortung. Während selbst eine traditionsreiche Organisation wie die BBC für Information und Fairneß, medial bedrängt, einzustehen hat, bleiben Bush und Blair auf höherer Ebene politisch gefordert.

Vor dem Krieg, im Krieg und nach dem Krieg muß dieser US-

Präsident damit leben, daß er, George W. Bush, nicht mit Amerika gleichgesetzt und wegen seiner oft tolpatschigen Gradlinigkeit öffentlich angegangen wird. Lächerlich machen als politische Waffe – auch das zählt zu den Fähigkeiten des Heimatlandes der Public Relations. Ausländern wird derlei angewandte Kritik auch im medientoleranten Amerika rasch übel genommen. Was Bush und „die" Amerikaner angeht, sind viele Europäer alles andere als zimperlich. Es prasselt Vorwürfe und Verdächtigungen, es mangelt an Verständnis.

Wesentliche Gruppen der amerikanischen Gesellschaft wiederum neigen dazu, den Händeln der Welt fern zu bleiben. Bewußt oder unbewußt bezieht man sich in der Neuen Welt auf die Alte und bemüht dann doch ganz gern die Geschichte (die doch niemals einseitig an- und auszulegen ist). Gemeint ist Europa mit seinen machtpolitischen Krämpfen, religiösen und ideologischen Einseitigkeiten und einer oft rücksichtslosen Klassengesellschaft, einst gleichgesetzt mit Monarchie, Adel, Zünften und Privilegien aller Art.

Europa lieferte nach Amerika schließlich ganze Generationen von Unterdrückten, von Verfolgten, von Benachteiligten und – je länger desto mehr – auch Tüchtigen. Amerika, gelobtes Land – das zieht. Millionen Auswanderer belegen diesen bis heute ungebrochenen Trend. Nichts ist so erfolgreich wie der Erfolg, vor allem unter Eliten, Akademikern und Mutigen unserer Zeit, gar für manchen daheim gebliebenen Abenteurer. Für die Motivation des Brain Drain gibt es neben unvergleichlichen materiellen Möglichkeiten – etwa für Wissenschaftler – einen bemerkenswert unverbrauchten Sammelbegriff „Freiheit". „Mehr privat, weniger Staat", dieser arg strapazierte Vorsatz, stellt drüben mehr als nur eine Floskel dar, während sich diese Formel diesseits des Atlantik nur langsam herumspricht. Die Koordinatenkreuze der Amerikaner und Europäer sind, wie man erkennen kann, keineswegs deckungsgleich – eine ideologische Erklärung dafür, daß sich die Wege trennen.

„We are the World"

„Wir sind keine Nation, wir sind eine Welt." Was sich bei Herman Melville, dem Autor von „Moby Dick", wie ein Beweisstück prallen amerikanischen Selbstvertrauens liest, versteckt zugleich gehörige

Selbstkritik. Der grüblerische Schreiber war in der Mitte des 19. Jahrhunderts ein Leben lang auf der Suche nach dem wahren Sinn der Dinge. Wie in einer Vorahnung auf Multilateralismus greift der New Yorker Melville nach zentralen Werten amerikanischen Selbstbewußtseins: Anziehungskraft eines damals wie heute relativ leeren Kontinents, seiner Möglichkeiten, seiner Lebensart, aber auch seines Anspruchs.

Inzwischen steht die amerikanische Nation tatsächlich an der Weltspitze. Macht und Einfluß, Technologie und Produktivität verschaffen ihr jenen materiellen Rückhalt, den die einen bewundern und die anderen verachten. Ein Wert jedoch rangiert oberhalb dieser Meßlatten – die Entwicklung der Bevölkerung: „We are the World," sangen zwar die Popstars überschwenglich anläßlich der Renovierung der Freiheitsstatue im Jahr 1986. Ihre Welt wirkte heil. Heute würde sich Pop-Amerika schwer tun, so viele VIPs zu versammeln, um ein lautstarkes musikalisches Lebenszeichen dieser Art von sich geben zu lassen.

Jetzt sind es die Bevölkerungsstatistiker, die transatlantisch ausrechnen, daß die USA im Bevölkerungszuwachs die Nummer eins in der Welt sind und bleiben. Beträgt doch die durchschnittliche Geburtenrate der amerikanischen Frau zwei Kinder, im europäischen Durchschnitt hingegen 1,3. Statistisch gesehen, können die Amerikaner ihr Niveau halten, die Europäer nicht. Selbstbewußter Kommentar der Washingtoner Statistiker, gegenüber Europa habe Amerika bereits gewonnen.

Gleichzeitig stellen sie voll Selbstkritik an den WASP – den weithin bestimmenden White Anglo-Saxon Protestants – fest, daß sich Kindersegen hauptsächlich bei den Afroamerikanern, den Schwarzen und unter den Einwanderern einstellt. Logischerweise entwickelt sich die amerikanische Geburtenrate regional außerordentlich unterschiedlich, jedoch überall mit jener Dynamik, die die Amerikaner seit jeher stolz und die anderen mißtrauisch macht.

Der Ruf „Hilfe wir sterben aus", klingt zwar dramatisierend, zeigt aber den harten Kern auf europäischer Seite. Wir lernen mühsam und allmählich, was es heißt, Teil einer ermüdeten Gesellschaft zu sein, in der die Geburtenrate nachläßt und deren Lebenserwartung steigt. Was schon das kleine Einmaleins ergibt, wird zu einer europäischen Existenzfrage, nämlich die Unfinanzierbarkeit eines wuchernden, eines teuren, weil überalterten Sozialstaatsystems. Verwöhnt durch ein schier unbegrenztes Wirtschaftswachstum, hatte sich in guten Konjunkturzeiten der Glaube an eine bestimmte Automatik beim sozialen Mehrwert festgesetzt. In Wahrheit hatte Europa sich daran gewöhnt, über seine Verhältnisse zu leben.

Die Alte Welt leistete sich eine Art sozialpolitischer Hochstapelei, während es in der Neuen Welt üblich wurde, über die mangelnde Seriosität der Europäer den Kopf zu schütteln. In der europäischen Sozialszene befaßte man sich jahrelang mit marginalen Unterschieden von Beruf zu Beruf, von Stand zu Stand, von Land zu Land. Man ging von kosmetischen Details aus, die sich in Wahlzeiten gut verkaufen ließen. Jahrelang fanden verantwortliche Politiker nicht den Mut, dem eigenen Volk die Wahrheit der Unfinanzierbarkeit – auch ihrer eigenen Versprechungen – zu sagen. Da ständig irgendwer irgendwo zur Wiederwahl anstand, kam es in der europäischen Wohlstandsgesellschaft politischem Selbstmord der Verantwortlichen gleich, einen Kassensturz zu wagen und das gesamte Sozialsystem von Grund auf kostendeckend zu reformieren.

Bei Vergleichen ist – so wie die europäischen und amerikanischen Sozialsysteme als Erzeugnisse von zweierlei Gesellschaftssystemen geraten sind – Vorsicht geboten. Auf Kritik von außen, Europäer müßten ihr Sozialdilemma längst erkannt haben, gibt es einen weit verbreiteten Standard-Reflex. Die Vereinigten Staaten seien sozialpolitisch unterbelichtet. Es sei beispielsweise doch wohl zutreffend, daß mehr als 36 Millionen Amerikaner über keinerlei Krankenversicherung verfügten.

Solche und ähnliche Seitenhiebe kommen zwar bei dem einen oder anderen US-Intellektuellen an, nicht aber bei der Masse der Amerikaner. Sie fühlen sich in guten wie in schlechten Konjunkturzeiten unterwegs zur Glückseligkeit ihrer Art. Sie sind felsenfest davon überzeugt, allen anderen Völkern voraus und dort auch noch überlegen zu sein. Sie geben sich mehrheitlich mit dem zufrieden, was ihnen der American Way of Life bietet. Selbst in schlechten Zeiten hoher Arbeitslosigkeit und fortdauernder Rassenprobleme zwischen der weißen Mehrheit und der oft aufmüpfigen Minderheit der Afroamerikaner stellen sie gelebten, zugegebenermaßen oft risikoreichen Amerikanismus nicht in Frage. Vor allem ihr Patriotismus ist es, der die Leidensfähigkeit der meisten Amerikaner ausgeprägter erscheinen läßt als jene der Europäer. In der amerikanischen Welt entspricht es nicht mehr als einer „geduldeten“ Pflicht, der Fahne, der Nationalhymne und den Repräsentanten der so Vereinigten Staaten gebührend Respekt zu zollen.

Am einvernehmlichen Grundverständnis des Durchschnittsamerikaners prallt die Selbstkritik an der gespaltenen Oberflächlichkeit der New Yorker, der Handgreiflichkeit der Texaner oder der Geldgier der Kalifornier ab. Dies geschieht erst recht in der amerikanischen Provinz, dem größten, dem biederen Teil des Landes.

Man möchte sich glücklich geben, auch wenn man es im Inneren gar nicht immer ist. Durchschnittsamerika ist damit von Durchschnittseuropa meilenweit entfernt. In der Neuen Welt ist man mit dem Bestand an Werten zufrieden, in der Alten Welt offenkundig nicht. Dort wird eine Kulturkrise registriert. Europa fehle ein Sinn und eine Seele, meint Henri Boulad in einem Interview mit der Wiener Tageszeitung „Die Presse". Der Jesuit, Mystiker und Bestsellerautor beklagt den westlichen Lebensstil und meint da nicht nur die Europäer. Ihren Pessimismus führt er als innere Haltung hauptsächlich auf die Überflußgesellschaft zurück. Hier habe Europa nichts zu bieten. „Es hat daher auch nichts zu verlieren. Leere plus Leere ist gleich Leere."

Fragt sich, ob das Glückspotential der Amerikaner – für Europäer eine schwer faßbare Größe – nicht nur ihre Lebensart bestimmt, sondern etwa auch ihre Geburtenfreudigkeit? Jawohl, heißt es in der Organisation für wirtschaftliche Zusammenarbeit und Entwicklung, der OECD, in Paris. Diese zurückhaltende Organisation, normalerweise mit volkswirtschaftlichen Daten und statistischen Vergleichen im Weltmaßstab befaßt, sieht einen direkten Zusammenhang zwischen Wohlbefinden und Wohlstand einerseits und dem Bevölkerungswachstum sowie den Geburtsraten andererseits.

Sieger-Image beim Kinderkriegen

Dabei bestätigt sich, daß Reiche weniger Kinder haben, die Größe ihrer Familie abnimmt und Einzelhaushalte expandieren. Diese Langzeitentwicklungen sind zwar beiderseits des Atlantik festzustellen. Aber sie wirken sich in Europa beim Bevölkerungswachstum bremsender aus als in Amerika. Das allgemeine Bild verdüstern Sonderfaktoren wie Aids oder andere Seuchen, vor allem für die rasch wachsenden Länder in Afrika und Asien. Es bleibt allerdings bei der Bevölkerungsexplosion, über die seit Jahrzehnten räsoniert wird.

Eines ist gewiß – in fünfzig Jahren ändert sich hier wie dort die Zusammensetzung der Bevölkerung von Grund auf. Wer sich dabei halten kann, zählt zu den Gewinnern, wer dieses Wachstum versäumt, zahlt als Verlierer doppelt und dreifach. So ist den Europäern die Angst auszusterben, realistischerweise nicht auszutreiben. Das Gewinnerimage der Amerikaner, das vielen auch in der Bevölkerungsfrage auf die Nerven geht, erscheint immerhin solid begründet.

Es wäre realitätsfern, jenen Druck zu unterschätzen, der von der Bevölkerungsentwicklung weltweit ausgeht. Immer wieder ist zu bedenken, daß derzeit 6,4 Milliarden Menschen auf der Welt leben. Die Bevölkerung nimmt jährlich um 70 bis 80 Millionen zu. Während die Industrieländer realistischerweise mit Stagnation zu rechnen haben, entfällt die Hälfte des jährlichen Bevölkerungswachstums auf sechs Länder. Indien trägt mit 21% dazu bei, China mit 12%, Pakistan mit 5%, Nigeria und Bangladesch mit 4% sowie Indonesien mit 3%. Dort heißt jung sein zahlreich sein, und zahlreich sein heißt anders sein.

Die Überalterung – hier befinden sich Amerikaner und Europäer im gleichen Boot – wird zu einer Zivilisationsbürde. Denn Vergreisungstendenzen ergeben sich hier wie dort. Die Zahl der älteren Menschen bis zu 60 Jahren wird sich bis 2050 verdreifachen, und jene der sehr alten Menschen (bis 80 Jahre) in der gleichen Zeit verfünffachen. In den Industriestaaten fällt die Überalterung dank höherer Lebenserwartung noch deutlicher aus. Der Anteil der älteren Bevölkerung steigt von 20 auf über 33 Prozent. Schon bald entfallen auf ein Kind zwei ältere Menschen. Wirtschaftskraft und Sozialsysteme stehen aus wohl erwogenen Gründen obenan auf der Prioritätenliste politischer Entscheidungen.

Was das Bevölkerungswachstum geopolitisch an Lösungsbedarf aufgibt, zeigt die Entwicklung bis zum Jahr 2050. Bis dahin wird die Bevölkerung in den Industriestaaten bei 1,5 Milliarden stagnieren, in 39 Ländern wird sie deutlich zulegen – etwa in Rußland und der Ukraine um 28 bzw. 40%, in Italien und Ungarn um 25%, in Deutschland, Japan und Österreich um 14%. Geopolitisch ergibt sich auf der anderen Seite bis zum Jahr 2050 z. B. in Indien eine Bevölkerungszahl von 1,6 Milliarden, in China von 1,5 Milliarden, in den USA von 357 Millionen. In der EU der 25 sinkt sie.

Die (relative) Geburtenfreudigkeit der Amerikaner und die (relative) Angst der Europäer auszusterben zeigt, daß in der Bevölkerungsstatistik – nicht gerade Ausbund von Spannungen und Überraschungen – ein Teil jener Dramatik steckt, die Amerika und

Europa ebenfalls entzweit. Drüben beginnt man sich in dem Überlegenheitsgefühl zu sonnen, durch Geburtenfreude aus eigener, originärer Kraft es statistisch den Europäern zu zeigen, die da bejammern, bei der „Potenz der eigenen Lenden" zusehends zu versagen. Typisch für beide Seiten ist, wie unterschiedlich sie auf diese Perspektive der Bevölkerungsentwicklungen reagieren.

Die Bevölkerungsstatistiker wie berufene oder selbsternannte Experten warnen vor den Gefahren und fordern lauthals kompensatorische Maßnahmen wie Familienpolitik mit Steuererleichterungen, gleichen Lohn sowie vergleichbare Karrierechancen für Mann undFrau oder Ganztagsbetreuung der Kinder.

Amerikaner aller Couleurs verlassen sich weniger auf staatlichen Kollektivismus mit entsprechenden Überkosten, Reibungsverlusten, Privilegien und Ungerechtigkeiten. Sie setzen mehrheitlich noch immer auf die Privatisierung der Zukunft, auf einen selbstgestützten Altersaufbau, auf den Staat als allerletzten Hilfsträger und auf optimal zu nützende Lebensphasen, also auch längere Lebensarbeitszeiten.

www.usinfo.state.gov

Dem Präsidenten ist nach Krieg. Er will seine eigene Macht gegen die Rücksichtslosigkeit der anderen einsetzen. Modernstes Kriegsgerät ist gerade gut genug, um Amerika zu „schützen". Andere sollen eines Besseren belehrt werden. Und der Präsident sucht neue Antworten auf alte Fragen. Der Verdacht genügt, militärisch vorzusorgen und die Amerikaner auf Krieg einzustimmen. Medien machen zusätzlich mobil. Zuerst Säbel rasseln, dann schießen. Der Präsident will dabei sein, wenn die Welt neu und – wie er glaubt – endgültig verteilt wird. Ihm geht es darum zu beweisen, politisch handlungsfähig, wirtschaftlich der Stärkste und militärisch der Überlegenste zu sein.

Der, der auf Stärke und Einfluß, Machtanwendung und auf Überlegenheit setzt, ist nicht – wie Zeitgenossen glauben mögen – George W. Bush der zweite, sondern Teddy Roosevelt, der Erste Präsident der USA an einer anderen Wende, jener vom 19. zum 20. Jahrhundert. Beide verbindet, gottgewollt unterwegs zu sein. Beide haben nichts dagegen, als „Imperialisten mit Zukunft" zu gelten. Im Fall des ersten Roosevelt geht es um den Krieg gegen Spanien, ausgetragen in Kuba. Kriegsgrund lieferte die Versenkung des US-Schlachtschiffes „Maine". 1880 in New York als eines der modernsten Kriegsschiffe gebaut, 6.683 Tonnen schwer, gerät die Maine mit 328 Mann Besatzung im Hafen von Havanna in Brand und geht unter.

Teddy Roosevelt wollte mit den Spaniern allen Europäern zeigen, wer in „seiner" Hemisphäre das Sagen hat. Dies ergibt einen offiziellen Kriegsgrund mit der Beschuldigung, das stolze Schiff sei Opfer einer Explosion außenbord, also eines terroristischen Angriffs mit „Massenvernichtungswaffen" geworden. Eine Kriegslüge zwecks Kriegsbeginn. Denn 90 Jahre später stellt Admiral Hyman G. Rickover, eine der legendären Führerfiguren der US-Marine und Idol amerikanischer Seetüchtigkeit, fest: Es war kein Angriff von außen, der die „Maine" zerstört hat, sondern eine interne Überhitzung im Kohlenbunker des Schlachtschiffes. Rickover beruft sich auf geheime Akten, Expertengutachten, Marineberichte. Peinlich und politisch gefährlich, hält es Washington für ratsam, auch Rickovers Bericht geraume Zeit unter Verschluß zu halten. Entlarvte Geheimnisse und widerlegte Propaganda rechtfertigen auch nachträglich einen Krieg nicht. Dem 26. wie dem 42. Präsidenten freilich erwies sich das Verwirrspiel der jeweiligen Situation als nützlich, um Politik als Rammbock zu verwenden und dabei mit der Wahrheit mehr als großzügig umzugehen. Teddy R. und George W. als Nachbarn in der Geschichte. Schlecht?

Das Seelenleben beider Seiten

Die Wesensunterschiede von Amerikanern und Europäern lassen sich am politischen Seelenleben beider Seiten ergründen. Auf amerikanischer Seite ist eine beachtliche, oft unterschätzte Schwankungsbreite zwischen Öffnung und Schließung, zwischen Internationalismus und Isolationismus, zwischen Nabelbeschau und Perspektivfähigkeit festzustellen. Europäer, mit Recht auf ihre Geschichte und Kultur stolz, arbeiten seit Generationen daran, nationale Interessen deckungsgleich zu gestalten, Gemeinsamkeit zu üben, ohne jedoch die Eigenart der individualisierten Teile wie Regionen, Länder oder Nationen zu opfern, ohne ihr zivilisatorisches Niveau einzubüßen, ohne totale Gleichmacherei.

Die Bündnisvielfalt, für die tatsächlichen oder vermeintlichen

Bedürfnisse der Europäer fein gesponnen, mußte schon am Vorabend des Ersten Weltkrieges Amerikanern wie Wirrwarr von einem anderen Stern wirken – der Zweibund zwischen dem Deutschen Reich und Österreich-Ungarn von 1879; der Italien neutralisierende Dreibund mit Deutschland und Österreich 1882; das geheime Verteidigungsbündnis zwischen Österreich-Ungarn und Rumänien unter späterem Einschluß Deutschlands, der andere Zweibund von 1894 gegenseitigen Beistands zwischen Frankreich und Rußland; der Rückversicherungsvertrag zwischen Frankreich und Italien zwecks Einfluß-Sicherung in Nordafrika von 1902; die Entente Cordiale von 1904 zwischen Großbritannien und Frankreich mit kolonialem Interessenausgleich und einer Verteidigungsallianz gegen Deutschland; die Triple-Entente aus 1907 mit der Einbeziehung Rußlands in die Entente Cordiale; und der Balkanbund von 1912 zwischen Serbien, Bulgarien, Griechenland und Montenegro als Angriffsbündnis gegen die Türkei und als Verteidigungsbündnis gegen Österreich-Ungarn, letzteres unter russischer Oberaufsicht.

Die Schüsse von Sarajewo am 28. Juni 1914 ließen mit dem Tod des Thronfolgers Erzherzog Franz Ferdinand nicht nur diese und andere Gespinste zerreißen. Fast neun Jahrzehnte später sind zwar Männer und Mächte längst Geschichte geworden, nicht jedoch manche der damals schon überlieferten Interessengegensätze innerhalb der Alten Welt.

Im fernen Amerika setzte man damals, von der Gschaftlhuberei der Europäer verwirrt, unbefangen darauf, die Streitigkeiten friedlich durch den Haager Schiedshof und sogenannte Cooling-off-Verträge (mit dreißig Staaten) beizulegen. Nach gemachten Erfahrungen traute das gutmeinende Washington den verstrickten Europäern nicht über den Weg und fühlte sich darin bestätigt, als das Deutsche Reich und Österreich-Ungarn das Attentat von Sarajewo benutzten, um in Europa machtpolitisch umzurühren.

Es ist kein Wunder, daß auf der Spurensuche nach den Grundelementen amerikanischen Selbstverständnisses nebenbei ein antieuropäisches Gen gezüchtet wurde. Seitdem wird in der Neuen Welt bei passender und unpassender Gelegenheit klar gemacht: Mit den Pilgervätern, die vor über dreihundert Jahren mit neuem Land ein anderes Leben suchten, hält man sich Europa vom Leib. Die Händel der Alten Welt betrachtet man jenseits des Atlantik, weil rückwärts gewandt, meist als verzopft, überflüssig und störend.

Dennoch will man die Wurzeln eigener Vergangenheit nicht vollständig kappen. Im Laufe der Zeit versuchen die Vereinigten Staaten den europäischen Auseinandersetzungen mehr als einmal fern zu bleiben. Ein anderes Mal versuchen sie – meist auf ausdrücklichen Wunsch – mitzumischen und neuerdings anzuschaffen.

Damit erklärt sich die atlantische Schwankungsbreite zwischen Trennung, Entfremdung und Hilfe, Partnerschaft und Rivalität. Entgegen der Behauptung, Amerika sei ein Hort von Ungeschichtlichkeit, von neureicher Oberflächlichkeit beherrscht, spielt das antieuropäische Gen einmal mehr, einmal weniger in der Neuen Welt seit Generationen eine erhebliche Rolle. Es ist noch nicht vollständig erforscht, jedoch unbestritten vorhanden.

Im Ersten Weltkrieg schwankten die Vereinigten Staaten zwischen Neutralität und Kriegsbeteiligung. Gewonnen mit der Hilfe der USA, die seinerzeit schon unterschätzt, als machtgierig und anmaßend betrachtet wurden, pendelte Washington zwischen brutaler Intervention und Distanz etwa bei der Zerschlagung von Österreich-Ungarn, und dem Vorschlag der absoluten Gleichberechtigung aller Völker in Form des Völkerbundes (mit den 14 Punkten von Präsident Wilson). Heimgekehrt scheiterte die Wilson-Administration an der Ohne-mich-Mentalität vieler Durchschnittsamerikaner. Die USA bleiben dem Völkerbund, den sie erfunden hatten, unverständlicherweise fern. Gleichzeitig gaben sie sich, als Europa von einer Hungersnot erfaßt wurde, karitativ und idealistisch. Ein Friedensschiff wurde entsandt und bald vergessen.

Die goldenen zwanziger Jahre waren so recht geeignet, auf ewigen Frieden und wild sprudelndes Wachstum zu setzen. Wachstum auf Pump – was soll's. Selbst trainierte Wirtschaftler erkannten manche Scheinblüte nicht. Auch nicht im nicht minder lebenslustigen Amerika. Der Absturz jedoch war vorgegeben. Die atlantische Gemeinsamkeit erlebte in der Weltwirtschaftskrise ihre erste Bewährungsprobe. Hohe Zeit für Isolationisten, für Protektionisten, für Zollerhöher und Währungsmanipulanten. Rette sich wer kann – und sei es zu Lasten der anderen. Der Völkerbund, dieses blutleere Kollektiv, erwies sich als machtlos, bar jeder Autorität und Vertrauenswürdigkeit. Seit Ende der zwanziger Jahre und in den dreißiger Jahren verbreitet sich unter Amerikanern das Gefühl, es lohne sich nicht, mit Europa gemeinsame Sache zu machen. Die alte Welt sei Engagement nicht wert. Sie sei in ihrer überlieferten Streitsucht ein weiteres Mal an allem schuld.

Das Ende einer Spekulationsblase

Weithin übersehen wurde, daß mit der geplatzten Aktienblase an der Wall Street in New York am 25. Oktober 1929 mit einer wuchernden Weltwirtschaftsordnung Tausende von Firmen ausgelöscht und die Guthaben von Millionen von Sparern zunichte gemacht wurden. In Panik wurden 13 Millionen Wertpapiere verkauft, die Kurse fielen nach einer bis dahin unbekannten Spekulation um mehr als 90 %. Hüben wie drüben.

Finanzwirtschaftlich rächte sich, daß die Sieger des Ersten Weltkrieges die Besiegten, vor allem die Deutschen und die Österreicher, zuerst mit Reparationen tributpflichtig gemacht und dann versucht hatten, mit Anleihen wirtschaftlich wie politisch botmäßig zu halten. Europäischer Probleme überdrüssig, wandten sich die USA erneut ab. Die einen begannen von einer US-Weltmacht in besseren Zeiten zu träumen, die anderen bauten gedanklich an einer „Fortress America". Viel Feind, viel Ehr hieß es. Ordnung in der eigenen Hemisphäre war gemeint. Das atlantische Verhältnis reduzierte sich auf Familienkontakte, als ein Demokrat aus New York großspurig „a New Deal for the American people" versprach. Sein Name: Franklin Delano Roosevelt – FDR –, ein entfernter Verwandter Theodor Roosevelts. Dem Mann im Rollstuhl gelang mit dem New Deal eine amerikanische Antwort auf eine internationale Katastrophe.

Undogmatisch, unbefangen und mit eiserner Entschlußkraft initiierte Roosevelt in den ersten hundert Tagen des New Deal Aufbruchstimmung. Im zweiten Teil des New Deal startete er, der überzeugte Demokrat, mit dem Social Security Act Sozialreformen – für amerikanische Verhältnisse eine sensationelle Abkehr vom absoluten Individualismus zum (Europa ähnlichen) Staats-Kollektivismus. Für Amerikaner vom Typ Selfmademan handelt es sich bis heute um ein unamerikanisches Zugeständnis an den Zeitgeist. Für sie rührt Armut und Bedürftigkeit aus Selbstverschulden, ist Bedürftigkeit Privatsache.

Was in Europa, vor allem in Deutschland, mit und durch Adolf Hitler geschah, ließ die Amerikaner auf ihrem isolationistischen Trip zunächst kalt. Erst allmählich begann sich herumzusprechen, daß sie am Verfall der politischen Sitten in der Alten Welt, jedenfalls einer großen Depression, mitverantwortlich seien. Nach innen gekehrt geben sie den Goldstandard auf. Roosevelt läßt mit der

Bombshell Message die Stabilitätsbemühungen auf der Londoner Wirtschaftskonferenz im Frühjahr 1933 platzen. Selbst als starker Mann auftretend, wird FDR fürs erste eine gewisse Sympathie für Adolf Hitler und „seine zunächst so harmlos wirkenden Beschäftigungsprogramme" nachgesagt. Ein Fehlurteil, das der clevere Präsident später gründlich und mit stahlharter Konsequenz revidiert hat.

Atlantisch herrschen weithin Verwirrung, Ratlosigkeit und gegenseitige Schuldzuweisungen. Jenseits bürgerlichen und zivilisatorischen Maßstäben nahm das Verhängnis seinen Lauf. So konnte es geschehen, daß in Washington im Ney-Committee gleichsam zum Zeitvertreib untersucht wurde, ob der Kriegseintritt der Vereinigten Staaten im Jahr 1917 – nach Aufhebung des damaligen Neutralitätsgesetzes – auf Einflüsse der US-Rüstungsindustrie zurückzuführen ist (ohne daß dies je bewiesen werden konnte). Zum zweiten und für viele Amerikaner zum letzten Mal wurde eine Neutralitätspolitik Ende der dreißiger Jahre als kurzsichtig, charakterlos und feig aufgegeben. Transatlantisches kam wieder in Mode.

Die USA bildeten 1941/42 eine Anti-Hitler-Koalition aus 22 Staaten gegen die Achse, bestehend aus Deutschland, Japan, Italien und deren Satelliten. Die Alliierten versprachen sich in die Hand, den Krieg gemeinsam zu führen (und zu finanzieren), keine Separatfrieden abzuschließen und wieder einmal auf ein Weltsystem für Frieden, Sicherheit und Selbstbestimmung hinzuarbeiten.

Stalin bittet um eine 2. Front

Sicherheit wird im Fall von Krisen oder Krieg amerikanisch anders buchstabiert als europäisch. Dem breiten politischen Temperament Roosevelts entspricht es, im Krieg mit seinen weithin beachteten samstäglichen Radioansprachen mit Hitler und dem Faschismus wortgewaltig abzurechnen. Er versteht es, im Kongreß die Milliarden für die Pacht- und Leihlieferungen (später logistische Basis des sowjetrussischen Vormarsches in die Mitte Europas) locker zu machen. Mit dem britischen Premierminister Winston Churchill trifft sich Präsident Roosevelt am 14. August 1941 in der Argentia-Bucht vor Neufundland, einmal an Board des US-Kreuzers „Augusta" und das andere Mal auf dem britischen Schlachtschiff „Prince of Wales". Prestigeträchtiges Marineprotokoll auf atlantisch.

Roosevelt und Churchill, diese beiden ungleichen Repräsentanten amerikanischer und europäischer Denktraditionen, verbindet mehr als das Interesse, den Krieg zu gewinnen. Sie wollten für die Zeit nach dem Sieg vorsorgen. Ihnen schwebt Friede als Dauerzustand vor. – Zwei gewiefte Machtpolitiker wollen sich – nicht ganz nebenbei – einen Platz in der Geschichte sichern. Dies gelingt ihnen ohne Zweifel mit der Atlantic Charta. Nicht nur eine Gebrauchsanweisung für die Kriegführung gegen Hitler und Japan, stellt diese Charta eine Art Geburtsdokument für die Vereinten Nationen mit Fernwirkungen bis heute dar.

Wie es für Pragmatiker ihres Schlages nicht anders zu erwarten ist, stecken der Präsident und der Premier nicht nur Einflußsphären (geographisch und politisch) ab. Sie lassen auch die Planungen für eine zweite Front gegen Hitlerdeutschland konkretisieren. Josef Stalin, von dem reichsdeutschen Unternehmen, dem Einmarsch der deutschen Wehrmacht in die Sowjetunion, vermeintlich oder tatsächlich überrascht, hatte um diese Hilfe des Westens gebeten.

Allzuweit reicht das Vertrauen des Westens in den roten Zaren freilich nicht. Ohne vorherige Kontaktnahme mit Stalin bleibt offen, wo diese Front errichtet wird. Roosevelt plädiert für Frankreich, Churchill für Griechenland. Diese transatlantische Streitfrage sollte noch für erhebliche Machtkämpfe im Lager der Alliierten sorgen. Von dem Zweier-Gipfel wird überliefert, er habe die unterschiedlichen politischen Temperamente und strategischen Perspektiven deutlich werden lassen. Ein beteiligter Diplomat meinte zu Roosevelt und Churchill, „eigentlich konnten sie sich nicht riechen“ – etwas für personalisierte Überlieferung. Bush und Chirac wirken wie Nachfolger.

Für Grundsätze ihrer gemeinsamen Politik nach dem Krieg reichte es Amerikanern und Briten allemal. Dem Pendelschlag europäisch-amerikanischer Zweisamkeit folgend, wiederholt die Atlantik-Charta Ideale und politische Strategien bewußt unpräzise. Hier ist eine auffallende Parallele zu den gutgemeinten Ideen von Präsident Wilson mit seinen 14 Punkten über das Selbstbestimmungsrecht (mit dem gezielten Todesschuß für das imperiale Österreich-Ungarn) zu erkennen. Die Charta verspricht den Völkern das Selbstbestimmungsrecht. Damit wird das Ende des Kolonialismus, ein Monsterprojekt, eingeleitet. Dem Routinier Churchill mag der Verlust des British Empire als angemessen, zumindest vertretbar erschienen sein, um die USA atlantisch zu verpflichten und Großbritannien auf Dauer eine Führungsrolle im Nachkriegseuropa zu sichern.

Die Bezeichnung „historisch“, bei anderen, minderen Gelegenheiten reichlich überstrapaziert, ist auch in der Rückschau Roosevelt und Churchill uneingeschränkt zuzubilligen. Haben sie doch ihre Ziele glorios erreicht: Die bösartige Achse von damals besiegt und eine Weltordnung geschaffen zu haben, die ihrerseits die sowjetische Diktatur und die kommunistische Zentralverwaltungswirtschaft zuerst ausgesessen, dann ausgetrickst und schließlich mit der Doppelzange von Demokratie und Marktwirtschaft überwunden hat. Was die Spitzenpragmatiker von damals nicht erkannt oder beiseite gelassen haben, sind die Bruchlinien im atlantischen Verhältnis.

Nach außen hin mag die angelsächsische Vorstellung heute gleichsam vererbt worden sein, Großbritannien fungiere – in Umkehr der Geschichte – diesseits des Atlantik inzwischen als Partner, als Außenstelle der Amerikaner, als eine Art US-Staat mit beschränkter Verpflichtung. Dem überzeugten Europäer Churchill ist derlei nicht zuzuschreiben. Aber auch für die amerikanische Seite fragt sich, ob sie willens und in überhaupt der Lage ist, derartig langfristig zu denken und zu handeln.

Den beiden Roosevelts und George W. Bush ist jedenfalls ein Faktor gemeinsam – die Wende. In beiden Fällen wollten es die eingeschriebenen „Imperialisten“ den weichen, den korrupten und unberechenbaren Europäern zeigen. Roosevelt setzte bei der politischen Selbstauflösung der Monarchien an, um amerikanischen Führungsanspruch anzumelden. Die Vereinigten Staaten wollten sich gleichzeitig von der Dekadenz, dem Einfluß und der verwelkten Macht europäischer Monarchien und seinerzeit überlegenen Volkswirtschaften verabschieden. In der Neuen Welt strebte man nach politischem Do-it-Yourself nach Macht und nach Sieg.

Weltpolitik eines Krawattenhändlers

„Ich bin noch nie in meinem Leben derart behandelt worden“, beschreibt Wjatscheslaw Molotow, als er, als Außenminister Stalins Vertrauter, zum ersten Mal auf den 33. Präsidenten der Vereinigten Staaten traf. Harry S. Truman hatte ihm, dem Vertreter eines imperial agierenden Sowjetreiches, den ideologischen Kampf für den Fall angesagt, daß die Sowjetunion nach Ende der Anti-Hitler-Koalition fortfährt, sich Mitteleuropa einzuverleiben. Der trainierte Demagoge aus dem Kreml hatte in einer besonderen Art europäischer Arroganz geglaubt, bei der Aufteilung der Welt mit dem ehemaligen Krawattenhändler aus Kansas City leichtes Spiel zu haben. Bald schon sollte sich herausstellen, daß die Kraft der Diktatur, der Zentralverwaltungswirtschaft und der Unfreiheit nicht ausreichen, um den kommunistischen Herrschaftsbereich ideologisch zu sichern. Militärische Gewalt und die dahinter steckende, teilweise menschenverachtende „Logistik" waren es, die in der Mitte und im Osten Europas ganze Staaten, Völker und Minderheiten für Jahrzehnte sich untertan zu machen trachteten.

Der Alt-Kommunist Molotow hatte sich bei seiner ersten Truman-Visite vorgenommen, dem außenpolitisch unerfahrenen Nachfolger Roosevelts die Teilung Europas und darüber hinaus großer Teile der Welt abzutrotzen. Der sowjetische Geheimdienst hatte Molotow auf einen amateurhaften Klavierspieler vorbereitet, einen unerfahrenen, leicht manipulierbaren Durchschnittsamerikaner aus dem Mittleren Westen, schlecht vorbereitet, einen treugläubigen Anhänger amerikanischer Lebensart, dem die wahren Zusammenhänge der Internationalität nicht geläufig sind.

Nicht nur, daß dieser US-Präsident Molotow und damit Stalin bei dem Versuch hat abblitzen lassen, Amerika bei der Einverleibung Mittel- und Osteuropas in den sowjetischen Herrschaftsbereich zum politischen Taufpaten zu machen. Truman war aus hartem Holz. Er befahl eiskalt den Einsatz der beiden Atombomben über Japan, stoppte die unter dem Motto „Bring the boys back home" die (vor-)eilige Abrüstung der US-Streitkräfte, initiierte die Politik der Eindämmung (containment) des kommunistischen Weltherrschaftsanspruchs als Stabilisierung der freien Welt und verpackte in die Truman-Doktrin den Marschall-Plan, die Gründung der NATO, die Verteidigung Berlins und den Korea-Krieg.

Truman ist es zu verdanken, daß Amerika – anders als nach dem Ersten Weltkrieg – nach dem Zweiten Weltkrieg nicht von der Bühne der Weltpolitik abtrat und sich nicht der Nabelbeschau einer Wohlstandsgesellschaft wie in den „goldenen" zwanziger Jahren hingab. Die Weichenstellung Trumans, der anfangs unterschätzt worden war, hat mindestens zehn weiteren US-Präsidenten die Richtung gewiesen – von Eisenhower über Kennedy, Johnson, Nixon, Ford, Carter bis Reagan. Zuerst unbewußt, dann bewußt haben Truman und seinesgleichen in der Mitte des zwanzigsten Jahrhunderts auf lange Zeit neue Perspektiven entwickelt. Sie gingen und gehen davon aus, daß die Vereinigten Staaten ihre militärischen, wirtschaftlichen und technischen Fähigkeiten nicht nur im Krieg, sondern auch im Frieden – zumal bei neuartiger Bedrohung – konzeptiv, notfalls aggressiv einsetzen.

Was heute „Neue Weltordnung" durch die USA heißt, verdient diese Bezeichnung eigentlich schon in der Truman-Ära. Verbunden mit dem amerikanischen Führungsanspruch von damals wirkt bis heute nach, daß der Westen in Langzeitperspektive überlieferte Staatenfunktionen hinter sich läßt, wenn sie gesellschaftspolitisch von innen oder durch neuartige Bedrohungen von außen (wie durch den Terrorismus) in Frage gestellt werden.

Zunächst trägt die Zementierung der Machtverhältnisse durch die beiden Supermächte USA und Sowjetunion dazu bei, den kalten Krieg als Normalität zu empfinden. Europa, alles andere als selbstbestimmt, verzeichnet die gewaltigste Ansammlung von Zerstörungskapazitäten beider Blocks. Westblock und Ostblock halten sich einschließlich atomarer Mittelstreckenraketen jeweils auf dem neuesten Stand.

Erst allmählich stellt sich heraus, daß alle Beteiligten in geopolitischen Fallen stecken. Es bedurfte erst der Selbstauflösung des maroden Ostblocks („Wir sind das Volk", tönte es laut und bald unbehelligt bei den Montagsdemonstrationen von Leipzig), um aller Welt bewußt zu machen: Der Traum von einer multipolaren Welt absoluten Gleichgewichts, ewigen Friedens, zivilen Interessenausgleichs und institutioneller Gleichberechtigung aller Völker (und gar aller Menschen) ist ein naiver Teil von Selbsttäuschung und Propaganda.

„One World", das verführerische Stichwort aus der Welt der Konsensdemokraten, erweist sich – kaum eingeführt – als Chimäre. Während dem unbedarften Durchschnittsbürger vorgegaukelt wird, das Böse, wie das Hitler-Regime, sei militärisch besiegt und überwunden, wird bereits die Axt der Rivalität geschwungen. Schon bei der Konzeption der Vereinten Nationen geht Mißtrauen um. Im Dumbarton Oaks, dem historisierenden Konferenzort im Washingtoner Stadtteil Georgetown, wird absolute Friedfertigkeit zu Protokoll gegeben, während sich die Akteure aus Politik, Wirtschaft und Kultur insgeheim belauern.

Als die Waffen des Zweiten Weltkrieges schweigen, wird jene

Saat verstreut, die heute aufgeht. Imperialisten und ihresgleichen rüsten von vornherein zuerst ideologisch, dann politisch und militärisch auf, allen voran der damals vor Selbstbewußtsein triefende Kommunismus und Kollektivismus unter Josef Stalin. (Winston Churchill: „Wir haben das falsche Schwein geschlachtet.")

Der Osten rüstet, der Westen zögert

Von „Väterchen Stalin", dem als gütig verkauften Selbstverteidiger, wollten jene, die frei waren, als er auszog, den russischen Traum der Herrschaft in der Mitte Europas wahr werden zu lassen, bald nichts mehr wissen. Demokraten, oder solche, die sich dafür ausgaben, hielten der kommunistischen Walze nicht lange stand. In der Mitte und im Osten Europas wurde eine Hauptstadt nach der anderen sowjetisiert, der Ostblock organisiert. Der Westen reagierte mit Zeitverzögerung. Viele wollten sich ihren Traum vom ewigen Frieden nicht zerstören lassen. Vor allem in den USA konnte die Heimkehr der GIs und der Rückzug aus Europa gar nicht schnell genug gehen.

Stalin und mit ihm die Moskauer Nomenklatura verwechselten das Bedürfnis der Westler nach Ruhe und Wohlergehen mit Schwäche und unzulänglicher Widerstandskraft. Weit gefehlt. Aus der Enttäuschung über den Mißbrauch des kaum gewonnenen Friedens durch die Sowjets wurden im Westen erstaunliche Kräfte der Selbstbehauptung frei. Block stand gegen Block, der Warschauer Pakt gegen die North Atlantic Treaty Organization, die NATO. Fast über Nacht kam es zu einem erneuerten und andersartigen, zunächst improvisierten Schulterschluß zwischen Amerikanern und Europäern.

Für den Zusammenhalt über den Atlantik sorgt immerhin eine Mischung aus natürlichem und künstlichem Polit-Kitt. Natürlich gibt sich „der Westen" in der Wiederaufbauphase der Selbstverteidigung samt gesellschaftlich-wirtschaftlicher Überlegenheitsbeweise hin. Als etwas künstlich erweist sich die Schönrederei treuherziger Atlantiker und raffinierter Opportunisten. Die NATO sei das Beste, Schönste, die Gemeinsamkeit grenzenlos, die Sicherheit absolut. In ihr Bewährungsritual mischen sie – geschickt oder irreführend – eine gehörige Prise Interessen. Man hakt sich atlantisch ein und sorgt gleichzeitig für den „Dolch im Gewande". Etwa bei der

Auslegung der Allianz-Verträge, der Zentrierung der NATO-Politik, beim Kampf um die Selbstkosten für Verteidigung und Umrüstung oder im Wettbewerb um Standorte, Marktbeherrschungen sowie Währungsvor- bzw. -nachteile.

Von der Unmoral der Politiker

Rückblickend überrascht, daß dieses System aus ehrlichen Absichten und gegenseitigen Fallenstellereien jahrzehntelang gehalten hat. Weil der Druck aus Osten im Westen Solidarität bewirkte? Geopolitisch haben sich längst die Gewichte, etwa beim Ende des Kolonialismus oder dem Wiederaufstieg Deutschlands und Japans, verschoben. Europäer wie Amerikaner ließen sich von ihrem mehr oder weniger ausgeprägten Wohlergehen gleichsam narkotisieren.

Wie die Kampfkraft der Armeen des Ostblocks falsch eingeschätzt, nämlich bei weitem übertrieben wurde, stellte sich im Westen Untertreibung ein, wenn es um die hausgemachten oder fremdbestimmten Wandlungen des eigenen Systems ging. So konnte es geschehen, daß ideologisch, gesellschaftlich, wirtschaftlich und schließlich auch politisch subkutane Tendenzen übersehen, verschlafen oder unterschätzt wurden. Ein Musterbeispiel dafür liefern die Affären um die sogenannte 68er-Generation. Es geht um jene Mischung aus verständlicher Unzufriedenheit mit manchen Eigenschaften der Mentalität der Wohlstandsbürger und einer sattgewordenen Elite („Unter der Talaren der Mief von tausend Jahren"). Solch europäisches Gehabe kam in der Gesellschaft von Uralt-Revolutionären, als die sich gestandene Amerikaner empfinden, kaum an.

Unruhige Geister entdeckten damals in Paris und in Frankfurt die Faszination der Macht der Straße. Es zählt zur personifizierten Wandlungsfähigkeit, daß ein prominenter 68er wie Joschka Fischer, gewaltfreudig bis an die Grenze des Rechtsstaates, heute weltweit als Mentor jedweden Ausgleichs geschätzt wird. Dies ist wohl nicht nur auf seine der Diplomatie angepaßte Kleidung – Stichwort Armani-Look – zurückzuführen, sondern auf seinen wachen politischen Geist. Immerhin reicht es zur Kandidatur für den ersten EU-Außenminister – wie sie in den Brüsseler Wandelgängen seit längerem gehandelt wird.

Freiheit für jedermann

Mit dem Ende des kommunistischen Imperiums stellte sich zwar das langersehnte Ende des kalten Krieges ein. Auch wurde „Freiheit für jedermann“ bald konsumiert wie das sofortige Überangebot westlicher Markenartikel: Frei wählen, frei reisen und zugleich die Grenze der Freiheit bis zur persönlichen Selbstentscheidung – das und vieles mehr – veränderte das Koordinatenkreuz in der Mitte und im Osten Europas. Dort, wo jahrzehntelang unter den Folgen der Ost-West-Spannungen gelitten wurde, geriet das Ende der Ordnung von Jalta, der Teilung Europas zwischen den USA und der Sowjetunion, wahrlich zu einem (vielfach gar nicht mehr für möglich gehaltenen) europäischen Erfolgserlebnis der Selbstbefreiung. Der Beitrag der USA bestand darin, den Deutschen und den Europäern freie Hand zu lassen und in der westlichen Allianz, der NATO, Kurs (wohin?) zu halten.

War dem fernen Washington bewußt, was sich in der Mitte Europas mit und nach der Wende eigentlich abspielte? Wohl kaum. Bush Senior folgte als 41. Präsident der traditionellen Europa-Neigung des Ostküsten-Establishments. Er macht den Weg politisch frei und wagt völkerrechtlich in Sachen Wiedervereinigung einiges. Gewichtsverlagerungen, Einflußverschiebungen und Machtveränderungen beginnen sich atlantisch erst allmählich bemerkbar zu machen. Wer schafft künftig an? Wer zahlt? Wer ist wem tributpflichtig? Und wo liegen die Interessen und was bestimmt ihre Wahrnehmung? Der Westen in seiner undefinierten Vielfalt glaubt zunächst ernsthaft, es genüge weltpolitisch festzuhalten, daß der kalte Krieg gewonnen worden war.

Im Wettkampf der Systeme ist der Sieg des Westens ebenso verdient wie überraschend. Was nun? Wie soll eine zukünftige Weltordnung angepeilt und gestaltet werden? Es reicht nicht festzuschreiben, daß dem Triumph über Hitler nach dem Zweiten Weltkrieg zwei der Hauptbetroffenen Beispiele ihrer Erneuerungskraft beweisen – Deutschland und Japan. Die Amerikaner sollten sich zurücklehnen und irgendwann, irgendwie auf einen neuen weltanschaulichen Selbstläufer warten, weil sie doch ohnedies die Größten, die Besten und die Dynamischsten sind. Sollte es schließlich zu einer neuen Balance of Power kommen, etwa zwischen Europa und Amerika? Zwischen Amerika und China? Zwischen China und Indien? Milliardenvölker stellen seitdem Millionen Fragen.

Geopolitisch erweisen sich selbst weitreichende Abrundungen wie die Osterweiterung der NATO im größeren Zusammenhang lediglich als Nachvollzug der Wende des Jahres 1989. Im Verhältnis zu den Milliardenvölkern in China oder Indien ergibt sich zwar schlüssige europäische Nachbarschaftslogik, jedoch stand und steht eine Antwort auf die geopolitischen Herausforderungen der Zukunft aus. Amerikaner haben inzwischen die Gefahr des Vakuums schneller erkannt und gründlicher durchdacht als Europäer. Sie vertrauen auf den gewohnten oder wiederherzustellenden Trott einer relativ verwöhnten Wohlstandsgesellschaft: Konjunkturhoffnungen, Schaffung von Arbeitsplätzen, Überwindung der Arbeitslosigkeit, Bildungskorrekturen, Forschungsambitionen und die Erweiterung der Gemeinschaft, wie es schon in den Römischen Verträgen des Jahres 1957 für Mehrparteiendemokratien angeboten wurde. Dem alten Schlendrian der Bündnisse folgt eine globalisierte Herausforderung. Zuviel für Arbeit?

„Der Amerikaner ist ein unsoziales Wesen, das offenbar nur an der Flasche oder an seinen Maschinen Vergnügen hat", schreibt Henry Miller in „Von der Unmoral der Moral". Der allzeit unbequeme Querdenker bescheinigt dem Amerikaner, den Erfolg anzubeten, „aber, wenn er ihn erreicht hat, ist er elender dran als je zuvor". Washington macht es sich im Gegensatz zu diesem Dichterwort mit der Zukunft nicht gar so leicht. Wieder einmal und zum ungeplanten Zeitpunkt ist seit der 89er-Wende auf amerikanisch zu befinden, was es in den USA mit dem überlieferten Spannungsfeld zwischen Isolationismus und Internationalismus auf sich hat. Beim Durchschnittsamerikaner geht es um Rang- und Reihenfolgen, etwa um den Neu- oder Umbau einer Schule, um ein Gesundheitszentrum, um ein Einkaufszentrum oder um die Ansiedlung neuer Betriebe. Oder drängen die Bedürfnisse einer Weltmacht nach vorn wie ihre Führungsqualitäten, ihre Glaubwürdigkeit, ihre Vertrauensfähigkeit?

Da den Amerikanern propagandistisch einmal internationale Enthaltsamkeit, ein anderes Mal Engagement eingehämmert wird, erweist sich die öffentliche Meinung, wie es in einer Mediendemokratie nicht anders sein kann, als wetterwendisch und selbst für begabte Kommunikatoren schwer kalkulierbar. Als probates Mittel der inneren Solidarisierung und/oder des äußeren Auftrumpfens erweisen sich nach wie vor zwei Stichworte als zündend – im Umkehrschluß nämlich „unpatriotisch" und „unamerikanisch". Als

Lenkungselement zeigen die Amerikaner sich in diesem Zusammenhang manipulierbarer als die Europäer. Bei den einen zählt Selbstvertrauen, bei den anderen Selbstzweifel – eine psychologische Fallgrube für alle, die da glauben, dieses Mentalitätsgetöne überhören zu können. Wer jedoch auf diesem Seeleninstrument zu spielen versteht, hat vielfach schon gewonnen.

Die Spezialbegabung amerikanischer Eliten, Perspektiven zu erdenken und möglichst durchzuziehen, erweist sich als einmalig gebliebener Gewinnfaktor. Das Washingtoner Establishment versteht es, sich diese Fähigkeit zunutze zu machen – in welche ideologische und machttechnische Richtung auch immer. Europa hat diesem Instrumentarium kaum Vergleichbares entgegenzusetzen. Vielfalt, unentbehrliche Lebensart und Identitätsstifter in ruhigen Zeiten verkommen, wenn es weltpolitisch stürmt, zur Provinzialität und geraten in denkerische Unterlegenheit und planerisches Chaos. So geschehen auch nach 1989.

Aus dem Dunstkreis der Think Tanks tauchten bald nach der Wende neue Konturen einer Weltordnung auf. Bald war von einer „Pax Americana“ die Rede. Semantisch, nicht inhaltlich, sind die Europäer einige Zeit sogar schneller. Die USA werden stereotyp als „einzig verbliebene Supermacht“ apostrophiert. Ihre „militärische Macht“ wird entweder bewundert oder verdächtigt, die wirtschaftliche Dominanz anprangert oder als globalisiertes Übel verketzert. Kühn wie vorsorglich wird drüben behauptet, Europa tauge eigentlich bestenfalls als Brückenkopf der Vereinigten Staaten von Amerika, als Satellit, als Befehlsempfänger, als Macht zweiten Ranges.

Kein Wunder, daß das schon etwas papierene Thema „transatlantische Beziehungen“ droht, in den Schredder der Weltpolitik gestopft zu werden. Außerhalb des Gevierts der NATO und des militärischen Establishments ist es unversehens in Verruf geraten, erhält schon vor dem großen Krach in Sachen Irak einiges an Ambivalenz verpaßt. Bald mischt sich in die Ungewißheit allerlei vom alten Antiamerikanismus, vielfach aufgespritzt mit Antikapitalismus. Wird gar noch eine Portion Antiglobalisierung beigemischt, fühlen sich Demagogen voll in ihrem Element. Bevor dies noch erkennbar oder klar wird, ist an europäischen Gestaden mit gesellschaftspolitischen Verstärkern in Richtung Amerika von „Arroganz“, von „Überlegenheitsstreben“, von „Rechthaberei“ oder von „machtgierigem Imperialismus“ der Amerikaner zu hören und zu lesen.

Die meisten europäischen Experten bleiben nach der Wende von

1989 Beweise, Korrekturen und angemessene Reaktionen schuldig. Statt über Politik und Inhalte nachzudenken, heckt man Parolen aus. Es handelt sich um ein altes europäisches Übel, zuerst mit Begriffen zu hantieren und Substanz nachzuliefern und nachzubessern. An die Stelle der überlieferten Vertraulichkeit der Nato-Allianz-Routine gefällt man sich in der Alten Welt mehr und mehr im Geiste eines überlieferten Anti-Amerikanismus. Die eigene Unfähigkeit, Perspektiven systematisch aufzustellen und zu verfolgen, wird durch Arroganz oder Häme übertüncht. Zeitweilig wird es ein weiteres Mal Mode, das ganze Anti-Repertoire linkslinker Weltverbesserer – wenn es geht – sprachgewaltig abzuspulen.

Mit gepflegter Denkfaulheit wird diesseits des Atlantik übersehen, daß sich jenseits zwecks US-Perspektiven Kenner formieren, Könner organisieren und ganze Denkschulen formulieren. Mit Einseitigkeiten wird dabei auch dort wahrlich nicht gespart. Aber umstrittene Perspektiven sind allemal besser als gar keine. Immerhin entstehen nach den Usancen des politischen US-Betriebes diskussionswerte Ideen. Sie stellen – ver- oder beachtet – mancherlei Weltgeschehen auf amerikanische Schienen. Europa pflegt währenddessen selbstverliebt sein altmodisches Stellwerk, während der Zug der Zeit vorbeirauscht.

Für viele Vordenker jenseits des Atlantik entspricht geteilte Macht Provinzialität, einem eher lästigen Zwischenstadium mit Vorzeigetoleranz. Was sie in Wahrheit beschäftigt und fasziniert, ist Alleinherrschaft. In dieser Sicht ist die Duldung der europäischen Integration kaum mehr als ein Gnadenerweis. Die Lieferung des Wertepakets aus Freiheit, Demokratie und Marktwirtschaft erfolgt machtstrategisch eigentlich als Beiprodukt zum eigenen amerikanischen Machtmonopol. Was die Europäer im letzten halben Jahrhundert aus ihren Bemühungen gemacht haben, imponiert bestenfalls dem Sportsgeist der US-Gesellschaft. Es bedarf schwacher Eigenleistungen der USA, wie Wirtschaftsflauten, Dollarschwächen oder seinerzeit des verlorenen Vietnam-Krieges, um jenseits des Atlantik – alles in allem – die Europäer nicht mehr als Schutzbedürftige einzustufen, sondern als Rivalen in Teilbereichen und um selbstbewußt gewordene, oft schwer verständliche Mitmischer. So wird das atlantische Verhältnis systematisch gedämpft und schließlich abgekühlt. Unterschiede in der strategischen Kultur und zweierlei machtpolitische Inhalte schlagen voll durch. Politik der Stärke steht gegen Politik der Schwäche, Macher stehen gegen Zauderer – ein perfektes Szenario für eine Konfrontation. Europa winkt in diesem fundamentalen Kampf vergleichsweise hilflos, kopflos und ziellos.

Es nervt ganze Generationen von Vor- und Querdenkern in den jeweiligen Administrationen und Think Tanks der USA, daß europäische Eliten nach – zugegeben – bitteren Erfahrungen mit Nationalismus, Faschismus, Kommunismus und anderen Ismen der Macht (aus schlechtem Gewissen der Vergangenheitsbewältigung?) geradezu abschwören. Andere, welche die europäisierten Skrupel nicht teilen, werden verdächtigt und verurteilt. Solange Krieg, heiß oder kalt, zu verlieren oder zu gewinnen ist, werden die unterschiedlichen Machtideologien durch atlantische Zweckmäßigkeiten wie bei der NATO zeitweilig überlagert. Jahrzehntelang ist es opportun, Gemeinsamkeiten zu beschwören und die Trennungsgefahren zu leugnen.

Europa-Macht ohne Macht

In das atlantische Verhältnis schleicht sich Denkfaulheit ein. Nur subkutan wirkt der Mangel an wahrer strategischer Gemeinsamkeit. Es wird dabei verdrängt und verschwiegen, daß sich – pauschal gesehen – Amerikaner in Grundfragen der Politik und ihrer Handhabung prinzipiell von Europäern unterscheiden. Solange der kommunistische Druck von außen die Allianz beschäftigte, fiel es einigermaßen leicht, Gemeinsamkeit zu zelebrieren. Wie bequem waren doch – scheinbar – die Zeiten, als die Rede eines KP-Mächtigen irgendwo im Osten ein Artikel in der Moskauer Prawda, ein Manöver samt Truppenbewegungen oder ähnliche Drohgebärden des Ostens den Westen veranlaßten, sich seiner gemeinsamen Werte zu erinnern und/oder zu kuschen. Alles andere verstand sich jahrzehntelang von selbst, vor allem der Schutz des westlichen Europa durch die USA einschließlich des Abschreckungspotentials der US-Atomwaffen. Eigene, gar alternative Strategien Europas? Fehlanzeige. Seit langem. Jetzt präsentiert Washington die Rechnung für Sicherheit von gestern.

Europa hingegen wendet sich ab von der Macht oder bewegt sich über diese hinaus, schreibt Robert Kagan in seinem brillanten Essay „Macht und Ohnmacht“. Was der gelernte Außenpolitiker anno 2002 niederschreibt, knüpft fugenlos an den ideologischen Trennungsprozeß der letzten Jahrzehnte an und erklärt, daß und warum die Europäer „vor der Macht davonlaufen" und sich in das „kunstvolle Gebäude spitzfindiger Argumente" der Appeasement-Strategen flüchten.

Kagan weiß davon zu berichten, daß am Ende des Zweiten Weltkrieges viele einflußreiche Amerikaner gehofft hatten, „Europa könne sich als ‚Dritte Kraft' in der Welt neu etablieren, die stark genug wäre, um sich ohne fremde Hilfe gegen die Sowjetunion zu behaupten und den USA den Rückzug aus Europa zu erlauben". Franklin Roosevelt, Dean Acheson und andere amerikanische Beobachter glaubten, Großbritannien würde die Last auf sich nehmen, einen Großteil der Welt gegen die Sowjetunion zu verteidigen.

Bisher ist aus einem dritten, einem europäischen Zentrum durchschlagsfähiger Macht nichts so Rechtes geworden. Dabei war die Bewunderung vieler Amerikaner für die Wiederaufbaukraft der Europäer jahrzehntelang uneingeschränkt. Unterwegs zu besserem Leben blieb die europäische Antwort auf Fragen der Zeit allerdings weithin im Vorhof des Wohlstands stecken, weithin auch bei der europäischen Integration. Auf lange Sicht disponieren andere, maßgeblich die Amerikaner. Europa läßt dies zu. Es gibt sich provinzieller Selbstbeschränkung hin und überläßt die Denkarbeit – wenn überhaupt – akademisch-elitären Zirkeln. Die machtpolitische Selbstbeschränkung der Westeuropäer macht es möglich, daß sich Machtstrategen in Moskau und Querdenker im Ostküsten-Establishment der USA einmal kurz schalten, ein anderes Mal befehden und im Zweifel über die Köpfe der Europäer hinweg agieren. „Europa hat erstaunliche Überlebensfähigkeit bewiesen", bescheinigt der deutsch-amerikanische Politologe Walter Laqueur, „wenn man bedenkt, wie oft dieser Kontinent in den letzten tausend Jahren bereits für tot erklärt worden ist."

Dennoch zahlt der Kontinent für den Luxus seiner gegenwartsbezogenen Vielfalt einen hohen Preis: Den Verzicht, langfristig eine Allround-Weltmacht zu sein und als solche anerkannt zu werden. Mehr noch: Spätestens mit der Zeitenwende von 1989 ist Europa in seinem ursprünglichen, oft kleinkarierten Integrationsbemühen außer Tritt geraten. Aus einer Art Angst vor der Courage der Macht hat man sich diesseits des Atlantik in einem gut gemeinten und schlecht verwalteten Gestrüpp nationaler und sonstiger Interessen verfangen. Jenseits wird der Weg zur Macht eisern verfolgt. In einer

Mischung aus Idealismus, Kirchturmspolitik und Spießertum zelebriert Europa Schwäche, Machtscheu und oft falsch verstandene Rücksichtnahme. Im Schönheitswettbewerb der Macht findet sich Europa abgeschlagen unter „ferner liefen". Amerikaner verstehen es meisterhaft, diese Schwäche auszunützen und selber aufzutrumpfen.

Mit der Lust an der Differenzierung, die der Lust am Untergang gelegentlich ähnelt, betreibt man in Europa Realitätsverweigerung und ist auch noch stolz darauf. Kaum ein Amerikaner käme auf die Idee, mit der Begriffsverwirrung, was denn die Vereinigten Staaten von Amerika ausmachten, politisch Fallen zu stellen oder gleich hineinzutapsen. Wie schwer tun sich Europäer, wenn es darum geht, Europa zu definieren. Was in der Neuen Welt zählt, sind substantielle Erfolge zwecks Sieger-Image – nicht schöngeistige, geschichtsträchtige oder subalterne Formen einer irrlichternden Ich-Gesellschaft. Für sie ist Werbung mit dem entlarvenden Pflegespruch der Schönen „Weil ich es mir wert bin" angelegt.

Drüben sucht man freilich vergeblich mythologische und andere Gestalten Europas. Man ist sich im klaren, was geographisch und inhaltlich unter dem eigenen Kontinent zu verstehen ist. Europäer verlieren sich in mancherlei Sagen und halten ein gepflegtes, expansives Geschichtsbewußtsein für ein Zukunftselixier. Geht es gar um Sachpolitik, endet die europäische Integration vielfach dort, wo die amerikanische beginnt, nämlich beim wahren Geschäft mit Macht pur.

„Lernen Sie Geschichte"

Für Selbstbestimmung benötigen die Nachfahren der amerikanischen Einwanderungsgesellschaft nur selten die Überlieferungen der griechischen Mythologie. Für Machtmenschen, die sie sind oder sein wollen, bietet ihnen die sprachliche Definition „Europa" immerhin einiges an Verständnishilfe. Wird doch dieser Begriff auf das phönizische beziehungsweise assyrische Wort Ereb zurückgeführt und bedeutet soviel wie „dunkel" oder „gegen Abend". Das Abendland zählt also – typisch europäisch – zum klassischer Repertoire und bedurfte nicht unbedingt einer Zugabe durch einen Oswald Spengler. Geht es um Macht auf europäischem Boden oder ähnliches, belieben sich Intellektuelle vornehmlich aus dem linken

Lager der Aktualität zu entsagen. Sie relativieren das mit dem römischen Reich oder gar mit der alten Kulturnation Athen und ihrem Demokratie-Ansatz. In süffisant getränkter Rhetorik und mit klammheimlicher Schadenfreude pflegt man zu kommentieren, die römische Macht sei an Überdehnung verkommen, die athenische Zivilisation jedoch wegen ihres Machtverzichts geblieben. Ähnlichkeiten mit Amerika unter Bush jun. und Europa mit seiner beliebigen Vielfalt will man keineswegs als zufällig verstanden wissen. Eigentlich ein Kompliment, läßt diese gewollte Gegenüberstellung dumpfen Antiamerikanismus erkennen. Es kann nicht wunder nehmen, wenn man drüben auch nicht gerade zimperlich reagiert. Beiden Seiten ist zu raten, dem Kreisky-Wort zu folgen: „Lernen Sie Geschichte."

Was römische Legionäre erobert, erreicht und verwaltet haben, verdient nicht nur zu ihrer Zeit den Anspruch, Großmacht zu sein. Das alte Rom verstand es, dem zerstrittenen Kontinent eine Rechtsordnung, eine zeitweilig geschlossene Herrschaftsideologie, eine funktionierende Verwaltungsstruktur, einen geschlossenen Kulturkreis mit einheitlicher Sprache, ein eindrucksvolles Straßensystem und vor allem den für Macht entscheidenden Faktor zu bieten – militärische Kraft. Dem Wohlstand und bald wohl auch der eigenen Überschätzung erlegen, zerfiel das Reich der Römer nach den ehernen Gesetzmäßigkeiten des Aufstiegs und des Falls von Imperien. Der Ansturm der Barbaren war es schließlich, der auf Jahrhunderte jene Rückkehr der Vielfalt miteinander konkurrierender Kulturen, Sprachen sowie politischen und wirtschaftlichen Systeme bewirkte, die bis heute nachwirken, was Einflußsphären anbelangt.

Was in unserer Zeit Henry Kissinger, Zbigniew Brzezinski und Samuel P. Huntington offenkundig verbindet, ist die Erkenntnis, daß es Urlaub von der Macht nicht gibt. Ihre Legitimation: Sie zählen zu den qualifizierten Vordenkern der strategischen Kultur der USA. Eingebunden in eine außenpolitische Gesamtstrategie vertreten sie in Nuancen gleichgerichtete Denkschulen. Sie gehen davon aus, daß die Weltmacht USA noch nicht ausgedient hat. Washington wird in dieser US-Sicht der Vergleich mit dem alten Rom erspart. Als Senior unter den Vordenkern sieht Kissinger das atlantische Gleichgewicht allerdings ernsthaft gestört. Auch fürchtet er um den Bestand der NATO, „... die Zukunft der NATO hängt weniger von ihrer militärischen Struktur ab als von der Fähigkeit ihrer Mitglieder, gemeinsam politische Absichten zu entwickeln. Und darin liegt ein Grund für tiefe Besorgnis", schreibt der ehemalige Präsidentenberater, Außenminister und Friedennobelpreisträger am 1. Dezember 2002 in der Hamburger Zeitung „Welt am Sonntag".

Europäische Medien und manche Politiker präsentieren die USA als „Land der Todesstrafe, des räuberischen Kapitalismus, einseitiger Diplomatie und der Cowboy-Mentalität." Kissinger, der überzeugte Amerikaner mit deutschen Wurzeln, analysiert auf der anderen Seite: „Gleichzeitig sehen viele Amerikaner Europa als eine Region drohenden Neutralismus, die von den US-Verteidigungsanstrengungen profitiert und danach trachtet, ihre Sicherheit und Verantwortung für die Allianz durch den Multilateralismus zu ersetzen. Daraus resultiert das verstärkte Beharren der Amerikaner auf Wahrung globaler Interessen im Alleingang."

Beiden Seiten, den Amerikanern wie den Europäern, wirft Kissinger vor, ihre vitalen nationalen Interessen „einem abstrakten Multilateralismus unterzuordnen. ... die USA werden Alliierte brauchen." Kissinger sieht die Europäer und die Amerikaner als NATO-Staaten nach Werten und Geschichte zum Gleichgewicht am besten geeignet. „Auch wenn die allgemeine Meinung vor dem Konzept eines Zusammenpralls von Zivilisationen zurückscheut, ist es genau das, womit die westlichen Gesellschaften durch die radikale, kämpferische Version des Islam konfrontiert sind," meint Kissinger, der Senior unter den Gurus der Weltpolitik.

Daß sich die USA weltpolitisch nicht drücken oder im Schatten des Isolationismus davonschleichen können, unterstreicht auch Samuel P. Huntington. Der Autor der legendären Analyse „Kampf der Kulturen" geht in der Selbstbestimmung der USA freilich weit über das atlantische Geflecht hinaus. „Das Fehlen kultureller Verwandtschaft zwischen dem Westen und China macht einen bewaffneten Konflikt nicht zur Gewißheit, aber wahrscheinlicher." Schon die beiden Betrachtungsweisen – von Kissinger nach Europa und von Huntington nach Asien – führt zu einem Grundelement der sogenannten Bush-Doktrin.

Mit einer „Neuen Weltordnung" soll in US-Sicht gewährleistet werden, daß die amerikanische Vormacht von keiner Seite – seien es Staaten oder nicht-staatliche Faktoren wie Terroristen – in Frage gestellt werden kann. Huntington plädiert für sanfte Macht der intellektuellen, der kulturellen Auseinandersetzung mit andersartigen Zivilisationen. Auch er setzt auf Sieg, auf Durchsetzungsvermögen des American way of life in seiner ganzen Totalität. Für ihn führt der Dialog zur Kooperation als Methode, in Zukunft große Kriege zu verhindern. Huntington, einer der führenden amerikanischen Journalisten und Herausgeber von „Foreign Affairs", leugnet die Existenz nationaler Macht keineswegs. Er plädiert dafür, sie zu zähmen, berechenbar zu machen und damit den Fortgang der Zivilisation zu sichern.

Brzezinski nimmt wie Kissinger und Huntington die Vormachtstellung Amerikas als gegeben an. Für ihn ergibt sich immerhin eine einzige ernst zu nehmende Konstellation, die, feindselig gegenüber Amerika eingestellt, früher oder später die Führungsfunktion der einzig verbliebenen Supermacht – USA – in Frage stellen könnte, nämlich Eurasien: Die Zusammenarbeit zwischen Europa, Rußland und Asien, wo vier Fünftel der Weltbevölkerung leben und vier Fünftel der Energiereserven lagern. Für eine aktive Außen- und Sicherheitspolitik der USA ist es unerläßlich, in eigener Verantwortung und mit eigenen Mitteln die Führungsfunktion zu untermauern, um Eurasien als Ganzes, zumindest aber das westliche Europa, machtpolitisch auf dem zweiten Platz zu halten. Brzezinski sieht in dieser geographischen Einheit eine latente Gefahr für die USA, da dort die sechs größten Volkswirtschaften und Nationen mit den höchsten Militärausgaben beheimatet sind.

Neueste Entente-Ideen von Bush und Putin haben jenen strategischen Rückhalt, wie er aus ausbaufähigen Interessengemeinschaften erwächst. Amerikaner und Russen eine Traumpaarung? Die einen haben Rohstoffe und Energie, die anderen Know-how in Industrie und Dienstleistungen. Als Nebeneffekt, der Amerikanern und Russen nicht unliebsam zu sein scheint, bleibt Europa draußen vor der Tür der Mächtigen. Nicht nur atlantisch, sondern auch europapolitisch ein gefährliches Konzept.

Die Thesen Brzezinskis, die er ansatzweise schon in den achtziger Jahren erarbeitet hat, erfahren in US-Sicht eine nennenswerte Aktualität durch die Annäherungsbemühungen zwischen Frankreich, Deutschland und Rußland. Mit Brzezinski fühlen sich Washingtoner Kenner der Verhältnisse bestätigt und beunruhigt zugleich, seitdem aus den Vorbehalten gegen den Irak-Krieg, wie sie in Paris, Berlin und Moskau vorbereitet und öffentlich gemacht wurden, aktive Politik wurde. Über die Konsequenzen einer eurasischen Allianz unter Einschluß von Rotchina sind sich selbst kenntnisreiche amerikanische Strategen nicht einig.

Einig sind sie sich lediglich über die Langzeitgefahr für die so oft variierte, jedoch nie außer acht gelassene Dominanz der USA. Zwischen Amerika und Europa hielt die eigenartige Allianz aus gemeinsamen Werten, synchronisierten Interessen und nationalstaatlichen Eigenarten mehr als ein halbes Jahrhundert – in der Rückschau zwar erstaunlich, aber logisch, vor allem solange der direkte Druck aus dem Ostblock für atlantische Solidarität sorgte (und der indirekte Druck aus der dritten Welt, vor allem dem Islam noch nicht vollinhaltlich ins politische Bewußtsein gedrungen war). Einem B-Schauspieler aus Hollywood, Ronald Reagan, dem politischen Vollprofi mit Fingerspitzengefühl, war es vorbehalten, als 40. US-Präsident, die Grundstrukturen der Weltpolitik durch den Kollaps des Ostblocks einzuleiten.

Reagans Kurskorrektur von soft power zu hard power gilt noch bis heute und bestimmt das Washingtoner Establishment mehr als alle wirtschaftlichen Reagonomics. Der Präsident der achtziger Jahre hat die Amerikaner weithin von ihrem Vietnam-Trauma zu befreien verstanden und ihr einst so robustes Selbstbewußtsein wiederhergestellt. Nummer eins zu sein in der Welt, entsprach zwar dem politischen Temperament dieses Präsidenten. Reagan ließ es freilich (noch) nicht auf einen Bruch der Ideen oder Interessen mit Europa ankommen. Ohne förmliche Doktrin, wie sie George W. Bush jun. später unbefangen befolgt, hielt Reagan jene Beratergruppe – wie Richard Perle, Paul Wolfowitz, Dick Cheney oder Donald Rumsfeld – Mitte der achtziger Jahre zurück, die es auf einen hegemonialen Internationalismus der USA ankommen lassen wollte.

Dem Pragmatiker Reagan genügten die eigenen Überlegenheitsbeweise und die Verfallserscheinungen des Ostblocks, ohne Europa auszuschalten oder auszubooten. Auf Harmonie und Gleichberechtigung im atlantischen Diskurs bedacht, ließ sich Reagan von den ungeduldigen US-Strategen der Vorherrschaft nicht instrumentalisieren. Seinem Nach-Nach-Nachfolger war es überlassen, nach dem Ende des kalten Krieges Europa mit einer neuen politischen Strategie zu konfrontieren und es ungeniert auf einen atlantischen Scheidungsprozeß ankommen zu lassen.

Eine Doktrin macht Weltpolitik

George W. Bush sucht einen Platz in der Geschichte. Sein politisches Mittel heißt Doktrin:

1. Frieden und Sicherheit sind nur durch aktive Politik zu gewährleisten;
2. die Vormacht der USA drückt sich in konsequenter Politik, erfolgreicher Wirtschaft und militärischer Stärke aus;
3. die USA erstreben keine einseitigen Vorteile territorialer oder ideologischer Ausprägung;
4. die USA betrachten sich gegenüber Staaten und Bevölkerungen als Gebende – nicht als Nehmende;
5. die US-Sicherheitsstrategie gründet sich auf amerikanischem Internationalismus, der amerikanische Werte und nationale Interessen der USA widerspiegelt;
6. Amerika ist gegenwärtig nicht von Staaten gefährdet, die auf Eroberungen aus sind, sondern von Staaten mit gescheiterten oder unzivilisierten Herrschaftssystemen;
7. die Bedrohung der USA besteht nicht aus feindseligen, sondern aus entschlossenen Minderheiten von Verzweifelten oder Fehlgeleiteten wie Terroristen, die über Katastrophen bringende Netzwerke und Technologien verfügen;
8. das neue Feindbild ist von Terroristen bestimmt, die in westliche Strukturen eindringen und ihre Gewaltpotentiale gegen die westliche Gesellschaft einsetzen;
9. eigene Verteidigungskräfte der USA schließen sämtliche Machtmittel des Staates ein wie Militär, innerstaatliche Sicherheitsstrukturen, die Exekutive, Nachrichtendienste, die Finanzbehörden usw.;
10. das globale Konfliktbild erfordert global wirkende Maßnahmen mit weltumspannendem Kräfteeinsatz und ungewisser Konfliktdauer;
11. das Bedrohungsprofil ist von „Überschneidungszonen" radikaler Ideologien mit angepaßter Hochtechnologie einschließlich des Einsatzes von Massenvernichtungswaffen geprägt;
12. die neue Sicherheitsdoktrin der USA stellt auf verläßliche Koalitionen ab sowie auf die Hilfeleistungen von und für Verbündete;
13. die globale Abwehrstrategie richtet sich auch gegen Nationen, die Terroristen Zuflucht gewähren;

14. internationale Organisationen wie UNO, NATO, OSZE, WTO, OAS, OAU, Internationaler Gerichtshof usw. sollen sich der US-Sicherheitsdoktrin anschließen, soweit sie sich Zielen und Methoden anschließen;

15. die US-Einsatzstrategie schließt die Bekämpfung von Bedrohungspotentialen ein, bevor diese eingesetzt werden können;

16. international sieht die US-Sicherheitsdoktrin vor, daß sich Nationen, die in Freiheit leben, aktiv an der Bekämpfung des Terrors beteiligen;

17. um die Verbreitung von Massenvernichtungswaffen zu verhindern, erstrebt die Doktrin ein verläßliches System internationaler Stabilität;

18. Länder, die internationale Hilfe beanspruchen, müssen nachweislich „weise“ regiert werden, damit die Hilfe sinnvoll eingesetzt wird.

Was die Gemüter erregt, ist die Sicherheitsphilosophie von „preemptive strike“. Allen voran rüsten die Doktrin-Gegner auf. In Amerika wie in Europa. Voll Besorgnis und Entrüstung sehen sie alte amerikanische Ideale gefährdet und einige sprechen von „Verrat“. International sehen sie durch US-Anmaßungen statt Ordnung Unordnung heraufziehen.

„Wir werden besonnen handeln, doch die Zeit ist nicht auf unserer Seite“, statuiert Präsident Bush im Januar 2002 in seiner Rede an die Nation. „Ich werde nicht auf Ereignisse warten, während sich um uns herum Bedrohungen aufbauen. Ich werde nicht zusehen, wie die Gefahr näher und näher rückt. Die Vereinigten Staaten werden es nicht zulassen, daß die gefährlichsten Regime dieser Welt uns mit den zerstörerischsten Waffen bedrohen.“

Mit markigen Aussprüchen dieser und ähnlicher Art vermochte Bush jun. innenpolitisch zu punkten. Außenpolitisch sorgt er ein ums andere Mal für massiven Widerspruch. Bush, anfänglich in Amerika unterschätzt und in Europa beharrlich lächerlich gemacht, verstand es – anders als sein liberalerer Vater – Main Stream Amerika anzusprechen. Zeitweilig brachte er es zum populärsten Präsidenten überhaupt. Für Europäer ein schwer verständliches Phänomen. Was den eigenen Oberen zugebilligt wird, nämlich Politik vornehmlich für den jeweiligen Hausgebrauch zu betreiben, wird Bush jun. allzu häufig als imperiales Gehabe oder gefallsüchtiger Populismus angekreidet.

Von einer zeitweise Zwei-Drittel-Zustimmung unter seinem eigenen Klientel, was Tatkraft und Siegermanier anbelangt, schlug sich dieser Präsident auf die Seite der Falken wie Verteidigungsminister Rumsfeld und liebäugelte erst später mit dem Lager der Tauben, dem Außenminister Powell zugerechnet wird.

Daß Bush und seine Administration mit und seit der neuen Sicherheitsdoktrin zwischen Extremen schwanken (und dies keineswegs nur gegenüber dem Irak), zählt zu jenen machtpolitischen Freiheiten, die sich Washington immer wieder glaubt herausnehmen zu können. Zeitweise Gefangene der eigenen Doktrin, vom weltpolitischen Machtmonopol phasenweise fast berauscht, nimmt die Außenpolitik der Bush-Administration bewußt in Kauf, nicht mehr überall und allseits „geliebt" zu sein. Wehrhaftigkeit, wie sie viele Amerikaner sogar in ruhigen Zeiten mögen, findet sich unter der Führung eines Bush im amerikanischen Pflichtenheft des Patriotismus und der Durchsetzung von US-Interessen – koste es was es wolle. Amerikanische Eliten, normalerweise zu eigener Meinung und anti-gouvernementaler Kampfeslust fähig, finden sich in Zeiten der Krise (nach den Terrorangriffen vom 11. September oder Kriegen wie gegen den Irak) erstaunlich geschlossen bereit zum vorübergehenden Schulterschluß mit den Mächtigen zu Washington.

Selbst in einem Bereich, wo es in Washington alles andere als zimperlich zugeht, in der Parteipolitik, ist es üblich, sich in Krisen- oder Kriegszeiten hinter dem Präsidenten zu scharen, zumindest zeitweilig. „Not in our name," markiert die Gegenwelt der Gegner eines Irak-Krieges in mehrfacher Weise. Unter 160.000 Unterschriften finden sich prominente Namen aus der Kulturszene. Gesammelt und veröffentlicht wurden sie bezeichnenderweise in der Pariser Zeitschrift „Quinzaine littéraire". Aus ihrer „Ohne uns"-Einstellung, einem wahrlich nicht neuen Protest, machen sie in ihrer transatlantischen Petition kein Hehl – Angela Davies, Jane Fonda, Phil Lesh, Robert Altman, Susan Serandon, Oliver Stone, Alice Walker, Kurt Vonnegut oder Gore Vidal auf dem amerikanischen Konto. Die „Ohne uns"-Liste, in Frankreich initiiert, umfaßt u. a. Filmemacher wie Marie und Nadine Trintignant, Alain Corneau, die Chansonniers Georges Moustaki und Jean Ferrat, Wissenschaftler und Schriftsteller wie Jacques Derrida, Pierre Vidal-Mauet, Michel Deduy, Charles Juliet.

Relativ unbeeindruckt von Kritik aus dem Ausland wird sie als unliebsame Störung machtpolitisch Unterentwickelter abgetan. Andersgläubigen werden bei Fortdauer verweigerter Gefolgschaft undiplomatisch Daumenschrauben angelegt: Re-Education auf dem Pfad gemeinsamer Werte und Interessen, Belehrung, Einschüchterung, simpel Druck und im Fall unterlassener Kooperation Bestrafung durch Gegenmaßnahmen aus dem reichhaltigen Arsenal einer Supermacht. Es geht um Bildung von Koalitionen und Interessengemeinschaften unter amerikanischer Führung, Lenkung oder Disziplinierung internationaler Organisationen, Abzug oder Entsendung von Truppen, „Ratschläge" für die Dispositionen von US-Multis, Finanzboykott, Beschränkung offener oder versteckter Art im laufenden Austausch von Waren, Kapital, Personen, Märkten, Normen – das Ganze garniert durch Schikanen der mittleren und unteren US-Behörden in ihrer oft schikanösen Liebedienerei beauftragter Proleten (etwa bei der US-Einreise von Ausländern).

Neuauflage des Anti-Amerikanismus

Im Diskurs mit Europäern wird der sonst so eingespielte Austausch neuerdings störanfällig. Auf europäischer Seite beginnen die Einseitigkeiten damit, daß es bemerkenswert lange Zeit gebraucht hat, bis auf die Doktrin da und dort geantwortet wurde. Vor allem der „preemptive strike" hat es den Kritikern und mehr noch den Kritikastern in Europa angetan. Emanuel Todd, Jahrgang 1951, engagierter Franzose, ein paar Jahre Literaturkritiker von „Le Monde", Lieblingsautor unter den Anti-Amerikanern, holt am Beispiel der Sicherheitsdoktrin zum Rundumschlag aus. Er nennt sie „Strategie der Verrückten", die den Rest der Welt in „Schrecken" zu beherrschen trachte und „institutionalisiert einen permanenten Kriegszustand auf dem gesamten Planeten" anstrebe und damit die Welt in eine „seelische" Krise stürze.

Als bekennender Europäer schreibt Todd aus der linken Ecke, Amerika sei „von Natur aus schlecht, es ist die stark gewordene Verkörperung der Bösartigkeit des kapitalistischen Systems". 264 Seiten lang bemüht sich der selbsternannte Supereuropäer nachzuweisen, daß die Macht der Vereinigten Staaten über die Welt brüchig und bedroht erscheint. Amerika versuche, seinen Niedergang durch einen theatralischen, militärischen Aktionismus zu kaschieren,

„denn die USA sind mittlerweile vom Rest der Welt viel abhängiger als umgekehrt".

Manche, freilich nicht alle, ereifern sich in einem neuen Anfall von Antiamerikanismus an der tatsächlichen oder angenommenen Hysterie der Amerikaner nach dem 11. September. Schadenfreude in der Alten Welt ist nicht selten. Nun erlebten die Amerikaner – von der Unantastbarkeit ihres Kontinents bisher überzeugt und daher verwöhnt – was dem alten Kontinent durch Krieg und Gewalt seit Menschengedenken alles widerfahren und dortselbst zu ertragen gewesen sei. In der Denk- und Geistesbranche Europas und ihren Kunden zählt es zur Grundausstattung fast jeder Amerika-Diskussion, Bush junior einfach als unzulänglich einzustufen, als einen wild gewordenen Provinzler mit – natürlich gefährlichen – weltpolitischen Allüren, einen Verräter an den Grundwerten der USA, einen Rechthaber, unfähig oder unwillig, der Denkweise weltgewandter Amerikaner, ihrer Ideale, ihres Pragmatismus und ihrer Erfahrungen zu folgen.

Zu allem Überdruß zählt es zu den beliebten Spielen des Washingtoner Establishments (und nicht nur dort), zwischen Bush senior und junior einen weltanschaulichen Graben auszumachen. Der aristokratisch anmutende Vater, aus liberaler Tradition des amerikanischen Ostküsten-Establishments mit gelassener Routine ohne Effekthascherei agierend, gegen den anders gestrickten Sohn. Ex-Playboy – erscheint er inzwischen missionarisch-doktrinär in persönlicher wie politischer Hinsicht aktionistisch unter anderem zwecks Wiederwahl unterwegs. Einfache Gemüter glauben an eine Art Familien-Unternehmen, daß der zweite Irak-Krieg 2003 angezettelt wurde, um den ersten Waffengang von 1991 zu vollenden. Wie in einer Tragödie habe der Sohn dem Vater einen Gefallen tun wollen (was letzteren offenkundig irritiert).

Der Druck der Doktrin in europäischen Publikationen und Computer-Kopien ist noch nicht trocken, als mit ihm ein abkühlendes Gewitter über die europäisch-amerikanischen Beziehungen niederging. Verteufelt und schlicht abgelehnt wurde der Alleinvertretungsanspruch der Amerikaner auf Weltordnungsmacht. Mit seiner Doktrin wird Bush als Abenteurer, als Führer eines Kreuzzuges apostrophiert. Indem die zivilisierenden Fesseln der US-Verfassung und das Friedensgebot der USA über Bord gekippt werden, findet zugleich ein gefahrvoller Bruch aller Normen des Völkerrechts und einer Friedensordnung statt.

Der Verfall der Autorität Amerikas wird je nach ideologischem Standort und medialer Zweckmäßigkeit gefeiert, begrüßt oder bedauert. Wieder einmal werden Amerikanern materielle Motive der Gewinnsucht und der egoistischen Machtausübung unterstellt. In ihrer Aufgeregtheit versteigen sich Intellektuelle oder solche, die es vorgeben zu sein, zu der Brutus-Methode des ehrenwerten Mannes, indem sie unzuständigerweise dafür eintreten, Amerika von George W. Bush „zu befreien“.

Amerikanische Intellektuelle stehen dieser europäischen Gemengelage weithin hilflos gegenüber. Erst allmählich wird ihnen klar, daß es im gehässig gewordenen atlantischen Diskurs nicht nur um Strategien und Taktiken bei der Lösung politischer Probleme geht. Zur Disposition steht Grundsätzliches. Auf europäischer Seite wird ein Mix geboten aus Ideologie wie Kapitalismus und Anti-Kapitalismus, Pazifismus und Nationalismus einschließlich fallweise wild gewordener Rhetorik. Zur allgemeinen Verwirrung tragen amtierende Politiker bei, die zur Wiederwahl anstehen und glauben, mit Verleumdungen der USA Wählerstimmen fangen zu können.

Schröder punktet mit Pazifismus

Gerhard Schröder von der SPD ist es zuzuschreiben, als Bundeskanzler zwischen seiner Wiederwahl, dem Irak-Krieg und dem atlantischen Verhältnis einen verhängnisvollen Zusammenhang hergestellt zu haben. Im Jahr 2002, als ein 2. Irak-Krieg von den USA betrieben wurde, begann Schröder im bundesdeutschen Wahlkampf auf Pazifismus zu setzen. Keine Beteiligung deutscher Soldaten in einem Krieg gegen Saddam Hussein. In Basta-Manier meldet sich der Kandidat. Um Truppenentsendung war er gar nicht gefragt worden. Bewußt oder unbewußt unterließ es der deutsche Regierungschef, den Mindeststandards der Allianz gerecht zu werden, und die USA sowie die europäischen Verbündeten zu konsultieren oder zumindest zu informieren. Einer Mehrheit der Deutschen behagte dieser Ausflug in die Enthaltung, wie die Wiederwahl der SPD und Schröders zeigte.

Ein bilaterales Zerwürfnis zwischen Berlin und Washington wird seitdem zu einer weiteren Kollateralgefahr für die Allianz. Noch ein Dreivierteljahr später meint Condoleezza Rice, die machtbewußte Hauptberaterin von Präsident Bush (und Architektin des Irak-Krieges): „Das Verhältnis Bush–Schröder wird nie wieder so, wie es war und wie es sein sollte." Erläuternd fügt sie, die im Weißen Haus Tür an Tür zum Oval Office werkt, hinzu, der Präsident nehme dem Kanzler übel, Wahlkampf auf seine, Bushs Kosten, gemacht und damit auch gewonnen zu haben.

Wie nachhaltig doch die Verärgerung des US-Präsidenten und seiner Mitarbeiter wirkt, zeigt sich an Bushs Qualifikation für den deutschen Außenminister Joschka Fischer – auch er ist in Ungnade gefallen. Der Präsident läßt kaum eine Gelegenheit vergehen, um Diplomaten und anderen Abgesandten aus Berlin klar zu machen, er hege persönliche Vorbehalte gegen Fischer wegen dessen Vergangenheit „als Straßenkämpfer während der 68er-Bewegung". Meinung von Bush über Fischer: „Dieser Lebenslauf paßt nicht zum Lebenslauf eines Staatsmannes."

Ist es schon ungewöhnlich, daß solche Animositäten publik werden, so erst recht die Beständigkeit, mit der „seit Irak" Atlantisches immer neuen Schütteltests ausgesetzt wird. Eine Warnleuchte angewandten Populismus – zunächst wird medial und in „interessierten Kreisen" gegen die Biologie des Krieges feuilletonistisch gewettert. Friede als verknappte Ressource. Macht der Krieg die Moral? Stark und immer stärker wird bezweifelt, daß der Einsatz militärischer Gewalt zur Lösung politischer und „sonstiger" Probleme zulässig und zu rechtfertigen ist wie Völkermord, ethnische Säuberungen, Verfolgung Andersgläubiger, Bedrohung von Nachbarländern und Mißachtung von Resolutionen der Vereinten Nationen.

„Wie viele Tote ist die Freiheit wert?", fragt Christian Ortner in dem Wiener Politmagazin „Format". 200.000 bis 500.000 Tote rechnet der grüne Umweltminister der Schröder-Regierung Jürgen Trittin in vorauseilendem Ungehorsam vor. Andere Berufsbesorgte beginnen – im Falle einer US-Invasion – Bagdad bereits mit Stalingrad zu vergleichen. Kein Wunder, daß bei diesen und ähnlichen Mischungen aus Information, Desinformation, Propaganda, Stimmungsmache und Unwissenheit weltweit Millionen dazu gebracht wurden, gegen den Irak-Krieg zu demonstrieren. Berlin meldet mit geschätzten 500.000 Teilnehmern die „größte Friedensdemonstration in der Geschichte der Bundesrepublik". Ähnliche Massenaufläufe gleicher Ausrichtung gehen in New York über die Bühne sowie in Chicago, Detroit, Miami, Milwaukee, Sacramento, San Diego und natürlich auf der anderen Seite Amsterdam, Barcelona, Brüssel, London, Paris, Rom und Wien.

Ein langer und schmutzige Krieg wird prophezeit. Selbsternannte Strategen im Lehnstuhl und aufgebrachte Besserwisser in quotenträchtigen Medien nutzen ihr Un- oder Halbwissen, um dem p. t. Publikum weiszumachen, sie hielten es für nahezu unmöglich, daß die Amerikaner einen „sauberen“ Krieg führen könnten. Heuchlerisch und mit Vorausdruck auf Tränendrüsen wird kühn, wenn auch unbeweisbar behauptet, es werde ein blutiger Krieg. Danach sieht die Wahrheit anders aus. Die Zahl der getöteten Zivilisten wird bei 1.200, und jene der getöteten Soldaten insgesamt bei ca. 300 festgestellt – immer noch zu viele menschliche Tragödien. Politisch aber folgt eine lange und unappetitliche Aufbereitung des Krieges, vornehmlich in der veröffentlichten Meinung Europas. Typisch ist, daß in den USA von Sieg, in Europa von Mißerfolgen bei der Friedensstiftung die Rede ist.

Manche Scheinentrüstung über den Waffengang der Amerikaner, der Briten und zu geringeren Teilen der Polen und der Australier klingt zwar ab, aber schon widmet sich der europäische Anti-Amerikanismus einem Nachfolgeproblem. Es geschehe den Amerikanern ganz recht, daß sie bei der Wiederherstellung von Versorgung sowie Recht und Ordnung im Irak nicht weiterkommen. Auch fällt man diesseits des Atlantik zurück in die Schablone, Amerikanern Erfolge nicht zu gönnen und jedwede US-Methode pauschal in Frage zu stellen.

Allzu tief sitzt der Irak-Schock selbst bei professionellen Anti-Amerikanern freilich nicht. Auf der einschlägigen europäischen Szene widmet man sich bald den alten Dauerthemen Globalisierung oder Armut. Ein Blick nach Moskau zeigt eine andere Dimension. Dort, vom US-Militär-Erfolg konsterniert, forschen Militärs und Sicherheitsexperten nach der Kräfte schonenden Strategie, dem Kampfwert der US-Einheiten, dem Einsatz des elektronischen Waffenarsenals und nach der logistischen Meisterleistung des Pentagon.

Der Anspruch der USA rückt in eine andere, höherwertige Dimension, eine neue Weltordnung durchzusetzen. Die Bush-Doktrin erweist sich als Gebrauchsanweisung für Machtverlagerungen. Europa kehrt zu seiner regionalen Nabelbeschau zurück. Dabei stolpern die Europäer in ihrer selbstgelobten Interessenvielfalt im EG-Laden und weltpolitisch im Konvent über die eigenen Füße. Zu kreativen Vorschlägen im Stil eines Grand Design – und sei es zunächst auch nur als Gegenthesen zur Busch-Doktrin – sind sie schlicht unfähig.

Schlagartig stellt sich heraus, daß es derzeit für die neuen Grundstrukturen der Weltpolitik keinen gemeinsamen, politisch brauchbaren Nenner beiderseits des Atlantik gibt. Verlassen ist die gemeinsame Linie des Kampfes im kalten Krieg, einst schließlich eine welthistorische Leistung bewährter Kooperation – die Aufnahme Mitteleuropas in den Kreis der Demokratien, über den weltweiten Konjunkturverfall (Beiprodukt von Entwaffnung und allseitiger Rüstungsbeschränkung), über den 11. September 2001, die kaum noch gemeinsame Intervention in Afghanistan, bis zur angelsächsischen Machtdemonstration „East of Suez“ im Irak.

Der atlantische Bruch läßt sich wiederum am Verhalten der Intellektuellen nachzeichnen. Das Faß des Anti-Amerikanismus hat der Irak-Krieg zum Überlaufen gebracht. Als ob die Vor-, Querund Nachdenker in ihrem ideologisch angehauchten Rückstau auf eine solche oder ähnliche Gelegenheit seit langem gewartet hätten, begannen sie sich auf die Vereinigten Staaten von Amerika einzuschießen. Viel Lärm um nichts, nicht nur im Shakespeareschen Sinn, was den Hauptadressaten Amerika anlangt. In Europa hingegen führt der Wort-Krieg um den Irak-Krieg erneut zur Selbstbeschädigung. Kriegswillige wie Großbritannien, Spanien, Italien oder Polen gegen Kriegsgegner wie Deutschland, Frankreich und halbherzig Rußland. Vom Rest ist zu schweigen. Die Europäische Selbstspaltung müßte eigentlich US-Strategen erfreuen. Ihre lästigen Partner im „alten“ Europa dividieren sich machtpolitisch selber auseinander. Eine vielleicht unerwartete Folge der Bush-Doktrin.

Die neue Weltordnung, wie sie von Bush jun. proklamiert wird, stellt die nationale strategische Sicherheitsdoktrin ungerührt von Zweifeln und nationalen Interessen der Europäer in ihren Mittelpunkt. Die Doktrin ist im vollen Wortlaut unter www.defenselink.mil abrufbar.

Der Vorlauf der Doktrin reicht, wie nachgewiesen, Jahrzehnte zurück. Ihrer Entstehungsgeschichte hat Europa nichts Gleichwertiges gegenüberzustellen. Man vertraut der Allianz nahezu blind. Selbstbeschäftigung mit diversen hausgemachten Denk-Krisen und Fehlleitungen plumpst Europa nicht zum ersten Mal in ein Doktrinen-Loch. Weder akademisch, noch politisch oder militärisch finden sich in den Entscheidungszentralen Europas vergleichbare oder gar gleichwertige Entscheidungsträger. Selbst in Moskau wurde die Systematik unterschätzt, mit der in Amerika seit Jahren geopolitische Sichtweisen in Strategie und Politik umgesetzt werden.

Innerhalb der NATO hat sich europapolitisch als zumindest hinderlich erwiesen, daß das Allianzgefüge jahrzehntelang von diplomatischer Routine und rein militärischer Kommandostruktur (unter einem traditionell amerikanischen Oberbefehlshaber) geprägt wurde. Um Strukturfragen der Weltpolitik zu bearbeiten, fehlten auf europäischer Seite jahrzehntelang die erforderlichen Kapazitäten. So wurde es den USA leicht gemacht, in der NATO den Ton anzugeben. Dazu kam, daß der kalte Krieg die Strukturen und ihre Exekutoren in Bann hielt. Dies gelang mit respektablem und zuletzt triumphalem Erfolg über das (offenkundig überschätzte) Herrschaftssystem der kommunistischen Widersacher. Weiterführende Planungen und Konzepte, etwa für Out-of-Area-Aktivitäten der NATO, blieben jahrzehntelang Mangelware, was ein selbstkritisches Verhältnis der Europäer gegenüber den Amerikanern oder auch das ambivalente Verhältnis gegenüber der dritten Welt bestimmt.

Mit erstaunlicher Konsistenz hielt sich die NATO jedenfalls an die Vorgaben ihrer Gründungsväter wie Lord Hastings Lionel Ismay, den britischen Baron mit indischer Vergangenheit und einer der engsten Mitarbeiter von Winston Churchill während des Zweiten Weltkrieges. Er meinte in undiplomatischer, jedoch zitatfähiger Direktheit, die Aufgabe der NATO sei es, die Amerikaner drin, die Russen draußen und die Deutschen unten zu halten.

Den Amerikanern ging es damals, bis zur großen Wende von 1989, darum, im Rahmen des atomaren Patt mit der Sowjetunion atlantisch ein Gleichgewicht des Schreckens zu halten. Weltpolitisch hatte die Allianz dafür zu sorgen, daß den USA Gegner weder im eigenen Land, noch international erwachsen. Als Stifter einer globalen Ordnung gab man sich in der atomar abgestützten Supermacht gegenüber transatlantischen Meinungsverschiedenheiten und auch Konflikten schwerhörig. Entfremdungen, wie sie schubweise im Laufe der Zeit – etwa gegenüber Frankreich – zu verzeichnen waren, ließ US-Strategen kalt, so lange an der amerikanischen Dominanz nicht zu deuteln und nicht zu rütteln war.

Spätestens seit der großen Wende von 1989 begannen Amerikaner und Europäer über eigene Wege nachzudenken. Es erbrachte anfängliche Randerscheinungen wie „Partner for Peace“ (PFP) mit Stichentscheid der USA. Es folgte die Osterweiterung der NATO mit Einflußgewinn der westlichen Supermacht im einst feindlichen Territorium – ein weiteres Machtplus für Amerika und seine speziellen Interessen, in „Neu-Europa“ vornehmlich in Polen und im Baltikum.

Beiderseits bewußt wurde die heraufziehende sicherheitspolitische Entfremdung zwischen Amerika und „Alt-Europa“ erst, als die Rolle des Rivalen jene des Partners zu übertönen begann. Unversehens gerät im letzten Jahrzehnt der hegemoniale Anspruch der USA in der NATO (und damit zwangsläufig in den Gesamtbeziehungen) zu wanken. Noch halten die Machtpositionen in ruhigen Zeiten – nicht jedoch, wenn ernsthaftere Krisen etwa im europäischen und amerikanischen Wirtschaftsgeflecht hochkommen oder wenn gar über Krieg und Frieden wie im Kosovo oder im Irak konkret zu entscheiden ist.

Schon vor der neuen Sicherheitsdoktrin der USA hatten die unterschiedlichen Lösungskonzepte für Konflikte begonnen durchzuschlagen (etwa bei Handelskriegen von Stahl, Agrar, Genen bis Dollar und Euro). Spätestens mit dem Euro und der Umkehr der Kapitalströme – nicht mehr von Europa nach USA, sondern umgekehrt – und dem Deckungsbedarf der USA-Leistungsbilanz sind die Grenzen der atlantischen Belastungsfähigkeit inzwischen erreicht.

Verfall einer Partnerschaft

In Europa ist es bis in Staatskanzleien Mode geworden, den amerikanischen Atomschirm als Sicherheitsgarantie politisch fast auf Null abzuschreiben. Der Gebrauchswert der atlantischen Partnerschaft verfällt. An die Stelle alter, wenn auch formaler Allianztreue treten politische und wirtschaftliche Gewichtsverlagerungen. Auf die Waage der Weltpolitik gestellt, fallen die Kommentare der Politik und erst recht der Medien statt selbstkritisch hämisch bis nationalistisch aus. Die Identität zwischen Europa und Amerika wird Mangelware. Die Lastenverteilung – etwa bei militärischen Ressourcen – verkommt. Die sicherheitspolitischen Prioritäten verschwinden im dichten Nebel gepflegter Nationalstaatlichkeit.

Mangels Konturen pumpen die USA ihr Selbstverständnis beliebig auf. Ihre Dominanz und Prävention wird nach und nach amerikanisiert, und die Europäer hinken mit ihrem Bewußtsein und ihrer Politik hinterher. Mit der überlieferten Sicherheitskooperation ist es nicht mehr weit her. Die Europäer versuchen mit ihren Eigeninitiativen zwar viel Wind zu machen, strategisch und bei der Kampfkraft bringen sie beschämend wenig ein. Ein weiteres Mal zeigt sich, daß die Amerikaner mit dem Atem der Supermacht seit langem global ans Werk gehen und sich als Ordnungsmacht neu etablieren. Die Europäer hingegen verdrängen, daß eine sicherheitspolitische Lücke durch das schrumpfende Interesse der USA an Europa entsteht. Im atlantischen Diskurs tritt wachsendes Eigeninteresse an die Stelle der Allianztreue. Es bedarf bereits einiger Anstrengungen, um die Arbeitsweise einer ohnedies veränderten NATO (mit Rußland am Tisch) jenseits diplomatischer Geschäftigkeit irgendwie aufrechtzuerhalten.

Was unter europäischer Eigenständigkeit läuft und kühnerweise als Gegengewicht zur US-Dominanz andiskutiert wird, erweist sich sicherheitspolitisch als Blase, voll von regionalen und nationalen Egoismen sowie kaum verhüllter Unfähigkeit zu handeln. Machtpolitisch herrscht selbstbeschränkende Neutralisierung. Vereinfacht läßt sich feststellen, daß Amerika auf- und Europa abrüstet, wie die Verteidigungsausgaben ergeben. Das Verteidigungsbudget der USA liegt abgerundet bei 330 Milliarden Dollar, jenes der EU bei kaum mehr als der Hälfte. Noch eklatanter ist der Unterschied bei den Aufwendungen für militärische Forschung und Entwicklung: Die USA an die 50 Milliarden Dollar, die EU der 15 weniger als 10 Milliarden Dollar.

An diesen nüchternen Zahlen läßt sich vielerlei ablesen – nicht zuletzt, daß die atlantische Einsatzfähigkeit gelähmt und bestenfalls noch für Treuhandschaften unter US-Oberhoheit taugt. Eine gemeinsame Außen- und Sicherheitspolitik, die diese anspruchsvolle Bezeichnung rechtfertigt, ist substantiell wahrlich noch meilenweit entfernt. Das gilt auch für die gutgemeinten Bemühungen des EU-Konvents. Seine Unfähigkeit zum großen Wurf im Sinne einer modernen Verfassung und sauberer Machtverteilung vergrößert auch das Defizit in den allezeit heiklen Fragen der Sicherheit.

Was auf europäischer Seite fehlt, ist Glaubwürdigkeit. Selbst eine militärische Regionalpolitik ist über den einen oder anderen Denkansatz nicht hinausgeraten. Europa wird gegenwärtig sicherheitspolitisch unter Preis gehandelt und dies aus eigenem Verschulden. Die Amerikaner verfügen im atlantischen Wettbewerb nachweisbar und auf imponierende Weise über die stattlichen Ressourcen einer global agierenden Weltmacht. Wer könnte ihnen verübeln, diese Macht auszuspielen, notfalls auch rücksichtslos? Europäer pflegen dagegen beim Militär zuerst ihre Egoismen, obwohl ihre Bemühungen zahlenmäßig recht ansehnlich wirken. Zur substantiellen Gemeinsamkeit fehlen ihnen der Wille, die Kraft und der Mut.

Im „Willen zur Macht" schreibt Friedrich Nietzsche: „Gesamtanblick des zukünftigen Europäers: Derselbe als das intelligenteste Sklaventier, sehr arbeitsam, im Grunde sehr bescheiden, bis zum Exzeß neugierig, vielfach verzärtelt, willensschwach – ein kosmopolitisches Affekt- und Intelligenzchaos. Wie möchte sich aus ihm eine stärkere Macht herausheben."

Liegt Amerikas Autorität in Trümmern?

Auf der Suche nach den wahren Gründen des atlantischen Zerwürfnisses trifft man bei näherer Betrachtung auf zwei Ebenen – die philosophisch-politische und die Aktionsebene bis zum Militärischen.

Was es auf der europäischen Seite mit den beiden Denkweisen

auf sich hat, wurde auf dem Höhepunkt des Irak-Krieges von der „Frankfurter Allgemeinen Zeitung" in ihrem Feuilleton am 17. 4. 2003 beispielhaft herausgearbeitet.

Jürgen Habermas fordert auf, „nicht die Augen vor der Revolution der Weltordnung zu verschließen", um apodiktisch festzuhalten: „Die normative Autorität Amerikas liegt in Trümmern." Wie es einem deutschen Philosophen gebührt, befaßt sich Habermas, 1929 in Düsseldorf geboren, mit dem Verhältnis von technischer Realität und praktischer Vernunft. Auf seiner Suche nach Konsens kommt Habermas zu dem Schluß: „Ein illegaler Krieg bleibt ein völkerrechtswidriger Akt, auch wenn er zu Erfolgen führt, die normativ erwünscht sind." Pragmatikern gesteht er zu, die Frucht des Sieges als Kraft des Faktischen zu würdigen. Den anderen räumt Habermas ein, nicht „aus lauter post-heroischer Zimperlichkeit gegen Risiken und Kosten militärischer Gewalt vor der politischen Freiheit als dem wahren Wert die Augen zu verschließen".

Die Vereinigten Staaten, die ein halbes Jahrhundert als Schrittmacher auch des klassischen Völkerrechts hatten gelten dürfen, hätten mit dem Irak-Krieg nicht nur diesen Ruf zerstört und die Rolle einer Garantiemacht des internationalen Rechts aufgegeben. „Mit ihrem völkerrechtswidrigen Vorgehen geben sie künftigen Supermächten ein verheerendes Beispiel." Habermas bezweifelt auch, daß Amerika sich an der Stelle „der vergeblichen Menschenrechtspolitik einer verbrauchten Weltorganisation" etablieren könnte. Für ihn ist die Weltgesellschaft zu komplex geworden, „um noch von einem Zentrum aus mit auf militärische Gewalt gestützter Politik gesteuert zu werden".

Habermas prophezeit, daß die „angemaßte Treuhänderrolle der Supermacht" bei Bündnispartnern auf Widerspruch stößt. „Diese Selbstgerechtigkeit wird auch dadurch, daß sie vom Nationalstaat auf eine hegemoniale Macht übergeht, nicht erträglicher." Der deutsche Philosoph sieht Amerika isoliert. Selbst der gute Hegemon, der sich zum Treuhänder allgemeiner Interessen „aufwirft", könne gar nicht wissen, „ob das, was er im Interesse anderer zu tun behauptet, tatsächlich für alle gleichermaßen gut ist".

„Aber stärker als Habermas vertraue ich auf die historisch bewährten Kontrollmechanismen der amerikanischen Demokratie", schreibt Hans Ulrich Gumbrecht, Prof. für Literatur an der Stanford University. In der „Frankfurter Allgemeinen Zeitung" greift er am 6. Mai 2003 weit, „daß gewisse Schilderungen des gegenwärtigen Klimas in den Vereinigten Staaten, welche an die Beschreibung von Konzentrationslagern erinnern wollen (Habermas vermeidet sie durchaus), als Auswüchse einer zu Boulevard-Presse-Niveau verkommenen intellektuellen Publizistik zurückzuweisen sind".

In der Frage der Schuld des Irak-Krieges verwahrt sich Gumbrecht gegen die in Deutschland damals weitverbreitete These, der ganze Waffengang erfolge im Auftrag der amerikanischen Oligarchie. „Müssen sich nicht vor allem Frankreich, Deutschland und Rußland den Vorwurf gefallen lassen, in verantwortungsloser Weise die UN benützt zu haben, um – aus je verschiedenen Beweggründen – eine Koalition der lokalen Opportunismen einzugehen?"

„Eine der wenigen tiefen Freuden, welche die Geschichte bereit hält, ist das Ende eines Gewaltherrschers." Hans Magnus Enzensberger, der trainierte Analytiker hält Mahnern und Bedenkenträgern entgegen, für sie seien die Bilder Saddam Husseins wenn nicht gefälscht, so doch höchst verdächtig. „Nicht zum ersten Mal haben sich die Sorgenfalten, welche die deutsche Stirn furchen, als voreilig erwiesen." Herb wie seine zeitkritische Lyrik stellt Enzensberger fest: „Das Haßobjekt der Kriegsgegner in dem gegenwärtigen Konflikt ist nicht Saddam Hussein, sondern G. W. Bush." Für Enzensberger ist es kein Wunder, daß die Osteuropäer mit dieser Gleichsetzung wenig anfangen können. „Ihnen kommt die Phantasielosigkeit der Kriegsgegner grotesk vor, ihre historischen Erfahrungen erleichtern es ihnen, Nuancen wie den Unterschied zwischen Leben und Tod zu bemerken."

Im Lichte eigener Erfahrungen ist es für Enzensberger erlaubt, daran zu erinnern, „wie schwer es den Deutschen fiel und fällt, die Niederlage des Nazi-Regimes als Befreiung aufzufassen – es hieß verschämt, ‚der Zusammenbruch' und die Alliierten waren ‚die Besatzung'". Er erinnert an den Spruch „Ami go home", um zum Thema Gewaltherrschaft kühl festzustellen: „Auch das Ende der ostdeutschen Diktatur kam nicht allen Bewohnern des Landes gelegen." Unter dem Titel „Blinder Frieden" endet Enzensberger seine Nachschrift zum Irak-Krieg mit der Erkenntnis, Dankbarkeit sei seit jeher keine politische Kategorie. „Die Tatsache, daß Deutschland von den West-Alliierten gerettet worden ist, und daß ohne sie die Mauer heute noch stünde, läßt infolgedessen keinerlei Dank erwarten." Für Enzensberger zeigt sich hier einiger Gedächtnisverlust. „Ein wenig mehr Mut zur Freiheit, eine Spur weniger Überheblichkeit könnte in diesem Zusammenhang womöglich nicht schaden."

Was auf der Bühne des FAZ-Feuilletons im gescheiten Diskurs alles so geboten wird und zum Nachdenken einlädt, steht nicht nur intellektuell im krassen, erniedrigenden Gegensatz zu den Anti-Kriegs-Kampagnen auf dem europäischen Marktplatz. „Stop the War“, „Schröder, bleib standhaft“, „Halt, wir sind neutral“, „Make Peace, not War“, „Schluß mit dem Siegesgeheul“, „Nur Frieden ist gerecht“, „Bushs Baby“, „Dieser Krieg ist falsch“ (aus der Anti-Bush-Rede von US-Senator Robert C. Byrd), „Kein Blut für Öl“, „Sieg der Barbaren“, „Luftkrieg ist Massenmord an Kindern“, „Krieg gewonnen, Frieden verloren“, „Es lebe Multikulti“.

Militarisierung oder Entmachtung der Macht? Es mag scheinen, daß sich in Europa das Jahr 1968 wiederholt: Plötzlich und unversehens sind sie wieder da, die Geister mit der Autoritätsfalle, mit dem Verweigerungskult, allerdings ohne die offene Gewaltbereitschaft von damals. Offenkundig treten einige der bunten, unkontrollierbaren Grundströmungen der europäischen Gesellschaft zutage. Erfolgt die Verteufelung von Gewalt aus schlechtem Gewissen wegen der Exzesse während der Hitlerzeit und des Zweiten Weltkrieges, für die die Enkel unversehens die Großväter-Generation verantwortlich machen? „Gewalt“ als Thema mag wie die Generationenkluft in Europa zum Bruch mit Amerika beitragen.

„Gewalt“ verzögert mit all ihren psychologischen Verästelungen auch jenen Prozeß, der unter Vergangenheitsbewältigung läuft. Geht es um die Zukunft, scheiden sich die Geister erst recht. In europäischen Gefilden erweist sich die Mischung aus Kollektivismus, Pazifismus, Nationalismus als eine giftige Bremsflüssigkeit. Im herbeigeredeten Stillstand gesellschaftlicher, politischer oder wirtschaftlicher Verhältnisse steckt auch einiges an Anti-Amerikanismus als unentbehrliches Versatzstück des alten Antikapitalismus. Nicht nur sprachlich verstehen es Ideologen mehr oder weniger linker Einfärbung, Europas Leistung als Ausbeutung hinzustellen, Gewinn als Diebstahl, Erfolg als Strebertum, Zielstrebigkeit als Ehrgeiz, Werteorientierung als Dogmatismus und in dieser seltsamen Gedankenreihe Gewalt als etwas Verdammenswertes.

Die Unterschiede, wie sie diese und ähnliche Beispiele andeuten, erklären zugleich die Tiefe der atlantischen Kluft. Steigt aus ihr der Gestank verfaulender Interessen, so ist die stets manipulative Technik der Sprachverwirrung nicht mehr weit. Verschwörungstheorien belästigen den Geruchsinn. Wer die Macht über Medien hat oder erstrebt, hat gute Chancen, Begriffe und Realitäten in seinem Sinn abzuhandeln. Die Auseinandersetzung um das Anspruchsbegehren der USA auf eine neue Weltordnung, auf ein Markenzeichen der Macht, ergibt einen exemplarischen Vorgang. In der ideologisierten Kontroverse zwischen der Alten und der Neuen Welt wird bedenkenlos pauschaliert. „Wir sind gut und die anderen sind böse." Amerikaner, die von dieser Katalogisierung nichts halten, meinen süffisant, wenn die USA an einer Strategie der Stärke arbeiteten, frönten die Europäer im Umkehrschluß einer „Strategie der Schwäche" (Kagan).

Es läßt sich nachzeichnen, wie aus dem Machtgefälle ein ideologischer Graben wird. Ihn zu überwinden wird zusehends mühsamer. Seine Tiefe wird ein ums andere Mal falsch eingeschätzt. Politische Inhalte und Interessen festzumachen, fällt zunehmend schwer, wie aus dem Irak-Diskurs der „Frankfurter Allgemeinen Zeitung" ebenfalls herauszulesen ist.

Atlantische Brückenbauer, die hüben wie drüben nach wie vor anzutreffen sind, mögen gut beraten sein, um die semantische Routine von Gemeinsamkeit, Partnerschaft und Werte-Identität einen Bogen zu machen. Das Ungleichgewicht der Macht zwischen Amerika und Europa macht andere Denkweisen unumgänglich und stellt immer wieder die Frage nach den wahren Motiven.

Zum Beispiel Pazifismus: Auch Amerikaner waren ursprünglich mit diesem leichtgewichtigen Ideen-Koffer unterwegs, voll guter Vorsätze, jedoch jenseits der Realität. Nicht zu vergessen ist, daß sie mit dieser Idee des Gewaltverzichts, mit der Europäer heute noch sympathisieren, in die Irre geleitet wurden, wie sich nachträglich herausstellte.

Schon im Rückblick halten Vordenker in der Neuen Welt der Alten entgegen, sie habe seit dem Zweiten Weltkrieg ein gestörtes Verhältnis zur Macht: Macht der Freiheit, Macht des Wiederaufbaus, Macht einer Wohlstandsgesellschaft, Macht einer europäischen Überlebensstrategie des neuen Jahrtausends – in amerikanischer Sicht nichts als Fehlanzeigen. Europa habe es verlernt, die Macht als konstituierendes Element der Politik einzusetzen. Von Machtmißbrauch der Hitlerzeit geprägt, hat sich in US-Sicht Europa, pauschal gesehen, auf das idealistische Minimum einer machtfreien Welt eingelassen. Von Washington aus konnte diese gewaltlose Weltanschauung der Europäer überhaupt nur mit dem Schutz der USA begründet und über Jahrzehnte durchgehalten werden. Wie in Selbstverleugnung der eigenen Geschichte, auf die die Europäer normalerweise stolz und geradezu erpicht seien, habe sich, so tönt es von drüben, Europa einer Scheinwelt der Demokratisierung, des Konsenses und ausbalancierter Interessen hingegeben. Die zwingenden Bedürfnisse gegenüber einer feindlich gesonnenen Welt – so die Washingtoner Betrachtungsweise weiter – würden von den europäischen Eliten ebenso weggelegt wie die Vorgeschichte und der Machtexzeß des Zweiten Weltkrieges.

Machtpolitisch erscheint die europäische Integration Zweiflern als eine blasse Ersatzmethode für Machtausübung im allgemeinen und die Durchsetzung nationaler Interessen auf dem Konsensweg, also durch kontrollierten Verzicht auf Einsatz interessenbedingter Gewalt im Inneren. In ihrem grenzenlos gewordenen Idealismus setzten die Gemeinschaftseuropäer in US-Sicht auf eine Weltregierung und damit auf einen Übergang zum ewigen Frieden – jedenfalls auf eine ausschließlich einvernehmliche Lösung der Probleme menschlichen Zusammenlebens. „Der deutsche Löwe hat sich mit dem französischen Lamm schlafen gelegt", stichelt Robert Kagan. Ihm und anderen amerikanischen Intellektuellen ist schwer verständlich, daß auf dem europäischen Kontinent, wo Jahrhunderte Macht extensiv ausgeübt wurde, nun Gleichgewichtsidealen zugejubelt wird.

Integrationstreue als stille Gewalt

Indem Europäer mit der Überwindung der Macht liebäugeln, warten sie mit einem gerüttelt Maß an Selbstlob für ihre ach so edle Friedfertigkeit auf. Sie verunglimpfen – zumindest gedanklich – jene, die, wie die USA, Macht und Gewalt in ihre Weltschau einbauen. Amerikaner sehen in der europäischen Integration nicht nur einen herwachsenden Rivalen, sondern ein Instrument der Selbsttäuschung. In Großvatermanier glaubten die Integralisten in den europäischen Hauptstädten beispielsweise, die Deutschen auf dem Konsensweg einzufangen. Wie bei der Begründung der Montanunion oder später bei der Einführung des Euro handelt es sich um eine stille Gewaltanwendung, getarnt durch semantischen Aufwand der absoluten Integrationstreue.

In Brüssel und sonstwo in Europa werde verdrängt oder geleugnet, daß es sich bei der Europäischen Gemeinschaft um ein Rechtsinstrument handelt, das Macht nötigenfalls gewaltsam exerziert. Als

Beispiel wird die Wettbewerbspolitik der EU-Kommission genannt. Amerikaner fragen aus eigener Interessenlage heraus, ob es sich nicht auch um Macht handele, wenn die Europäische Gemeinschaft eine „Fortress Europe“ mache. Gemeint sind die Kontrollmechanismen der EG-Kommission, die es amerikanischen Firmen unmöglich machen, in Amerika andere amerikanische Firmen zu kaufen (wie im Fall General Electric und Honeywell mit einer verhindernden Auflagenmacht der Brüsseler Wettbewerbshüter). Oder, die hintersinnige Washingtoner Fragestellung weiter, handelt es sich nicht um Machtanwendung, wenn die Europäische Gemeinschaft US-Agrarlieferungen behindere? Und wie verhält es sich mit dem machtvollen Verdikt der EU gegen Gen-veränderte Lebensmittel? Ist keine Macht im Spiel, wenn Brüssel Direktlieferungen von Gen-Nahrung unterbindet und afrikanische Regierungen zur Anti-Gen-Politik drängt, indem mit dem Stopp von EU-Entwicklungshilfe gedroht wird?

Politisch und nach außen hin wird in Europa der Macht weiterhin abgeschworen, tatsächlich jedoch Macht, die sich dem allgemeinen Bewußtsein oft entzieht, deftig und notfalls rücksichtslos ausgeübt.

Geht es atlantisch hart auf hart – und das ist neuerdings häufiger der Fall als früher –, so bleibt es nicht bei zwei Ebenen der Theorie. Auch in der politischen Praxis werden ebenfalls zweierlei Wertmaßstäbe unübersehbar. Grundsätzlich fällt es zunehmend schwer, semantisch und vor allem inhaltlich auf Gleich zu kommen. Wiederum scheidet die Macht. Europäer ranken ihre Vorbehalte gegen die neue Weltordnung à la Bush um den Problemkreis militärischer Gewalt. Amerikaner setzen hinter die internen Gebräuche hierzulande (andersartige) Fragezeichen zur Anwendung von Gewalt. Bush-Doktrin gegen Staatsverständnis, der Sheriff der Welt gegen die Gebräuche einer Wohlstandsgesellschaft, Freiheit als Dogma gegen Staatsverständnis als Lebensart, globaler Herrschaftsanspruch gegen lokale oder regionale Abhängigkeitsverhältnisse einer europaweiten Schrebergartenkolonie.

Wie leicht lassen sich in diesem Spannungsverhältnis Vorwürfe, Verdächtigungen, Allianzzweifel oder einfach die eine gegen die andere Polit- und Lebensphilosophie stellen. So müssen sich Europäer von Amerikanern fragen lassen, warum amerikanische Entfaltung weltweiter Macht manche Europäer, vornehmlich selbst ernannte Gutmenschen, so erregt, wenn gleichzeitig im realen Europäismus

Macht ganz anderer, nämlich hausgemachter Art nicht minder ausladend exekutiert wird? Sind Durchschnittseuropäer den eigenen nationalen Machtverhältnissen nicht stärker und andersartig ausgesetzt als Durchschnittsamerikaner? In der Tat machen reichlich tief gehende Unterschiede im Staatsverständnis wie in der Lebensart gängige Vergleiche problematisch.

Eine gewisse atlantische Gemeinsamkeit ergibt sich in wirtschaftlich schlechten Zeiten wie diesen. Breiten Raum nehmen übereinstimmend die naheliegenden Verhältnisse im eigenen Alltag ein, im Betrieb, im Büro oder in den eigenen vier Wänden. Während Amerikaner gelegentlich die große Macht internationaler Verwicklungen zu beschäftigen scheint, wirkt es, als ob sich Europäer mit regionalen oder sektoralen Anliegen beschäftigen: Finanzierung der Kranken- und Altersversorgung, Verkürzung der Arbeitszeiten, Streiks bei der Müllabfuhr oder den Lehrern, Bau eines Transrapid oder mehr Sicherheit in den Städten.

Gelegentlich täuscht jedoch der äußere Eindruck. Bürgernähe ist überall gefragt. Was den Unterschied ausmacht, ist die Verwendung von Macht und Gewalt bei der Durchsetzung eigener Interessen. Macht ist also keineswegs nur eine Frage der Doktrinen, der Allianzen und anderer außenpolitischer Planungen einschließlich Krieg und Frieden. Keine Gesellschaftsform sollte sie okkupieren oder verwerfen. Für den einzelnen beginnt sie zu Hause oder am Arbeitsplatz, wo mächtige Kräfte, des Marktes oder der Sozialpartner, auf jedermann einwirken. Europäische Verhältnisse zur Macht drücken sich in kleinen Schritten des Alltags aus und nicht in weltumspannenden Dimensionen von Herrschaftsstrukturen, Doktrinen, nationalen Interessen und Organisationen oder Verträgen.

Mancher gesellschaftspolitische Stimmungsunterschied hängt offenkundig an der Elitenbildung – wahrlich einem vielschichtigen Thema. Diesseits des Atlantik mußten Eliten – beteiligt, verfolgt, in der äußeren oder inneren Emigration – vielfach mit Brüchen fertig werden. Zwei Weltkriege, Not, Diktaturen und mißbrauchte Engagements ließen die Führungsbereitschaft verkümmern. Es wurde ein ums andere Mal schwieriger, Ideen, Perspektiven und Machbarkeiten vorzuleben. In Europa verkümmerte die einst selbstverständliche Bereitschaft der Eliten, bestehend aus Adel, Kirche, Bürgertum und Beamtenschaft, der Allgemeinheit zu dienen. Mit und ohne Revolutionen erfolgte in Europa eine Sozialisierung der Werte auf das Niveau der Massen und ihrer oft provinziellen Beliebigkeit.

Gleichzeitig ist es seit langem in Europa verpönt oder zumindest verdächtig, für Eliten, ihre Bildung – im doppelten Sinn des Wortes –, für erstrebenswerte Lebensart und schlicht für Individualität einzutreten.

Anders Amerika. „We Are the World", der Schock des verlorenen Vietnam-Krieges war schließlich überwunden, als nicht nur Popstars derart das wiedergewonnene Selbstbewußtsein genossen – und sich von Eliten wieder vorgeben ließen, was Amerika politisch bedeutet und wohin sich die Neue Welt orientieren soll. Im amerikanischen Bewußtsein stellte sich wieder die gerade, die aufsteigende Linie einer Gesellschaft ein, die Eliten nicht verdächtigt, sondern bewundert. Erfolg haben, reich sein und dem Land mit Initiativen dienen, entspricht noch immer dem etwas idealisierten Verhaltensmuster amerikanischer Eliten und solcher, die es gerne sein und vorzeigen möchten. Im Inneren einer (oft unbarmherzigen) Leistungsgesellschaft übertragen Amerikaner, von Rückschlägen nicht entmutigt, diese elitäre Lebensart auch auf die Beziehungen ihrer – der amerikanischen – Welt zum „Rest der Welt".

Was vor nahezu neunzig Jahren mit der (jeweils späten) Beteiligung an den beiden Weltkriegen sowie der Gründung des Völkerbundes und der Vereinten Nationen begann, setzt sich über den kalten Krieg konsequent fort bis zur Bush-Doktrin. Dem Herrschaftsanspruch des Adels und der Monarchien ähnlich, übertragen die – freilich oft wechselnden – US-Eliten ihre eigenen Ideale von Freiheit, Fairneß, aber auch Leistungsgesellschaft samt Kampf und Siegermanier auf die Außenbeziehungen ihres Kontinents. Präsidenten, die diese Mischung aus idealistischen Vorgaben und kalter Machtanwendung und Interessen umzusetzen versuchten oder verstanden, haben ihren festen Platz nicht nur in amerikanischen Geschichtsbüchern: Roosevelt, Truman, Eisenhower, Kennedy, Carter, Reagan oder die beiden Bushs. Was sie unterscheidet, ist ein typisch elitärer Zwiespalt in der Nutzanwendung des Führungsanspruches. Einmal weiche Macht (soft power) der Überzeugung und des Kompromisses, einmal harte Macht wie der hegemoniale Internationalismus der Bush-Doktrin mit Gewaltbereitschaft samt Tatendrang.

Europäische Eliten, soweit sie engagiert (und nicht von linkslinken Demagogen eingeschüchtert) sind, vermögen mit diesen Ausprägungen einer Weltmacht und ihren intellektuellen Zuarbeitern kaum oder gar nicht Schritt zu halten. Zeitgeschichtlich läßt sich dies zwar vielfältig erklären, politisch jedoch nicht entschuldigen. So konnte es geschehen, daß der Entwicklungsprozeß der Bush-Doktrin seit mehr als einem Jahrzehnt zwar einige wenige europäische Experten akademisch beschäftigt. Mangels einer breiten Eliteschicht kamen die politischen Entscheidungsträger Europas erst mit einiger Verspätung im Strategiegeschäft an. Haben sie gedanklich den Anschluß verpaßt? Ist ihnen entgangen, was sich drüben an Ideen zusammenbraut? Haben sie die Denkarbeiten der Neo-Konservativen, der Neocons, als irrelevantes Bodenturnen abgetan? Sind sie aus Kurzsichtigkeit oder Ignoranz in die Falle der Selbsttäuschung getappt? Wurden sie schließlich Opfer der Routine und der Propaganda, atlantisch sei alles o. k., im Streitfall werde man Washington schon von Extratouren abhalten?

Fehler über Fehler markieren die politische Strategie Europas. Gedacht wurde in den ausgetretenen Pfaden eines kalten Krieges außer Diensten. Man verließ sich blindlings auf den All-inclusive-Schutz der Amerikaner (einschließlich der sonst so oft verteufelten Atomwaffen); man glaubte, Sicherheit weiterhin zum politischen Diskontpreis einzuheimsen.

„In der langen Geschichte der Welt war nur wenigen Generationen vergönnt, in der Stunde höchster Gefahr die Freiheit zu verteidigen." Der 35. US-Präsident, John F. Kennedy, ließ es bei seiner Angelobung am 20. Januar 1961 nicht bei dieser verpflichtenden Feststellung, indem er aufrechten Hauptes anfügte, „ich scheue nicht vor dieser Verantwortung zurück, ich begrüße sie".

Die Selbstverpflichtung des jungen, charismatischen Präsidenten ist stafettenähnlich bis in die Gegenwart weitergereicht worden. Kennedys Sicht eines typischen Ostküsten-Demokraten gilt an sich atlantisch bis heute, theoretisch jedenfalls. In der Praxis ist nach dem Ende des kalten Krieges, wie man weiß, kein Stein auf dem anderen geblieben. Die Teilungsordnung von Jalta ist vorbei, das sowjetische Imperium, ideologisch wie militärisch jahrzehntelang überschätzt, in sich zusammengefallen. Die Rolle des westlichen Europa als Hort demokratischer Strukturen und zugleich als Brükkenpfeiler amerikanischer Sicherheitsinteressen ist mehr als relativiert. Die geopolitischen Gewichte sind gründlich verschoben.

Rußland ist damit beschäftigt, den Ostmarsch des Westens, wie er durch die Erweiterung der NATO und der Europäischen Gemeinschaften organisiert ist, wenn nicht zu verhindern, so doch zu verzögern und zu begrenzen. Bei der Bemessung neuer Einflußsphären und Machtverhältnisse schwindet die Bedeutung von Europa und seinem russischen Vorfeld fast zwangsläufig gegenüber den neuen Kristallisationszentren China und Indien. Diese beiden Milliardennationen sind es, die für die Bush-Doktrin einen wesentlich bedeutungsvolleren Test abgeben als die (über-)fällige Renovierung der betagten NATO. Was die Neocons seit Anfang der neunziger Jahre ausgeheckt und auf zunächst 46 Seiten als Entwurf einer US-Doktrin für eine Pax Americana als Teil einer neuen Weltordnung zu Papier gebracht haben, gerät mehr als ein Jahrzehnt später in die Testphase. Was damals angedacht wurde, ist heute politischer Inhalt: Dem Aufstieg jedes Rivalen durch Sicherung der eigenen militärisch-ideologischen Überlegenheit erfolgreich entgegenzuwirken; die US-Interessen durch globale Verbreitung amerikanischer Werte wie Freiheit und Demokratie und amerikanische Interessen bei Energie und Rohstoffen verläßlich und perspektivisch zu sichern; durch präventives Handeln, mit oder ohne kollektive Maßnahmen etwa wie der Vereinten Nationen auf Krisen und Herausforderungen rasch und präventiv (einschließlich der Bereitschaft, nukleare, biologische und chemische Waffen einzusetzen) zu reagieren.

Was Paul Wolfowitz 1992 ebenso phantasievoll wie in seinem Sinne konsequent als neue Strategie festgehalten hat, versucht er jetzt als stellvertretender Verteidigungsminister nach dem Irak-Krieg mit dem Vorsatz des „Nation Building" zu vervollständigen. Sein Chef, Verteidigungsminister Donald Rumsfeld, setzt weniger auf demokratische Transformation als auf prompte Besetzung strategischer Schlüsselpositionen (und den Abbau anderer Positionen in „unfreundlichen Ländern" wie Deutschland, Frankreich oder Belgien). Präsident Bush gibt sich davon überzeugt, der Paradigmen-Wechsel von klassischer Selbstverteidigung zum „pre-emptive Strike" sei unumgänglich. Er schwankt allerdings zwischen Eroberungsstrategie, wie sie Donald Rumsfeld vertritt oder „Regime-Building" und „Nation-Building" (was Multilateralismus nicht ausschließt), wie es Außenminister Colin Powell wünscht.

Eine Strategie gegenüber Rußland – etwa bei der Begrenzung

von Atomwaffen mit Interkontinentalraketen – ist freilich von den sonst so selbstbewußten Neocons ebensowenig ausgependelt, wie ihr Gesamtverhältnis zu Rotchina und Indien, den größten Demokratien der Welt.

Welche Ansatzpunkte sich für Europa im jeweiligen Vorfeld amerikanischer Langzeitstrategien ergeben, zeigt das Thema Nationenbildung. Die Vereinigten Staaten von Amerika haben in diesem heiklen Bereich extrem unterschiedliche Erfahrungen zu verbuchen. Wenige, freilich eindrucksvolle Erfolge stehen Mißerfolgen größerer Zahl gegenüber. Das Carnegy Endowment for International Peace, einer der Washingtoner Think Tanks mit mehrheitlich linksliberalen Neigungen, hat 16 Fälle der Nationenbildung während der letzten hundert Jahre unter die Lupe genommen. Ergebnis: Zwei eindeutige Erfolge – nämlich Westdeutschland und Japan. Als halbwegs erfolgreich gelten zwei weitere Fälle von Nation Building, nämlich Grenada und Panama. In Kuba, Nicaragua, Haiti, Vietnam und Kambodscha ließ und läßt die Demokratisierung laut Carnegie Endowment zu wünschen übrig. In anderen Fällen heißt es „gescheitert".

Die Erfolgsquote, wie viele andere Vorgänge in Amerika statistisch erfaßt, liegt beim Nation Building bei 25 %. Daß vier Fünftel des Demokratie-Exports nur unzulänglich gelungen sind, läßt sich im Hundert-Jahres-Vergleich festmachen. Negativ wirkte, wenn die USA Personen und Vorschriften den Zielländern bei der Bildung ihrer eigenen Nation aufzwangen. Leichter fiel und fällt der Transfer, wenn in den Zielländern eigenständige Verwaltungen existieren und die innenpolitischen Verhältnisse einigermaßen übersichtlich, jedenfalls nicht von ethnischen Gruppenbildungen bestimmt sind. Besteht nationale Identität, läßt sich allemal demokratisieren, auch wenn das Erbe einer Diktatur wie in Deutschland zu verkraften war.

Selbst halbwegs funktionierende Verwaltungen können nur bei Wiederaufbauhilfe mit klaren Rang- und Reihenfolgen zur Bildung einer Nation beitragen. Bei Besatzern kommt es mehr auf die Interessen der nationalen Elite und der Bevölkerung der Länder als auf langfristige, strategische Gesamtplanungen an. Gewarnt wird vom Carnegie Endowment vor unappetitlichen Eliten, den Mitläufern früherer Diktaturen, den Rückkehrern aus Langzeitemigration, den Geheimdiensten oder willfährigen Karrieristen ohne Ansehen in der eigenen Bevölkerung.

Alles andere als zufällig veröffentlicht, zielt die Carnegie-Analyse darauf ab, für den Irak (und weitere Fälle amerikanischer Interessennahme) eine Art Gebrauchsanweisung anzubieten, um dem Erfolg im Krieg einen Sieg im Frieden folgen zu lassen. Als größte Herausforderung gilt, „die strategischen, amerikanischen Interessen mit denen von Volk und Elite im Irak zu versöhnen". Nüchtern kommt der Washingtoner Think Tank zu dem Schluß, daß alle Anstrengungen der US-Regierung, für den Irak eine langfristige Vision zu präsentieren, „in der Region tiefes Mißtrauen entgegengebracht" wird.

Für und gegen die Achse Chirac–Schröder–Putin

Deutschland und Japan als Beispiel gelungener Transformation von verführten Kriegsgegnern zu verläßlichen, kalkulierbaren Partnern mag sich in historischen Dimensionen empfehlen. Neuerdings verändert das Zerwürfnis zwischen der Regierung Schröder und der Bush-Administration die Brennweiten der atlantischen Optik. Auch wird es eines langfristigen Abkühlungsprozesses bedürfen, um halbwegs zur Normalität zurückzufinden. Schließlich geht es nicht nur um das persönliche Verhältnis zwischen einem Präsidenten und einem Kanzler, sondern um einen tief reichenden Wertekonflikt. Berlin erstrebt den Beweis, „ein ganz normales Land" zu sein und sich im Streitfall von der überlieferten amerikanischen Oberhoheit zu emanzipieren. Für Washington geht es sowohl um die Loyalität im Bündnis als auch um einen Teilverstoß gegen die Bush-Doktrin.

Wenn Präsident Chirac, Bundeskanzler Schröder und Präsident Putin an einer Dreier-Achse arbeiten, droht damit ein direkter Verstoß gegen die Bush-Doktrin. Indem sich diese drei Länder im Falle Irak und vor aller Welt in den Vereinten Nationen gegen Amerika gleichsam verschwören, fürchtet die Bush-Administration den Aufstieg eines neuen Rivalen. Viel gewichtiger als persönliche Verärgerung, monatelang unterlassene Telefonate zwischen dem Präsidenten und dem Bundeskanzler ist jedoch für die Vereinigten Staaten, daß ihnen die Kontrolle einer Region zu entgleiten droht.

Unter alten Partnern, die einen Europäer gegen die anderen ausspielen – zum Beispiel deutsche gegen Engländer, Franzosen gegen Spanier usw. –, werden atlantische Entzugserscheinungen auch nicht dadurch gemildert, daß die USA – geplant oder notgedrungen

– bei den jungen Demokratien Mittel- und Osteuropas einhaken. Polen, von Teilungen und Bedrohungen gepeinigt und beschädigt, eröffnet der USA-Diplomatie auf einem atlantischen Nebenkriegsschauplatz nützliche Ansatzpunkte neuartiger Europa-Politik. Das Unbehagen vieler Polen, daß sich zwei „Erzfeinde" wie Rußland und Deutschland europapolitisch in ein Separée begeben, kann Amerika als Regisseur des Welttheaters nicht gleichgültig sein. Branchenüblich gelang es der sonst eher einfallsarmen US-Diplomatie, die römische Lösung von „divide et impera" zu befolgen.

Traditionelle Beziehungen zwischen Polen und Amerikanern lassen sich schnell und leicht aktivieren – jene Spezialbeziehung, die im Ersten Weltkrieg durch die polnische Lobby aus Chicago zu den 14 Punkten von Präsident Wilson beigetragen und nach dem Zweiten Weltkrieg durch Stalins Westverschiebung Polens das Ende der Anti-Hitler-Koalition auf US-Seite besiegelte. Im Falle Polens erübrigt sich zwar Nation Building (in der Hoffnung auf ein Unruhe stiftendes Polen als fünfte Kolonne in der Europäischen Gemeinschaft). Aber als junger Partner der Bush-Doktrin bietet sich die polnische Variante als diplomatische Mehrzweckwaffe an: Durch die Abtretung eines Drittels des Irak von den Amerikanern an eine polnische Militärverwaltung steigt das sonst so pflegedürftige Selbstbewußtsein der Polen; der Mangel an Planungskapazität in Warschau bringt die NATO unter zusätzlicher US-Ägide in das Geschäft „Out of Area". Die Idee, polnischen Einheiten in Divisionsstärke als Irakbesatzer deutsche Truppen zu unterstellen, paßt ins Konzept der Hardliner von Washington. Die Schröder-Regierung kann für ihre Kriegsfeindlichkeit „bestraft" und innen- sowie außenpolitisch in – wohlverdiente – Bedrängnis gebracht werden.

China und Indien im Visier

Die strategischen Perspektiven der Bush-Doktrin und der Gesamtpolitik der USA gehen freilich über den kleinkarierten, üblich gewordenen NATO-Ärger weit hinaus. Selbst die Osterweiterung erregt laut US-Weltstrategen relativ begrenztes Interesse. Daß dabei der Stellenwert Deutschlands als bilateraler Partner der USA und als NATO-kontrolliertes Land abnimmt, zählt zu den gewollten Begleiterscheinungen des hegemonialen Internationalismus. Der Führungsanspruch Amerikas erlebt nun seine eigentliche Bewährungsprobe nicht mehr in der NATO oder im atlantischen Kontext. „Go West" erhält einen anderen, einen höheren Stellenwert in der außenpolitischen Strategie der USA.

China und Indien im Visier, bleibt es in Washington bei dem planerischen Ansatz, in zwei getrennten Krisen weltpolitisch und im Bedarfsfall auch militärisch präsent zu sein und dies notfalls auch gleichzeitig. Dort, wo das Wachstum stattfindet, wünschen sich die Bush-Doktrinäre mehr als einen Fuß in der Tür. Sie setzen auf neuartige Allianzen mit Staaten wie China oder Indien. Dies geschieht eingedenk der Tatsache, daß sich das geopolitische Kräftemessen von der Ebene der Staaten und ihrer Rechtsordnung auf den ambivalenten Faktor nicht-staatlicher, chaotischer, jederzeit gewalttätiger Kräfte wie der Al-Qaida und anderer Terroristen verlagert. Es handelt sich um ein völlig neuartiges globales Bedrohungspotential mit Massenvernichtungswaffen, die relativ leicht, schnell und billig herzustellen sind, um die Welt – nicht nur die amerikanische – wie am 11. September 2001 zu tyrannisieren.

Was harmlos klingt, erweist sich als eine tödliche Gefahr, nämlich die Vermehrung nicht-staatlicher Zirkel, Gruppen, Vereine und sogenannte Non Governmental Organizations (NGO). Aus einigen hundert, wie sie – mehr oder weniger harmlose Querköpfe, meist links orientiert und teilweise grün eingefärbt – vor einem halben Jahrhundert zu agieren begannen, wurden über 26.000 NGOs. Die überwiegende Mehrheit ist ohne Bedenken als eine Art von Zusammenschlüssen interessierter oder besorgter Bürger in offenen Demokratien einzustufen, wie die Organisationen für Umwelt, Entwicklungshilfe, karitative Hilfe usw. Nicht zu übersehen ist aber die entschlossene Minderheit und ihr ausgeklügeltes Netzwerk intelligenter und auch oft gebildeter und trainierter Aktivisten. Im Kampf gegen den Terror schaffen sie ein neues Schlachtfeld.

Was in Amerika wie in Europa zu fragen ist – wie geht die Macht der Staaten mit diesem verunsichernden Phänomen außerstaatlicher Kräfte um? Man befand sich in einer Zwickmühle. Die Struktur der Weltpolitik hat sich mit der Wende von 1989 und dem anschließenden Kollaps des Sowjetimperiums – wie man weiß – nachhaltiger verändert als es im ersten Siegesrausch der Demokraten Marktwirtschaftlern und östlichen Selbstbefreiern erschien. Vorbei war die gewohnte Bi-Polarität gepflegter Gegnerschaft zwischen Ost und West, nur noch dem Schein nach geführt von den zwei sich mit Atom in Schach haltenden Supermächten USA und Sowjetunion.

Verwirkt schien auch der Unilateralismus der dahindämmernden Vereinten Nationen (mit ihren bald 200 Mitgliedstaaten), kaum mehr als ein verwahrlostes Abbruchgerüst für den Kolonialismus von seinerzeit. Der neuen Weltordnung unter dem unipolaren Führungsanspruch der USA war man in ihrer Langzweitwirkung vor allem in Europa noch nicht gewahr, als der Terror – Urbegriff einer Gewalt-NGO – der westlichen Zivilisation den Krieg erklärte. Der Doppelangriff vom 11. September 2001 auf das World Trade Center und auf das amerikanische Verteidigungsministerium in Washington richtet sich in der menschenverachtenden Symbolkraft nicht nur gegen die (verhaßten) Vereinigten Staaten von Amerika.

Die gesamte Zivilisation des Westens ist gemeint und wird hinterhältig angegriffen. Es gehört schon eine gehörige Portion Anti-Amerikanismus dazu, in den gesammelten Reaktionen der Amerikaner nichts anderes zu erkennen als Hysterie, Wehleidigkeit und die Überreaktion eines schläfrigen Sheriffs irgendwo im Wilden Westen. Europa steht nach wie vor relativ ratlos vor der Selbstverteidigung der Amerikaner. Angemessen oder übertrieben, es zählt zwar zu den neuartigen Entscheidungskriterien in Washington. Von diesseits des Atlantik jedoch erweisen sich die europäischen Gegenspieler der USA als nahezu unfähig, sich auf die neue Verteidigungsbereitschaft der Supermacht angemessen einzustellen.

Emsige Berichte europäischer Diplomaten in Washington mögen seit Jahren versuchen, dem politischen Klimawandel in der Neuen Welt gerecht zu werden. Europäische Politiker erinnern in ihrer Mehrzahl an Barbaren, die wie im römischen Weltreich jenseits des Limes beheimatet in der Machtmetropole herumtapsen. Gezielter Lobbyismus für europäische Interessen findet nur bruchstückhaft statt. Nicht aus Geldmangel läßt europäische Interessenwahrung zu wünschen übrig, sondern aus mangelnder Systematik, zu wenig Strategie und gelegentlich unbeholfener Taktik. Dazu kommt, daß in kaum einer anderen Machtzentrale Meinungen, Einflüsse, Entscheidungen wie handelnde Personen, vor allem auf dem Kapitol, käuflich sind. Europäer tun sich in diesem Machtgeflecht mit ihren Interessen erfahrungsgemäß schwer. Die Wiedergabe der wahren Machtverhältnisse in der amerikanischen Hauptstadt ist vielfach unterbelichtet.

Dabei sind Meisterleistungen gefragt, zumal im Umgang mit einem machtbewußten Präsidenten, der – nicht ganz frei von persönlichen Komplexen – seine Administration wie selten vor ihm ein Einwohner des Weißen Hauses immer wieder auf Vordermann bringt. Äußerlich jedenfalls. Hinter den Kulissen geht es auch in der Bush-Administration spannungsgeladen zu – vor allem wenn es um Krieg und Frieden geht, ein Fundamentalthema, das Amerikaner ebenso spaltet wie Europäer. Falken wie Donald Rumsfeld als Verteidigungsminister oder Tauben wie Colin Powell als Außenminister liefern nur allgemeine Orientierungspunkte. Wo steht etwa Condoleezza Rice, die schwarze Sicherheitsberaterin? Hat sie immer das Ohr des Präsidenten? Oder ist es einmal der Falke Lewis Libby oder ein anderes Mal der gemäßigte William Kristol? Und wie steht es um den sichtlich schwankenden Einfluß von Richard Pearle, dem Prince of Darkness, den George W. Bush ebenso unterschiedlich einstuft wie seinerzeit Ronald Reagan?

Wie man sehen kann, genügen Pauschalansprüche auf Weltvorherrschaft nicht. Das spricht sich in Washington nicht zum ersten Mal herum. Wenn die Bush-Administration gar hoch greift, um dem Nahen Osten nach Jahrzehnten von Krieg, Bürgerkrieg, Terror und Erpressung ein Ende zu setzen, sind nicht nur politische oder militärische Handwerker gefragt. In Washington heißt es dann immer wieder, Strategen an die Front. (Wobei die bisherigen Bemühungen in Sachen Israel–Palästina wenig hoffnungsfroh wirken.)

Europäer tun sich bei den einen wie bei den anderen schwer. Jahrzehntelang haben sie versäumt, das Lobbyismusgeschäft in allen seinen Facetten zu lernen, zu finanzieren und zu betreiben. Längst vergangen ist die Zeit, in der ein Konrad Adenauer über den legendären New Yorker Lobbyisten und früheren General Klein die Reinwaschung alles Deutschen ebenso systematisch wie aufwendig angegangen ist. Immerhin hat er beachtenswerte Teilerfolge des Verständnisses, des Respekts und der Handschlagqualität (etwa bei der Wiederbewaffnung der Bundesrepublik Deutschland) erzielt. Die Abwesenheit lobbyistischer Handwerker, selbst bescheidener Dimension, hat sich seinerzeit für Österreich und Kurt Waldheim in Sachen Watch List als Versäumnis erwiesen.

Beim Grand Design politischer Ziele gleicht Washington traditionsgemäß einem Open House. Wer zur rechten Zeit die richtige Türe oder Verbindung benützt, vermag in den inneren Bereich der Denkfabrik der Supermacht vorzudringen, einiges Geschick vorausgesetzt. Europäer, die sich auf das politische Handwerk verstehen, hätten dort schon Anfang der neunziger Jahre feststellen können, daß Amerikaner von Einfluß an einer neuen Außen- und damit Machtpolitik basteln.

An der Arbeit sind zwei Denkschulen: Die Neocons und ihr Klientel, die geradlinig auf die neue Weltordnung hinarbeiten und jedwede Macht, nicht zuletzt militärische, einkalkulieren. Auf der anderen Seite die Vertreter von „Soft Power" (Wortschöpfung von Joseph S. Ney jun., ehemals stellvertretender Verteidigungsminister unter Präsident Clinton, zur Zeit Dekan der Kennedy School of Government an der Harvard University). Überwiegend aus dem Lager der demokratischen Partei, also in Opposition zur Bush-Administration – möchte die Soft-Power-Partie, daß Amerika auch als Gigant Hort seiner alten Ideale von Toleranz bis Menschenrechte bleibt. Am Zug sind freilich derzeit die Denker ringsum George W. Bush mit den harten Ideen für eine außenpolitische Strategie der Macht.

Amerika solle in der Vorstellung der Neocons hinter sich lassen, was fast ein Jahrhundert gegolten hat, nämlich die automatische, oft unbedankte Hilfe militärischer oder wirtschaftlicher Art für Europa. Der Verweis in die Bedeutungslosigkeit gehe auf eine strategische Umformung zurück. „Go West" auf modern. Europäische Schwächeanfälle wie im Konvent erleichtern nach diesem Konzept die machtpolitische Umorientierung. Fortress Europe wird drüben für verzichtbar, die alte Sicherheitsgarantie für entbehrlich gehalten.

Das ursprüngliche Interesse an einem gesunden Europa in zunächst wirtschaftlicher und dann auch politischer Hinsicht möchte die Bush-Partie ad acta gelegt sehen (wie die frühere Zentralrolle der Vereinten Nationen als Gehschule für ehemalige Kolonialländer und später eine Art karitativer Verein ähnlich dem Roten Kreuz oder der lokalen Feuerwehr). In der Sicht der Neocons erübrigt sich einer der Urzwecke der NATO – nämlich Sicherheit gegenüber einem kommunistischen Osten und Einbindung der Deutschen. Daß in EU-Europa Macht vielfach als verächtlich und entbehrlich deklariert werde, erleichtere, so die Neocons, der US-Ordnungsmacht den Rückzug.

Irrelevant für die Neocons

Europa als Ganzes, Rußland sowie der Osten werden von den Neocons weltpolitisch als irrelevant betrachtet. US-Präsenz in Europa? Bestenfalls als Abschreibposten eingesetzt. Europäischen Beobachtern der wahren Motive der Vereinigten Staaten von Amerika konnte und kann der Verschleiß der atlantischen Partnerschaft ebensowenig entgehen wie die Asien-Neigung unter amerikanischen Eliten, Neureichen und Neocons. Man ißt japanisch und man möbliert sich chinesisch. Chinesische Möbel erzielen auf Auktionen seit Jahren Spitzenpreise.

Selbst im Lebensstil soll Europa ausgedient haben. Neocons denken raffinierter, als es ihnen mancher Alt-Europäer zutraut.

Frankreich und Französischem ergeht es entsprechend. In Amerika wird dem Ex-Lieblingspartner auf dem europäischen Kontinent ein Krieg der Worte erklärt. Prompt ist Französisches „out". Seitdem sich Jacques Chirac zuerst auf die Seite des Schröderschen Pazifismus schlägt und dann als Anführer der Kriegsgegner in Europa agiert, schlägt die Liebe zu den Franzosen in Haß um. Französischer Wein wird auf die Straße gekippt, Pommes frites, die in Amerika French fries heißen, werden bis in die Cafeteria des Kongresses zu Washington allen Ernstes in „freedom fries" umgetauft; französische Restaurants verzeichnen Umsatz-, die Flüge nach Paris Buchungsrückgänge. Im Wettlauf zwischen Briten und Franzosen werden wieder einmal die Engländer hofiert und die Franzosen diskriminiert.

Die Neo-Tradition der Neocons ergibt, daß sie mit Japan so einiges im Schild führen. Die sicherheitspolitische Stellung des Inselreiches soll systematisch ausgebaut und durch Selbstfinanzierung der Konkurrenzdruck Japans im pazifischen Wettbewerb gebannt, zumindest gemildert werden. Außerdem ist es den Washingtoner Planern alles andere als unangenehm, wenn Japan auch sicherheitspolitisch fallweise auftrumpft, wenn es etwa um die Gefährdungslage in Korea oder um ein Kräftemessen mit China geht. Die Regierung Koizumi kann sich Washingtoner Gnadenerweise erfreuen, seitdem sie im Irak-Krieg – ohne förmliche Mitgliedschaft in der „Koalition der Willigen" – mit der Entsendung von Seestreitkräften bei der US-Stange geblieben ist. Ohnedies sympathisiert die Bush-Administration mit dem Ausbau der japanischen Truppen, die – etwas verschämt – unter „Selbstverteidigungsstreitkräfte" laufen, immerhin mit 275.000 Planstellen einer Berufsarmee. Sie hat grünes Licht dafür gegeben, daß Tokio die seit 1945 geradezu doktrinär geltende Selbstbeschränkung in der eigenen Sicherheitspolitik hinter sich läßt. Japanischer Militarismus hat für die Neocons offenkundig nur noch eine historische Seite.

Logischerweise unterstützt die Go-West-Politik Amerikas unter anderem die neuen japanischen Notstandsgesetze. Tokio soll sicherheitspolitisch endlich reinen Tisch machen. Apropos Notstandsgesetze: dem neuen Anti-Germanismus, wie er sich in Washington ausbreitet, entspricht auf US-Seite nachträglich und nachtragend zu vermerken, daß im Deutschland der sechziger Jahre wegen der Notstandsgesetz ein regelrechter Aufstand entstanden war. Für die hegemonialen Denker rund um Bush stellt sich mit Automatismus folgerichtig die rechte Tendenz ein: Der europäische Einfluß in Washington schrumpft, und gleichzeitig nimmt der asiatische Einfluß zu.

Der Aufbau eigener militärischer Fähigkeiten mit der Europäischen Sicherheits- und Verteidigungspolitik (ESVP) wird in Washington bestenfalls abgewartet, im schlechtesten Fall hintertrieben. Der Kissinger-These, die USA benötigten beim Aufbau einer neuen Weltordnung Verbündete, darunter auch solche aus Europa, wird direkt widersprochen.

Die Verfechter harter Machtpolitik jenseits des Atlantik wehren sich zusehends gegen eine automatische Gleichsetzung der Interessen von Amerika und Europa. Jeder solle sich um sein eigenes Wohlergehen und seine nationalen Interessen kümmern. Basta. Gefahren von einer solchen Doktrin des Eigennutzes sieht man in der US-Hauptstadt ohnedies schon lange nicht mehr. Neu sind Schärfe und Konsequenz, mit der den Europäern in sich häufender Pauschalierung abverlangt wird, realitätsbezogener zu denken und selbstverantwortlich zu handeln. Der Wohlwollensvorschuß der Vereinigten Staaten für die europäische Vielfalt sei mit dem Ende des kalten Krieges verbraucht.

„Die Sache Amerikas ist die Sache der ganzen Welt", zitiert Robert Kagan Benjamin Franklin. Mit ihm berufen sich Vordenker unter den Neocons auf die Logik der Demographie. Bei schrumpfender Bevölkerung im eigenen Land bliebe nur Härte gegenüber allen anderen, welche die wachsende Mehrheit bilden, allen voran in islamischen Ländern. Der Fall Israel belege eine moderne, angemessene Form der Selbstverteidigung einer entschlossenen Minderheit gegenüber einer tumben Mehrheit. Demographie wird zum Kronzeugen hegemonialer Politik der USA gemacht. Amerikanische Selbstverteidigung müsse global angelegt sein, um weltweiten Bedrohungen, beispielsweise durch Terrorismus, durch Islam oder auch im Wettbewerb der Technologien (einschließlich Massenvernichtungswaffen in den Händen von „Schurken") gerecht zu werden. Angesichts der alten und der neuen Konfrontationen relativierten sich die Fragen der Stärke, der Macht und schon ganz und gar aufgeblasene Probleme der politischen Kultur. Selbst wirtschaftliche Verflechtungen hätten sich der neuen Realität der amerikanischen Vorherrschaft unterzuordnen. Die Washingtoner Macher um Bush halten „die" Europäer in diesen Beziehungen schlicht für unzuverlässig, jedenfalls nicht kalkulierbar. Infolgedessen spielt die Alte Welt bei der Entwicklung weltweiter Strategien der Neuen Welt nicht mehr als Star mit, sondern mit einer Nebenrolle in den hinteren Reihen.

Robert Kagan resümiert in seinem Essay „Macht und Ohnmacht" nach einer Warnung vor der „List der Europäer": „Aber die Amerikaner sind so mächtig, daß sie die Europäer nicht zu fürchten brauchen, selbst wenn diese Geschenke bringen. Die führenden Politiker Amerikas sollten die Vereinigten Staaten nicht als einen von den Liliputanern gefesselten Gulliver ansehen, sondern sich klar machen, daß sie praktisch keinen Beschränkungen unterliegen und daß Europa im Grunde genommen nicht in der Lage ist, den USA Fesseln anzulegen."

Mit der ihnen eigenen Intransigenz befrachten die Neocons ihre Doktrin ideologisch: „Die Welt braucht amerikanische Überlegenheit." Sie beziehen dies sowohl auf militärische Macht als auch auf gesellschaftspolitische Substanz. In beiden Bereichen zählt es bereits zur Washingtoner Körpersprache, sich von Europa ab- und Asien zuzuwenden.

Der Rat des Henry Kissinger

Henry Kissinger ist völlig anderer Meinung. Der Mann, der vor über achtzig Jahren in Fürth geboren und zu einem Idol ausbalancierter US-Außenpolitik geworden ist, wird nicht müde, vor Großmannssucht zu warnen. Die US-Außenpolitik dürfe sich nicht auf Hegemonie gründen, meint der frühere Außenminister, dessen Seniorenrat auch heute noch allerorten gefragt ist. Kissinger sieht die atlantische Allianz ohne Gleichgewicht zerstört. Unermüdlich erinnert er daran, daß Europäer und Amerikaner ihre Werte und ihre Geschichte am besten in einer Allianz wie der NATO bündeln. Und er warnt davor, einem Zusammenprall der Zivilisationen freien Lauf zu lassen. Vor allem die kämpferische Vision des Islam ist es, die Kissinger auf atlantischen Zusammenhalt setzen läßt. Der außenpolitische Profi, jahrzehntelang mit seinem Urteil und seinen Thesen sowohl bei Republikanern als auch bei Demokraten in den USA geschätzt, sieht die atlantische Partnerschaft nach dem Triumph des Westens über den kommunistischen Osten keineswegs als überflüssig an.

Kissinger neigt damit zu den Verfechtern einer offenen US-Außenpolitik als – freilich zentralen – Teil einer multipolaren Weltordnung. Mit Gegenthesen zur Bush-Doktrin wird die Existenz von Denkschulen belegt, die sich auch in den USA in Art und Konsequenz fundamental unterscheiden. Zum Beispiel bei der Begriffsbestimmung „harte" oder „weiche" Macht. Die These, daß Macht nicht von vornherein, auch nicht über Definition, hart und brutal zu sein braucht, wird in Denkschulen herumgereicht, die nach links tendieren. Zum Beispiel wurde Soft Power, weiche Macht, von Joseph S. Ney als Begriff populär gemacht. Demokratischer Spitzenfunktionär unter Präsident Clinton, fragt Ney, wie sich amerikanische Macht mit amerikanischen Werten deckungsgleich gestalten und halten läßt.

Ney und seinesgleichen sorgen sich um den Geist Amerikas, die Liberalität, die Toleranz, die Hilfsbereitschaft und die Fähigkeit, den Freiheitsbegriff durch Vertrauenswürdigkeit und Großzügigkeit glaubhaft werden zu lassen. Linksliberale Amerikaner lehnen eine Zentralisierung der Gewalt des Staates ebenso ab, wie den hegemonialen, zentralisierenden Machtanspruch der USA. Bereit zu differenzieren, sehen auch Intellektuelle aus dem Anti-Bush-Lager Amerikas, daß die Probleme und auch Bedrohungen unserer Zeit nationalstaatlich nicht zu regeln sind. Für sie ist der Nationalstaat für die großen Probleme des Lebens zu klein und für die kleinen zu groß. Plädiert wird deshalb für eine moderne Verteilung der Macht bestehender, anerkannter und respektierter Rechtsordnungen.

„Die Möglichkeiten für Ausländer, ihre Stimme zu erheben und die amerikanische Gesellschaft und Politik zu beeinflussen, sind", wie Joseph S. Ney fast mahnend feststellt, „nicht nur zahlreich, sondern auch ein wichtiger Anreiz für Bündnisse." Genützt sind diese Möglichkeiten offenkundig nicht oder zu wenig. Das gilt sowohl für die Alltagspolitik als auch für die denkerischen Vorläufer im Machtgeflecht Amerikas. Gerungen wird auch drüben um Ideale, Werte, Völkerrecht, Grundfreiheiten, Multilateralismus oder Bipolares, um politischen Stil samt Rhetorik, Diplomatie und Lobbyismus. Europäer tun sich seit jeher schwer, mit dieser amerikanischen Gemengelage in angemessener Weise umzugehen, die andersartigen Denk- und Handlungsabläufe zu nützen, ohne sie abzuqualifizieren. In der Kunst des Interessenausgleichs wirkt Europa vielfach wie ein tolpatschiger Dilettant, im immerwährenden Kampf um Einfluß ein schweres, oft unverzeihliches Versäumnis. Amerikanern, innerhalb und außerhalb der Bush-Administration anzutreffen, gehen auf der Suche nach Alternativen gleichwertige Partner aus Europa ab. Die Tragik liegt auch in dieser Beziehung darin, daß es „Europa" in planerischer, denkerischer und praktischer Weise (noch) nicht gibt.

So bleibt unerwidert, daß die Verfechter der weichen Macht darauf setzen, nationale Interessen und internationale Beziehungen auf zivilisierte Weise und im geregelten Rahmen der Macht ohne die Gefahr ihres Mißbrauchs zu gestalten. Sie plädieren beispielsweise dafür, Macht nicht gezielt zur Veränderung oder zur Disziplinierung und zur Trennung „von Gut und Böse" einzusetzen, sondern zur Bewahrung der vorgegebenen Verhältnisse. Anders als die Neocons wünschen sich diese Liberalen unter anderem eine offene Weltwirtschaft. Statt Wirtschaft, Handel und Währungen zu Opfern doktrinärer Macht zu mißbrauchen, setzen sie – etwas verschwommen – auf Fairneß, Konsens, Gleichberechtigung und Liberalität. Internationales Recht soll nicht untergepflügt, sondern gärtnerisch gepflegt werden, allen voran das System von Rechten und Pflichten der Vereinten Nationen.

Während die Neocons Institutionen und einzelne Länder durch gezielten Machteinsatz botmäßig machen wollen, möchten die Liberalen deren Möglichkeiten bewahren und ausbauen, Konflikte schlichten und Bündnisse stärken. Zwischen Neocons und ihren Widersachern handelt es sich wahrlich um zweierlei Strategie und Taktik – wie aus zwei Welten. Ein konzeptiver Gegensatz, der zur Nutzung geradezu einlädt. Warum die Europäer die Chance einer planerischen und politischen Intervention (bisher) ungenutzt verstreichen lassen, ist eine eigene Untersuchung wert. Ein Blick in den

Spiegel der Politik zeigt Europa fürs erste wie eine enttäuschte, verbrauchte Frau, bar jeder Attraktivität.

Auf Allianz-Krücken out of Area

Joschka Fischer tobt, diesmal über das gewohnte Maß seines cholerischen Temperaments hinaus. Nein, es sei nicht beschlossen worden, daß die NATO im Irak einspringt. Unmöglich für ihn, auf diese Weise durch die Hintertür der Allianz den Krieg, dem Deutschland vehement widersprochen hat, nachträglich zu sanktionieren. Der deutsche Außenminister läßt sich mit dem Generalsekretär der NATO, Lord Robertson, verbinden. Was folgt, ist eine echte Standpauke, denn der britische Lord hatte den staunenden Medienvertretern am Vortag nach einer Sondersitzung der 19 Außenminister im April erklärt, keiner habe sich dagegen gewehrt, daß sich die Allianz im Irak für eine gewisse Rolle stark macht. Der Protest aus Berlin wurde deshalb im Hauptquartier der Allianz zu Brüssel auf dem üblichen Tratschweg bekannt gemacht. Die Idee, auch die Westeuropäer im Irak als Besatzungsmächte tätig werden zu lassen, stammt ausgerechnet von einer Symbolfigur der Bush-Doktrin und des irakischen Waffenganges – von Paul Wolfowitz, dem einflußreichen Stellvertreter des Verteidigungsministers Rumsfeld, seit über einem Jahrzehnt einer der Hauptdoktrinäre von Washington.

Mit seinen Ideen (man müsse den Triumph des Westens von 1989 durch US-Macht absichern) hat sich Rumsfelds Vize in der Machtzentrale derart einbetoniert, daß er sich verbale Schnitzer leisten kann. Tönte Wolfowitz doch von drüben, als sich die vierzig Staats- und Regierungschefs zum Feiern in St. Petersburg einfanden, seinerzeit hätten die USA vor dem Irak-Krieg den Verdacht von Massenvernichtungswaffen unter Saddam Hussein lediglich in Umlauf gebracht, um eine möglichst breite politische Unterstützung zustande zu bringen. Aufschrei in Europa nicht nur im obligaten Ausmaß, sondern auch Kopfschütteln in Washington.

Gegen Wolfowitz Front zu machen, war und ist in Berlin für Bundeskanzler Schröder, Außenminister Fischer und ihresgleichen erste Bürgerpflicht. Nicht allzu lange. Der militärische Sieg der Amerikaner an Euphrat und Tigris war noch nicht vollendet, als der Berliner Regierungsmannschaft dämmerte: Mit Kriegsgegnerschaft ist kein Staat zu machen. Der flotte Fischer schwenkte schneller und durchdachter auf eine Verständigungslinie mit Washington ein als Schröder. Den deutschen Kanzler wollten und konnten die Amerikaner ohnedies längere Zeit nicht von der Strafbank lassen. Ob das Vertrauensverhältnis zwischen den USA und Deutschland durch Kriegszweifel und Achsenbildung mit Paris und Moskau lediglich „getrübt“ ist, wie Diplomaten zu formulieren pflegen, oder der Bruch tief und kaum reparabel ist, zählt zu den ebenso beliebten wie verfänglichen Gedankenspielereien auf der außenpolitischen Szene.

Wenn das atlantische Verhältnis zeitweilig zum Zerreißen gespannt ist, erscheint Fischer als ebenso populäre wie schillernde Person zur Entspannung geeignet. Sein gesichtsfaltenreiches Charisma läßt den Unterschied zwischen Außen- und Innenwirkung übersehen. Wirksamkeit beim Publikum, von den Medien oft gedankenlos vervielfältigt, überdeckt extreme Unterschiede in Amerika und in Europa. Demoskopisch läßt sich nachweisen, daß Durchschnittsamerikaner, wenn Joschka Fischer ihr Bewußtsein überhaupt erreicht, in ihm eher den unberechenbaren europäischen Traumtänzer als den kalkulierbaren Partner sehen.

Seine Wirkung unterschätzen politische Profis in Amerika keineswegs. Er wirkt für sie wie eine Mehrzweckwaffe der deutschen Diplomatie – einmal mit, einmal ohne Ladehemmung. Geschickt bis rücksichtslos nehme er deutsche Interessen wahr – unter Nutzung oder Mißachtung der geschriebenen und der ungeschriebenen Regeln im atlantischen Diplomatengeschäft. In der Kosovo-Krise des Jahres 1998/99 habe er militärisches Eingreifen trotz der Beweise eines Völkermordes verzögert und hintertrieben. Unter dem Eindruck des links-pazifistischen Flügels seiner Partei, den Grünen, habe er den Kampfeinsatz von Truppen den Amerikanern und ihren Luftstreitkräften zugeschoben. Der Außenminister habe es seitdem nicht für nötig befunden, den Einsatz der US-Streitkräfte im ehemaligen Jugoslawien zu unterstützen, zu rechtfertigen und dafür zu danken.

Gegenrechnung: Jugoslawien sei ein Produkt der amerikanischen Politik während und nach dem Ersten Weltkrieg gewesen. Unter dem Einfluß von „Do-Gooders“, Emigranten und Dilettanten hat der Idealist Woodrow Wilson als US-Präsident in der Tat mit seinen 14 Punkten vor allem mit dem schillernden Begriff der „Selbstbestimmung“ missionarisch zur Sprengung des „Völkerkerkers Österreich-Ungarn“ geblasen. Mit den US-Kampf-Jets über dem Kosovo, ihren tatsächlichen oder scheinbaren Erfolgen, kann man den Kreis schließen. Die USA haben als Ideenträger für den Vielvölkerstaat Jugoslawien nach rund achtzig Jahren historisch eine Schuld beglichen.

In amerikanischer Sicht zählt Fischer zu jenen europäischen Politikern, die sich aus ideologischen Fesseln ebensowenig lösen können wie aus subkutan gepflegtem (wenn auch allezeit bestrittenem) Antiamerikanismus. Als Repräsentant Deutschlands nehme Fischer das Schröder-Wort „nun sind wir wieder ein normales Land" geschichtslos wörtlich.

Als ex-autonomer Straßenkämpfer mit Prügelerfahrung gegenüber der Frankfurter Polizei glaube sich dieser deutsche Außenminister als Grün-Linker und ehemaliger Revolutionär von der Vergangenheit der Deutschen einfach lossagen zu können. Er benütze die europäische Integration, oder das, was von ihr funktionstüchtig ist – seinem Pragmatismus und seiner Bonhomie folgend – um das Establishment der Alten Welt für seine Zwecke einzuspannen. Ein Mal deutsch-französisch, ein anderes Mal deutsch-russisch, gelegentlich in Nahost und meistens Verweigerung diverser Interessenausgleiche mit den USA.

Amerikanische Diplomaten lasten es weitgehend Fischer an, daß die Beilegungen schwelender Handelskriege bei Agrar, Gen, Stahl usw. immer wieder stocken. Höhepunkt der Fischerschen Ambivalenz: Krieg und Frieden im Irak. Einerseits pflege er mit Außenminister Colin Powell das, was Diplomaten „ein persönliches Verhältnis" nennen, andererseits betreibe er ungeniert das alte Grünen-Prinzip der Besserwisserei, lediglich internationalisiert.

Der Brief der Acht und Berlin

Der Chef des Auswärtigen Amtes griff in die Speichen der Diplomatie, nachdem acht europäische Staatsführer wegen Irak zur Solidarität mit den USA aufriefen. Ohne Schröder, Fischer und Co. ins Vertrauen zu ziehen oder auch nur auf dem sonst üblichen Weg der Telefon- und e-Mail-Diplomatie zu informieren, sorgten Amerika-Freunde auf höchster Ebene für einen einmaligen Vorgang. Sie riefen zur Solidarität mit Amerika auf.

In bezug auf den Irak-Krieg, die Einschaltung und die Nichteinschaltung der Vereinten Nationen, genauer des Sicherheitsrates, und den hochlaufenden atlantischen Zwist zwischen Kriegswilligen und Kriegsgegnern wurde aller Welt trotzig verkündet, „die wahren Bande zwischen den Vereinigten Staaten und Europa sind die Werte, die wir teilen: Demokratie, persönliche Freiheit, Menschenrechte und Rechtsstaatlichkeit". Diese Werte überquerten den Atlantik mit jenen Menschen, die von Europa aufbrachen, um beim Aufbau der USA zu helfen. Heute sind sie bedroht wie nie zuvor. Die transatlantischen Bande sind Garant unserer Freiheit. Das transatlantische Verhältnis darf der anhaltenden Bedrohung der Weltsicherheit durch das irakische Regime nicht zum Opfer fallen."

Unterschrieben von Tony Blair (Großbritannien), Silvio Berlusconi (Italien), José Maria Aznar (Spanien), José Manuel Durao Barroso (Portugal), Peter Medgyessy (Ungarn), Leszek Miller (Polen), Anders Fogh Rasmussen (Dänemark) und Vaclav Havel (Tschechische Republik) sollte der Aufruf nicht in diplomatischen Dossiers verkommen. In ihrer Nacht- und Nebelaktion verständigen sich die acht Amerika-Freunde, einen ungewöhnlichen Weg zu beschreiten, nämlich ihre Festlegung, in elf führenden Tageszeitungen – die deutschen ausgenommen – unter Führung der altehrwürdigen Londoner „Times" zu veröffentlichen.

Improvisiert, wie es sonst nicht ihre Art ist, sollte nicht nur politisch, sondern auch moralisch möglichst hoch gegriffen werden. So geschah es, daß Vaclav Havel am vorletzten Tag seiner Präsidentschaft spontan mittat, ohne seine eigene Regierung zu informieren (was in Prag nachträglich für einigen Wirbel sorgte). Daß drei der acht ehemaligen Ostblockstaaten aufzeigen, zählt zu einer, freilich nicht der einzigen Konsequenz des proamerikanischen Aufrufs. Sie mögen sich daran erinnert haben, was es heißt, daß sich Diktatoren um Menschenrechte und anderes, was die Vereinten Nationen repräsentieren, nicht scheren. Die anderen fünf freilich leisten sich einen atlantischen Doppelnelson. Sie nahmen die Europäische Gemeinschaft in den Schwitzkasten und behelligten die NATO auf die nämliche Weise. Unversehens stand eine europäische Achse, jene zwischen Deutschland und Frankreich, später garniert von Rußland, gegen die atlantische Wertegemeinschaft und ihre zerbröselnden Interessen. Es dauerte nur eine Woche, bis das ganze Ausmaß der Flurschäden offenkundig wurde. „Rechnet nicht damit, daß Deutschland einer den Krieg legitimierenden UN-Resolution zustimmt", offenbarte Gerhard Schröder unter dem Jubel einer Tausenderschar von SPD-Sympathisanten auf dem Marktplatz von Goslar.

Zufall? Ausrutscher in einem Wahlkampf? Oder Nutzung der sich auch in Deutschland ausbreitenden pazifistischen Grundströmung in Sachen Irak? Oder die Meinung des Berliner Kanzlers, ein kriegsbereiter US-Präsident erscheine für den Weltfrieden gefährlicher als ein wortbrüchiger Diktator wie Saddam Hussein. Schröder schickte einen Regierungssprecher vor. Die Festlegung Schröders sei die „logische Konsequenz aus der Position, die der Bundeskanzler bereits seit Wochen eingenommen hat." Daß es sich nicht um eine Nebensächlichkeit oder um unverbindlichen Wahlkampfrummel gehandelt hat, erhellt auch die Medienreaktion. Der Berliner Tagesspiegel zu dem angewandten Antiamerikanismus Schröders in Goslar: „Katja Epstein singt. Klaus Staeck zeichnet. Günter Grass dichtet. Alle drei gehören zu jenen friedliebenden Künstlern und Intellektuellen, die Gerhard Schröder vor seiner Goslar-Rede traf, jener Rede, in der er sich ... aus der NATO verabschiedete. Einst drohte „Irak" zum Codewort für das Auseinanderdriften Europas und Amerikas zu werden. Dann machte Schröder ‚Goslar' zum Synonym für Deutschlands Isolation."

Was in Goslar alles zum Mitschwingen gebracht wurde, formulierte Sigmar Gabriel, damals Noch-Ministerpräsident von Niedersachsen (später abgewählt). Wie Schröder sei er dagegen, „daß Deutschland seine jungen Leute für Öl in den Krieg schickt." Auf der Welle des Pazifismus daherschwimmend, wurde in Goslar wie anderswo in deutschen Landen verschwiegen, daß deutsche Kampftruppen weder angefordert noch eingeladen worden waren. Erst später – nach dem amerikanisch-britischen Sieg im Irak wurden deutsche Soldaten unter fragwürdigen Umständen als militärische Untermieter Polens ins Gespräch gebracht.

Nach der Haltet-den-Dieb-Methode wehrte sich Fischer seither vehement gegen die These, die Solidaritätsadresse der Acht sei überhaupt nur entstanden, weil sich Deutschland und Frankreich als Kriegsgegner kurzgeschlossen hatten. Tatsächlich lagen andere Beweggründe vor, über die noch zu berichten ist. Atlantisch taucht mit der „Mehrzweckwaffe" Fischer ideologisch ein weiterer Streitbereich auf – die grüne Politik der Nachhaltigkeit. Sie überfordert das atlantische Interessengeflecht durch Wachstumsfeindlichkeit und Umweltschutz. Dazu gesellt sich der Dauerstreit um veränderte Nahrungsmittel, um Gene und damit um Richtung, Tempo und Finanzierung weiter Forschungsbereiche.

Hier fürchten die Amerikaner die Wiederauflage europäischen

Eigensinns, organisiert und angestachelt von grün angehauchten EU-Politikern vom Schlage Fischers. Washingtonians fällt es geradezu traditionsgemäß schwer zu verstehen und vor allem einzuordnen, daß grüne Denkweise nicht nur in der dafür installierten Partei, sondern auch in allen anderen Gruppierungen – bis in die Unternehmerschaft – anzutreffen ist. Welches Schwergewicht der Weltanschauung auf dem atlantischen Verhältnis lastet, zeigen neuerdings die Prinzipienreitereien, die man sich in Europa – vornehmlich im rot-grünen Parteienspektrum und auf europäischer Gemeinschaftsebene, ausgehend vom Konvent, glaubt leisten zu können. Ordnungspolitik treibt zusätzlich auseinander. Was man diesseits und jenseits des Atlantik alles wünscht oder sich verbittet, beispielsweise Shareholder Value-Mentalität, mehr oder weniger Neoliberalismus für oder gegen ein europäisches Modell sozialer Gerechtigkeit im großzügigen Wohlfahrtsstaat; Leistungsvergleich bei sozialen, wirtschaftlichen und wissenschaftlichen oder innovativen Erfolgen oder Mißerfolgen. Wir stehen mitten in einem Ideenwettbewerb zwischen „American Way of Life" und „Europäischem Sozialmodell". (In Amerika widmen sich ihm vornehmlich gesponserte Think Tanks und in Europa hochbezahlte Berufspolitiker.

Offenkundig geht es atlantisch um mehr als um Ausgleichsbemühungen zeremonienfreudiger Diplomaten. Sie haben alle Hände voll zu tun, um zu vermeiden, daß es nur beim St. Petersburger Händedruck zwischen Bush und Schröder anläßlich der fulminanten 300-Jahr-Feier der Zarenstadt bleibt. Kein leichtes Unterfangen. Bestand doch zwischen dem amerikanischen Präsidenten und dem deutschen Kanzler sieben Monate Kontaktsperre in der sonst zwischen ihresgleichen üblichen Polittelefonie als Alltagsbeschäftigung. Über den Fall hinaus gilt für Insider in der amerikanischen Hauptstadt die Formel, die Bushs mächtige Sicherheitsberaterin Condoleezza Rice von sich gegeben hat, zwischen den beiden Spitzenpolitikern könne es nie mehr so werden, wie es war.

Schröder und Chirac auf der Abschußliste

Mit George W. Bush vermuten in Washington nicht wenige und unter ihnen die Einflußreichsten, daß das persönliche Zerwürfnis zwischen Bush und Schröder den atlantischen Bruch in Politik und Ideologie eigentlich nur bestätigt. Aus US-Sicht geht es nicht nur um einen deutschen Alleingang in Sachen Irak, um Unbotmäßigkeiten im Bündnisgeflecht oder um diplomatische Patzer. Man sieht vielmehr eine politische Wende vor sich, die jener von 1989 ebenbürtig zu sein scheint – die Bildung einer deutsch-französischen Achse. Das Vorleben beider gemessen und zu leicht befunden, meint der amerikanische Präsident überdies im Fall Fischer herablassend, er habe wohl nicht die Qualifikation für einen Staatsmann.

In Washington braucht der Name Schröder nur gesprächsweise aufzutauchen und schon wird mit imperialer Gestik die Frage nach der wahren Legitimität der Regierung Schröder–Fischer gestellt. Es bleibt offen, ob es sich um eine Retourkutsche für die Umstände der Wahl von George W. Bush handelt. In Washington läßt man kaum eine Gelegenheit verstreichen, ohne hinterhältig zu fragen, ob Schröder seinen bescheidenen Sieg einer pazifistischen Bewegung zu verdanken habe. Zuerst ungeplant, dann ebenso systematisch wie rücksichtslos habe er nach dem Motto „Vor der Wahl – nach der Wahl" die Kriegsängste der Deutschen und den Antiamerikanismus unter seinesgleichen in Europa genützt. Der Scherbenhaufen ist beträchtlich.

Was amerikanische Strategen rund um Bush vermissen, ist ein Normalmaß an Schadensbegrenzung durch Schröder. Bei der Gewichtung der Interessen und ihrer europäischen Gegenspieler verwenden sie seit dem Fall Irak alte und neue Trennungslinien: Auf der einen Seite Schröder und der französische Staatspräsident Jacques Chirac, auf der anderen Seite für Westeuropa Blair und die „aufrechten Acht". Weder an Lob noch an Tadel wird gespart.

Die Mißachtung, die der französische Staatspräsident derzeit in Amerika „genießt", sucht ihresgleichen. Von ihm, der „Planierraupe", als die der konservative Widerständler und Harvard-Student auch drüben lange Zeit apostrophiert und geschätzt wurde, ist fast nur noch verächtlich die Rede. Aber auch die Spezialbeziehung zwischen Gerhard Schröder und Tony Blair erscheint amerikanischen Strategen kaum noch existent. „Wären wir Zyniker und handelten wir nach dem Prinzip ‚divide et impera' – so die Washingtoner Europa-Strategen – „könnten wir uns des Familienkrachs unter den beiden Sozialdemokraten Schröder und Blair erfreuen." Ihnen erscheint die einst gemeinsame Suche nach dem „Dritten Weg" zwischen Neoliberalismus und Staatswirtschaft auf lange Zeit verbaut. Zwischen Premier und Kanzler ist das politische Vertrauen weitgehend abhanden gekommen. Was Schröder und Blair mit ihrem Papier 1999 im Sinne von „New Labour" festhielten, hatten manche im Bush-Lager, das sich zur Präsidentenwahl des Jahres 2001 versammelt hatte, als ebenso interessant wie gefährlich für ihre konservativen Interessen eingestuft. Noch nicht im Weißen Haus, war der Bush-Mannschaft an einer gesellschaftspolitischen Alternative zum klassischen Kapitalismus und modernem Liberalismus nicht gelegen.

Die Durchschlagskraft der Ideen des gemeinsamen Papiers wirkt zwar bei Schröder mit seiner Agenda 2010 etwas nach (mehr Eigenverantwortung, mehr Risikobereitschaft, abgeschlankter Staat, teilprivatisiertes Gesundheitswesen usw.). Tony Blair jedoch ist nicht mehr mit von der gemeinsamen Partie. Was den Premier von dem Kanzler trennt, ist nicht ein neuer Weg für die sozialen Sicherungssysteme und die Rolle des Staates, sondern die Busch-Doktrin und ihre Nutzanwendungen. „Blairistisch" vorzugehen verbietet sich im Schröder-Lager.

Die große Politik und eherne Bedürfnisse haben das Schröder-Blair-Papier (fast) zu Makulatur gemacht. Seit dem Ende des britischen Weltreiches hat dieser Londoner Sozialist den Auftrag der Weltpolitik nicht verweigert oder verpaßt, sondern ergriffen. Indem er, Tony Blair, sich auf die Seite von George W. Bush stellte, und dies ohne Zaudern, riskierte er, aus Downing Street 10 ausziehen zu müssen. Unbeirrt verteidigt er seine Position als Regierungschef in der Schicksalsfrage von Krieg und Frieden. Dies geschieht in einer Konsequenz, die Blair viele – nicht nur Briten – nicht zugetraut haben. Gleichzeitig verspürt der sichtlich geläuterte Sozialist die einmalige Chance, mit Präsident Bush die Supermacht Amerika mit atlantischem Interessenausgleich auf dem Pfad der Rechtmäßigkeit und der Vernunft zu halten.

Mit dem ganzen Gewicht seiner Begabung, seiner Überredungskunst und seiner Prinzipientreue erreichte er ein Maß an Einfluß auf die amerikanische Politik, wie vor ihm kaum ein Premier (nicht einmal Winston Churchill, als es um die Wahl des Landungsziels alliierter Truppen im Zweiten Weltkrieg zwischen Normandie und Griechenland ging).

Mit ganzem Einsatz, der Tony Blair in den kritischen Wochen des Frühjahrs 2003 sichtlich zeichnete und altern ließ, erzielte er einen atlantischen Einfluß-Triumph: „Amerika hat in den letzten Wochen von Tony Blair viel gelernt", meinte Bush nach einem der zahlreichen Treffen mit ihm am 27. März 2003, wenige Tage nach Kriegsbeginn. „Wir haben erfahren, daß er sein Wort hält. Wir haben erkannt, daß er ein mutiger Mann ist … Wir sind stolz, ihn als Freund zu haben.“

Was sich liest wie höfliche Routine einer Amtshandlung im Rahmen der Besuchsdiplomatie offenbart im Fall Bush–Blair speziellere Gründe. Im Persönlichen wie im Sachlichen. Beide verbindet religiös bestimmte Neigung mit missionarischem Antrieb. Ihr Glaube, ihr Gottesbezug und ihr Verbreitungsdrang hat offenkundig tiefe Wurzeln: Bei Blair der Erziehung und der Überzeugungsfähigkeit, bei Bush der Lebenserfahrung, der Läuterung und des Bedürfnisses nach Macht.

Der Brite pflegt Entscheidungen von Gewicht allein zu treffen, der Amerikaner im Verbund seiner Berater. Was sie trotz dieser unterschiedlichen Arbeitsweise verbindet ist die Überzeugung, moralisch richtig zu handeln und aus dieser Einstellung heraus Absolutitätsansprüche abzuleiten. Während Blair lediglich in der Aufbauphase eines politischen Konzepts Rat sucht und je nach Vertrauenslage annimmt, verfährt Bush umgekehrt. Der Präsident gibt Themen allein vor und sucht dann jenen Zustand der Gruppendynamik, der ihm in Amerika und noch mehr in Europa den Ruf oder zumindest den Verdacht einträgt, von seinen Beratern gelegentlich intellektuell und auch politisch als Geisel genommen zu sein. Blair vertraut auf seine Überzeugungskraft, Bush auf die Kraft des Amtes. Blair sucht die Idee, das gesellschaftspolitische Konzept und öffnet sich allezeit Machbarkeitsstudien (wie beispielsweise mit dem Schröder–Blair-Papier).

Das Missionarische in Bush und Blair

Bush erwartet entscheidungsreife „Vorschläge“, am liebsten ohne Alternative in Kurzfassung, verbunden mit einem realisierbaren Public Relations Konzept. Auch diese Unterschiede halten die beiden nicht davon ab, gegenseitig der tiefsitzenden Glaubenssubstanz ihrer Handlungen gottergeben zu vertrauen. Bush spricht davon, seine Entscheidungen göttlichen Eingebungen zu verdanken, Blair denkt in ähnlichen, intellektuell allerdings abgefederten Dimensionen und Kombinationen.

Der Weg zu ihren Überzeugungen ist moralisch markiert. In ihren Visionen respektieren sie eine doppelte Zielsetzung. Der Amerikaner vertraut darauf, die von ihm vorgegebene Lebensart verteidigen und aller Welt monopolartig anbieten und aufdrängen zu sollen. Der Brite, zutiefst überzeugt, zur richtigen Zeit das Richtige zu tun, vertraut darauf, seine politischen Vorgaben schlüssig zu gestalten. Sie sollen für sich und ihren Autor sprechen, ohne Macht im intellektuellen oder gar staatlichen Sinn einsetzen zu müssen. Macht vertrauen sie beide, der eine jedoch im konkreten, der andere im intellektuellen Sinn.

Blair setzt auf Hegel, Bush auf Lincoln. Der eine geht davon aus, ein guter Europäer müsse auch pro-amerikanisch sein, der andere umgekehrt, ein guter Amerikaner sollte Europa überzeugen und sei es auch mit einiger machtpolitischer Nachhilfe. In der Nutzanwendung treffen sich Präsident und Premier unter dem Dach moralisch abgestützter Loyalität, und beide meinen damit auch gelebtes Christentum ohne Wenn und Aber.

„Why don't we just do the right thing?" fragt sich Blair, seine Umgebung und seine Widerparts. Bush bejaht und nimmt Tony Blair an der Hand wie sonst seine Frau und ist offenkundig durch nichts und niemand von der Überzeugung abzubringen, man sei auf dem richtigen Weg, alle Zweifler seien zu gewinnen oder beiseite zu schieben. An dieser metaphysischen Partnerschaft von nicht zu unterschätzendem Gebrauchswert prallen auch jene unterstellenden und verdächtigenden Kommentare ab, bei Großbritannien handele sich um den 51. Staat der Vereinigten Staaten von Amerika. Mit ihren Kreuzzugsideen haben es Bush und Blair nicht leicht. Sie können sich auch nicht mit der Hoffnung zufrieden geben, über das persönliche Vertrauensverhältnis hinaus der atlantischen Partnerschaft, wie sie sie verstehen, schlicht Gutes zu tun.

Nach dem EU-Konvent der Unzulänglichkeit

Der Konvent der Europäischen Gemeinschaften liefert ein ebenso bemerkenswertes wie abschreckendes Beispiel für die Ausschläge in den atlantischen Ent- und Verwicklungen. Stamm-Europa und die Zehnererweiterung leisten sich eine Schwankungsbreite zwischen besserer Freihandelszone und so etwas wie Vereinigte Staaten von Europa, zwischen Bundesstaat und Staatenbund, zwischen Zentralismus und Föderalismus (im deutschen Sprachgebrauch, – „federal" im Englischen steht für zentralstaatlich), um Grundrechte, Bürgernähe, Sozialstaatlichkeit, Ordnungspolitik bis zu einer gemeinsamen Sicherheits- und Außenpolitik. Wesentliche politische Anstrengungen der 105 Konventsmitglieder unter Leitung des Alt-Europäers und Überzeugungsfranzosen Valerie Giscard d'Estaing konzentrierten sich dabei gut europäisch auf institutionelles Gemache wie die Arbeitsweise einer von 15 auf 25 Mitglieder erweiterten Gemeinschaft, die Beibehaltung oder den Teil-Abschied von der Einstimmigkeit und andere Brüsseler Machtfragen der Zusammensetzung der verkleinerten Kommission und der ansehnlichen Erweiterung der Parlamentsrechte. Immerhin einiges, bei weitem nicht alles, dafür kompromißlerisches Flickwerk ohne Vision und Begeisterndes für jedermann.

150prozentige Europäer müssen von der Kompetenzhascherei des Konvents enttäuscht und für den halbherzigen Fortgang der Integration nur mühsam zu gewinnen sein. Europa-Skeptiker fühlen sich bestätigt, daß Nationalismus und Egoismus nicht auszurotten und parlamentarische Demokratien in Friedenszeiten und aus freien Stücken kaum fähig sind, jenseits des eigenen Polit-Schrebergartens zu einer größeren, funktionierenden Einheit zu gelangen.

„Wie groß ist der europäische Zwerg? Riesig." An diese Abwandlung aus dem kommunistischen Witze-Reservoir wird erinnert, wer sich mit den Ergebnissen des Konvents der 105 – mehr oder weniger EU-Promis als Konventsmitglieder – beschäftigt. Fortschritt, Stillstand und sogar Rückschritt stehen beim Verfassungsentwurf für die Europäische Gemeinschaft nebeneinander. Was in 460 Artikeln an Zielen, Zuständigkeiten und Grundrechten festgeschrieben ist, wirkt wie Äquilibristik der Macht. „Aus der größten Erfindung unserer Zeit" (Brüsseler Selbstveranlagung) haben sie nichts Rechtes gemacht. Die Mitgliedstaaten haben sich nicht die Butter vom Brot nehmen lassen. Einige Rechte mehr für das Europäische Parlament, aber nicht zu viele (statt 70 immerhin noch 44 Entscheidungsverfahren); ein europäischer Außenminister wird installiert, jedoch mit nationalstaatlich eifersüchtig bewachten Befugnissen; die Kommission wird auf 15 Vollmitglieder gestrafft, erhält jedoch zehn Untermieter als Junior-Kommissare – für jeden Mitgliedstaat etwas; die Aufgaben zwischen der EU und den Mitgliedstaaten werden neu, jedoch nicht revolutionär gestrafft; die Einstimmigkeit für Normalgeschäfte ist immerhin überwunden, nicht jedoch für Steuerangelegenheiten und auch nicht für die so oft beschworene gemeinsame Außen- und Sicherheitspolitik; und mit 340 Binnenmarktregelungen auf dem Buckel reitet der alte Amtsschimmel weiter durch Brüssel.

Zyniker der Macht, vor allem in Washington, mögen lästern. Das was sich hochtrabend Verfassung nennt und bestenfalls ein Stückwerk mit verfassungsähnlichen Absichtserklärungen ist, sei typisch europäisch ausgefallen. Brav, konventionell, rücksichtsvoll für den europäischen Innenbetrieb ohne Glanz und Gloria nach außen. Weltweit biete das Konventsergebnis kaum Modellcharakter. In europäischer Sicht wird sich erst noch zu erweisen haben, ob das Konventsergebnis der europäischen Integration überhaupt gerecht wird. Einen großen Wurf stellt dieser Verfassungsversuch sicherlich nicht dar. Indem er nationale Interessen zusammenleimt und das Brüsseler Machtgefüge nur minimal austariert, hat sich der Konvent noch keinen Platz in der Geschichte gesichert. Vom Bürger und seinen Alltagssorgen ist diese Brüsseler Bemühung weiter entfernt, auch wenn die Handlungsfähigkeit der EU zunimmt und die Erweiterung der Gemeinschaft auf 25 Mitglieder organisatorisch halbwegs geregelt erscheint.

Seine Europatauglichkeit hat das Konventsergebnis erst noch unter erschwerten Bedingungen zu beweisen. Diese seltsame Gemeinschaft wird es nicht leicht haben. Weit entfernt von Vision, von Gemeinschaftsgeist, von Aufbruchstimmung und von politischem Sex-Appeal bietet die Paragraphensammlung und Kompetenzhascherei bestenfalls ein europäisches Durchgangsstadium. Wohin?

Zwischen Integration und Desintegration, zwischen Bundesstaat und Staatenbund bleibt eine breite Grauzone. Erst wenn sie erhellt wird oder wenn sie verschwindet, verläßt die EU die Wirtschaftsgemeinschaft und mausert sich zu einem politischen Machtfaktor mit Identität, Sendungsbewußtsein, Bürgernähe und einleuchtender Organisation. Ansatzpunkte, das „europäische Ding an sich" zu bewegen, reichen jedoch transatlantisch für eine spezielle Perspektive: Wenn aus dem Konventsergebnis und dem europäischen Alltag ein Modellcharakter mit gehöriger Attraktivität entsteht, ergibt sich auch für die Supermacht Amerika unausweichlich die Aufgabe, machtpolitisch neu zu rechnen.

Verflogen und vergessen sind dann die Motive des Anfangs in den fünfziger Jahren des vorigen Jahrhunderts, die Bereitschaft junger, begeisterter Leute, die Grenzpfähle zu verbrennen, um Europa als ein Ganzes zu symbolisieren, die allgemeine Aufbruchstimmung nach Hitler und Krieg, die Bereitschaft, nationale Interessen um der Integration willen dreinzugeben und Europa zu modernisieren, ohne sein kulturelles Erbe zu gefährden. Walter Hallstein, der Vordenker der Integration als europäisches Geschäftsprinzip und erster Präsident der Kommission hat die freiwillige Preisgabe nationaler Souveränitätsrechte mit einer Rühreier-Speise verglichen. Das Gelbe ist nicht mehr zurückzugewinnen.

Bald sechs Jahrzehnte später: Es zählt zum Ritual einer ausgeleiert wirkenden Europa-Politik, auf allen nur denkbaren Ebenen darzutun, was nicht geht und warum nicht. Dabei bewirken handfeste Interessen und tief sitzende Egoismen immer neue Killereffekte: Die nationalen Parlamente fürchten um ihre Existenzberechtigung, zumal mehr als zwei Drittel relevanter Rechtsentscheidungen „da oben in Brüssel" fallen und nicht mehr in den Hauptstädten der Mitgliedstaaten; die nationalen Regierungen, nach außen europatreu, vermögen sich intern von dem Gefühl nicht zu lösen, daß eine durchgängigere Integration von ihnen machtpolitisch eigentlich verlangt, den Ast selber abzusägen, auf dem sie sitzen; die politischen Parteien organisieren sich national, vor allem in Wahlzeiten fallweise mit Anti-Brüssel-Slogans; die Interessenten aus Wirtschaft und Wissenschaft begießen lieber das eigene Geviert, als sich EU-weit zu organisieren, und der europäische Durchschnittsbürger fühlt sich weder angesprochen noch verstanden und schon gar nicht bedient. Amerikaner kommen mit diesem EU-Gebilde schon gar nicht zurecht. Sie mauern, intrigieren, üben Druck aus oder lassen den EU-Mechanismus links liegen. Washington versucht es entweder bilateral oder mit gehörigem Einsatz wirtschaftlich-technologischer Macht.

Es zählt zum Standardprogramm jedweder EU-Schelte, den (unbestreitbaren) Bürokratismus aufzuspießen und den Perfektionismus hoch- oder überbezahlter EU-Technokraten lächerlich, zumindest „madig" zu machen. Paradebeispiele für die Häme, die immer wieder hervorgekramt wird, Brüssel kümmere sich nicht um die große Zukunft oder um den allgemeinen Wirtschaftsaufschwung, sondern um die Krümmung der Gurken (ursprünglich eine Packpapier sparende Idee österreichischer Verwaltungsbeamter) oder die Größe der Traktorsitze.

Mehr und mehr Europäer neigen dazu, vor dem Brüsseler Wirrwarr zu kapitulieren. Man erkennt ebensowenig einen großen Wurf wie Gesetzmäßigkeiten beim Zusammenspiel einer Rechtsgemeinschaft. Die EU? Kein Staat, kein Dominium, keine Allianz und kein Handelsverein, betrachtet sich diese Europäische Gemeinschaft selbstkritisch untertreibend als „Ding an sich".

Für Beobachter aus der Neuen Welt erscheint die EU wie eine machtpolitische Ladehemmung der Alten Welt. Nur ungern wird drüben vor der eigenen Haustüre gekehrt: Unzureichende Kür der Politiker, allen voran des jeweiligen Präsidenten; unterentwickeltes Wahlrecht; Parteien bestenfalls Wahlvereine, jedoch keine durchgestylten Politikmacher oder Ideenträger; unkontrollierbare und oft unfinanzierbare Verrechtlichung des privaten und öffentlichen Lebens der USA; Käuflichkeit von Politikern und politischen Entscheidungen; Korruption; mafiose Cliquenwirtschaft und undurchschaubare Machtverhältnisse zwischen Bund, einzelnen Staaten und vor allem dem Höchstgericht und undurchschaubare Einflüsse der Interessenten verschiedenster Art.

Alles andere als ein Schönheitswettbewerb, kaum eine Leistungsschau und nicht ohne weiteres zur Nachahmung zu empfehlen, ergibt diese unvollständige Aufzählung eines: In den politischen Strukturen und der inneren Machtausübung gehen Amerika und Europa seit langem grundverschiedene Wege. Festzuhalten ist, daß das amerikanische Modell, unzulänglich, anfechtbar und seinerseits verwirrend, wie ein etabliertes Chaos wirkt, während die Europäer, politisch irrlichternd, seit Jahrzehnten nach verläßlichen Rahmenbedingungen Ausschau halten. Zuletzt im europäischen Konvent. Unter der Leitung des früheren französischen Staatspräsidenten Giscard d'Estaing, einem Liberalen europäischen Zuschnitts, sollten 105 Mitglieder und ebenso viele Stellvertreter ursprünglich im Auftrag der Staats- und Regierungschefs der 15 Altmitglieder für etwas Bürgernähe und eine Ablauftechnik mit zehn weiteren EU-Mitgliedstaaten aus Mittel- und Osteuropa sorgen.

Weder Schönheitswettbewerb noch Leistungsschau

In einem typisch europäischen Nachdenk- und Entscheidungsprozeß hantelte sich der Konvent auf die Höhe einer verfassungsgebenden Versammlung für Grundrechte und politische Inhalte im Stil des amerikanischen Konvents in Philadelphia aus dem Jahr 1787. Was bei den amerikanischen Verfassungsträumern Hamilton, Madison und Jay 85 Essays, sind bei den Verfassungseltern unserer Zeit Papierberge bis zu 1,86 Meter. Unvergleichbar in der Problematik, in den Lebensumständen und auch in den politischen und rechtlichen Zielen haben beide Konvente immerhin eines gemeinsam: Menschenrechte, Freiheiten, Gewaltenteilung und Volkssouveränität.

Interessierte Amerikaner – ihre Zahl ist nach wie vor begrenzt – kommen aus dem Staunen nicht heraus, daß die Leute vom Konvent unserer Tage in ihrem Selbstfindungsversuch Papierberge kreißen lassen, und es scheint, daß für die EU nur eine politische Maus herauskommt. Einige Rechte mehr für das Europäische Parlament, einige Einstimmigkeitsbeschlüsse weniger, eine etwas straffere Kommission und eine beliebige Zahl guter Vorsätze einschließlich der hochtrabenden Bezeichnung „Gemeinsame Außen- und Sicherheitspolitik" (einem Bastard aus nationalstaatlichem Egoismus und europapolitischem Alibi) – alles weit weg von so etwas wie die Vereinigten Staaten von Europa. In Wahrheit erreichte der Konvent kaum brauchbare Fortschritte – also Rückschritte. Nach dem nahezu mißlungenen Versuch erscheint Europa nicht gestärkt, sondern geschwächt und im Umkehrschluß Amerika nicht geschwächt, sondern gestärkt.

In der Neuen Welt interessiert dabei kaum der Rationalisierungsbedarf der Alten oder die Intensität, mit der einerseits die europäische Vielfalt gepflegt, aber auch verteidigt wird und andererseits in Brüssel Grundfragen angegangen und dann wieder offen gelassen werden. Ein Gottesbezug in einer europäischen Verfassung? Selbst das Wort des Papstes, sich religiös zu binden, hat an Zaudern und Zögern des Konvents religiös nichts zu ändern vermocht. Ohnedies sorgen Hinweise auf den christlichen Charakter der Gemeinschaft für andauernden Prinzipienstreit, inzwischen auch der Staats- und Regierungschefs.

Für Amerikaner unserer Tage wirkt solch europäisches Gewoge altmodisch, rechthaberisch und engstirnig. Allerdings relativiert ein Blick auf die Geschichte Amerikas die Vergleichsmaßstäbe. Nach der Boston-Tea-Party bedurfte es immerhin zweier Kontinentalkongresse und der Unabhängigkeitserklärung, bis sich die Revolutionäre in Philadelphia auf eine eigene Verfassung einigten. Auch damals wogte der Streit hin und her zwischen Staatenbund und Bundesstaat, zwischen Macht-Balance des Präsidenten, des Kongresses, der Höchstrichter. Es dauerte, bis die Bill of Rights mit ihrer

Glaubens-, Presse- und Versammlungsfreiheit sowie Unverletzlichkeit der Person, der Wohnung und des Eigentums 1791 wirksam werden und auf Europa zurückwirken konnte.

Bei allem Stolz der Amerikaner, seinerzeit den ersten modernen Verfassungsstaat der Welt geschaffen und eine Verfassung zustande gebracht zu haben, die über 200 Jahre im großen und ganzen (im Gegensatz zum europäischen Verfassungsgewürge) hält, bleibt atlantisch festzuhalten: Drüben wurde das Verfassungsgebäude gleichsam auf der grünen Wiese (und nach gewalttätiger Ausschaltung der Ureinwohner) durch Anpassung der Aufklärungsideale geschaffen. Europa plagt sich mindestens seit dem Westfälischen Frieden mit den historischen Vorgaben der Staatswerdung auf einem engen Kontinent und mit der Erbschaft des Mittelalters, der Religionsspaltung, der Aufklärung anderer Art als Teil unausrottbaren Besitzstandsdenkens und des aufkommenden Nationalismus.

Historisch, akademisch oder philosophisch läßt sich die zweierlei Konventsmethode samt den dahinter stehenden Interessen allerdings nicht ausreichend erfassen. In unseren Tagen geht es offenkundig mehr um Instrumente der Macht als um Grundrechte und andere gute Vorsätze. Regie führen Interessen, einschließlich der Ausübung von Macht. Auch atlantisch. Inwieweit es Europa gelingt, allen Widerständen, Fallen und Selbstbeschädigungen zum Trotz in eine echte Einheit hineinzuwachsen, bleibt zwar offen. Weltpolitisch kann dennoch den Vereinigten Staaten von Amerika mit den Vereinigten Staaten von Europa ein Partner heranwachsen, ein Rivale, ein Gegenpol, eine Alternative gar. Was sich in der Konkurrenz von US-Dollar und Euro langfristig an Kräftemessen anbahnt, liefert machtpolitisch bestenfalls einen Vorgeschmack.

Wenn diesseits des Atlantik eine gemeinsame Außen- und Sicherheitspolitik keine leere Floskel bleibt, sondern mit Inhalten versehen wird, ergibt sich – vielerlei zum Trotz – immerhin eine weitere, eine bisher kaum absteckbare Dimension atlantischer Zweisamkeit. Zahlen sprechen eine eigene, freilich manchmal täuschende Sprache. Hier ein Vergleich der Streitkräfte zwischen den USA und der Europäischen Gemeinschaft aus dem Jahr 2001 (vor der Erweiterung). Die USA zählen 1,8 Millionen Soldaten (ohne Reserven bzw. Nationalgarde), die 15er-Gemeinschaft mehr als zwei Millionen Soldaten; die USA 2 100 Kampfflugzeuge, die EU 3.949; die USA 3.533 Kampfhubschrauber, die EU 1.028; die USA über 600 Transportflugzeuge, die EU etwa 300; die USA 15.200 gepanzerte

Fahrzeuge, die EU 21.229; die USA 7.600 Kampfpanzer, die EU 9.592; die USA 5.800 Artilleriegeschütze und die EU 12.049.

In keinem anderen Bereich erschwert es die Optik der Zahlen so sehr, die wahren Kräfteverhältnisse zu erkennen. In der Kampfkraft jedoch sind die USA Europa und „dem Rest der Welt" haushoch überlegen. Ihr gigantisches Investment in nationale Verteidigung schlägt mit einer Milliarde Dollar täglich seit langem machtpolitisch hundertprozentig zu Buch. Da kommen die Europäer mit bescheidenen, ständig von Kürzungen bedrohten Budgets schon lange nicht mehr mit. Wie diese Summen das Kräfteverhältnis bestimmen, zeigt eine Faustregel, wonach Amerika in der allgemeinen Technologie und vor allem in der Waffentechnologie Europa nach der einen Schätzung 20 Jahre voraus ist, nach einer anderen, ebenfalls verläßlichen Rechnung 30 und mehr Jahre.

Ergeben sich Ansatzpunkte für eine gemeinsame Außen- und Sicherheitspolitik, für Langzeitkooperationen, für die Sicherheit in und um Amerika sowie in und um Europa? Auch ohne die terroristische Herausforderung des 11. September 2001 sind bündige Antworten Mangelware. Fallweise und für eine Art Feuerwehreinsätze wie im Kosovo (oder auch indirekt im Irak) dient die NATO als bewährte Plattform für einzelne, zeitlich begrenzte Kooperationen. Sie sind aber nicht mit einem strategischen Konzept zu verwechseln, gleichwertig der alten Abschreckungsdoktrin und mit einer Bindung oder Bündelung der einzelnen Sicherheitsinteressen auf längere Zeit.

Der Vorrat an Gemeinsamkeit, der sich im kalten Krieg bei der NATO angesammelt hat, ist weithin verbraucht oder verstaubt. Geschichte geworden ist eine relativ geradlinige, wenn auch gelegentlich umstrittene Selbstverteidigung des Westens gegenüber kommunistischem Imperialismus im Osten: Die endgültige Abkehr von der Monroe-Doktrin, daß sich die USA in europäische Angelegenheiten absolut nicht einzumischen haben; die Aufgabe ihrer zweimaligen Neutralität im Ersten und im Zweiten Weltkrieg; die Eindämmungspolitik als Magna Charta der Nordatlantischen Allianz; die Umorientierung der US-Militärstrategie durch „massive retaliation", durch Eindämmung, Vergeltung sowie „flexible response" (mit der höchsten Eskalationsstufe des Einsatzes von Atomwaffen) und die Aufnahme der wiederbewaffneten Bundesrepublik Deutschland in die NATO (1954/55); 1966 den Austritt Frankreichs unter Charles de Gaulle aus der Kommandostruktur der

NATO und die Verlagerung des NATO-Hauptquartiers von Paris nach Brüssel; nach dem „Prinzip Abschreckung" mit dem NATO-Doppelbeschluß (1979) durch die Stationierung von US-Raketen vom Typ Pershing 2 und US-Marschflugkörper, um das sowjetrussische Raketensystemen in Schach zu halten (nach der Wende nachgewiesene Kapazität: eine sowjetische Rakete hätte mit Atomsprengköpfen u. a. drei westdeutsche Großstädte gleichzeitig vernichten können).

Amerikaner engagieren sich, Europäer fügen sich

Abgesehen von manchen Hintergedanken, wie der Kontrolle der Deutschen und den nationalen Interessen, etwa im Rüstungsgeschäft, schien die atlantische Welt heil und Ewigkeitswert zu haben. Die Amerikaner engagierten sich und die Europäer fügten sich. An den atomaren Schutzschirm der Amerikaner hatten sich die Europäer weithin gewöhnt. Sicherheitspolitisch wirkte er geraume Zeit wie ein Free Lunch. Außer bei Querdenkern, Rebellen und Auch-Revolutionären herrschte Selbstverständlichkeit. Die Teilung Europas, auf der Konferenz von Jalta beschlossen, schien unabänderlich und vielleicht irgendwann in hundert oder mehr Jahren überwindbar. Vielfach übersehen oder verdrängt wurde, daß sich die Europäer über den Hegemonieanspruch der USA ärgerten. Er rankte sich vielfach um technisch-finanzielle Teilprobleme wie die Stationierung von US-Streitkräften nach Zahl, Standort und Kosten. Das Prinzip des US-Engagements war geraume Zeit unbestritten. Lediglich der stolze General und Präsident der Grande Nation, Charles de Gaulle, wartete anno 1966 mit jener Argumentation auf, die noch im neuen Jahrtausend da und dort zu ziehen scheint: Die Anwesenheit amerikanischer Truppen vertrage sich nicht mit der Unabhängigkeit und nationalen Größe des eigenen Landes.

Auf- und abgerechnet wurde jahrzehntelang in der atlantischen Sicherheitspolitik eigentlich nicht. Während es in Europa üblich und Mode war, diese Thematik auf den „back burner" zu schieben, holten sie Amerikaner immer wieder nach vorn. Amts-Washington hingegen vererbte die transatlantische Sicherheit samt Ungleichgewicht von einer Administration zur anderen und ließ die sonst so mächtigen Politiker auf dem Kapitol ins Leere dampfen. Sie nahmen sich immer wieder die Freiheit, nach den Eigen- und Gegenleistungen der Europäer zu fragen. Sicherheitspolitisch wurde im Lauf der Jahre beiderseits übersehen oder verdrängt, daß die Grundinteressen nicht oder nicht mehr übereinstimmen. Das Verhältnis war durch tief sitzende Unterschiede der Mentalität, der Konfliktbewältigung und der Vertrauensbildung längst notleidend geworden.

Im persönlichen und auch im politischen Leben werden die Verschiebungen wie bei tektonischen Platten auch erst unter Druck und Belastung sichtbar. Zum Beispiel im Kosovo, dem ersten europäischen Koalitionskrieg im Informationszeitalter. Klaus Naumann, profilierter Generalinspekteur der Bundeswehr und später als Vorsitzender des Militärausschusses der NATO Hauptverantwortlicher für Strategie und Taktik der Intervention am Balkan, sieht es zwar als Erfolg an, daß die Koalition der NATO hielt. Was es aber bedeutet, wenn demokratische Gesellschaften in den Krieg ziehen, belegt der schreibgewandte Oberkommandierende von damals vielfältig. Krisen lassen sich – laut Naumann – nur bewältigen und militärische Konflikte verhindern, „wenn frühzeitig die Initiative gewonnen wird und möglichst gar präventiv gehandelt werden kann“.

Politische Ziele will der hochrangige Soldat präzise definiert und durchgehalten wissen. Geheimhaltung, schmale Entscheidungsstrukturen, und Durchhaltevermögen (auch der beteiligten Politiker) hält Naumann für unerläßlich. Da die Kosovo-Intervention der erste Krieg überhaupt war, der ausschließlich aus der Luft geführt und gewonnen wurde, plädiert Naumann für operative Sicherheit ohne zeitaufwendige Zwischenschaltung inkompetenter Instanzen. Eine Anspielung darauf, daß es beispielsweise mehrerer Sondersitzungen der NATO-Sonderbotschafter, weisungsgebundene Beamte der nationalen Regierungen, in Brüssel bedurfte, bevor endgültig genehmigt wurde, die Donaubrücke bei Novi Sad durch US-Kampfjets anzugreifen und zu zerstören.

„Weder im Vorfeld des Konflikts noch während der Luftoperationen verfügte Europa über ausreichende Informationen, um zu einem unabhängigen Lagebild zu kommen“, schreibt Naumann als Resümee seiner Kosovo-Erfahrungen. Der Unterschied zwischen der militärischen Leistungsfähigkeit der europäischen NATO-Staaten und jener der USA sei im Kosovo-Konflikt in aller Deutlichkeit zutage getreten. Sie zeige den politisch Verantwortlichen Europas, daß es um weit mehr gehe als um die Diskrepanzen in militärischer

Leistungsfähigkeit, nämlich um die eigenständige Urteils-, Entscheidungs-, und Handlungsfähigkeit Europas, der EU.

Der Ex-General plädiert dafür, den Krieg um den Kosovo zur „Geburtsstunde einer leistungs- und handlungsfähigen, in die NATO integrierbaren und mit den USA voll interoperablen europäischen Verteidigungsidentität" zu machen. Aus seiner Erfahrung hält es Naumann für unumgänglich, das Völkerrecht durch die allgemein anerkannte humanitäre Intervention weiter zu entwickeln. Wo Völkermord droht, darf die Ausrede „innere Angelegenheit" nicht gelten.

Vier Jahre später rächt sich, daß aus den Erfahrungen eines deutschen Spitzenmilitärs keine Konsequenzen gezogen wurden. Mit dem Irak-Feldzug der Amerikaner wurde ein weiteres Mal Krieg als Mittel der Politik eingesetzt. In der Schicksalsfrage von Krieg und Frieden löste sich die Atlantische Allianz in ihre schwächelnden Bestandteile auf. Gespalten in Kriegswillige und Kriegsgegner drohte der Kollaps. Die Möglichkeit und – je nach Betrachtungsweise – die Gefahr wurden real, politisch unterzugehen.

In Amerika erleben jene Skeptiker Aufwind, die die NATO seit langem als baufällig und abbruchreif betrachten und für den Abzug der amerikanischen Truppen aus Alt-Europa eintreten. Für sie können die Europäer auch unter veränderten Bedrohungsszenarien für ihre Sicherheit selber sorgen. Die Vereinigten Staaten von Amerika müßten sich nicht mehr als Glucke betätigen. Die NATO betrachten sie als eine überflüssige Bürokratie ohne nachhaltigen Ertragswert.

Amtliche Sicherheitspolitiker geben sich von diesen Konkursideen für die Allianz unbeeindruckt. Kurzfristig wollen sie den Aktionsradius der NATO sogar erweitern und in Afghanistan und im Irak erhalten wissen. „Out of Area" – ein Stichwort, das seit Jahrzehnten herumgeistert und Sicherheitsexperten streiten läßt – ist die NATO durch die Amerikaner in irreversibler Weise eingebunden. Aus Furcht vor einer Überbeanspruchung der USA, militärisch und sicherheitspolitisch an mehreren Orten gleichzeitig präsent sein zu müssen, sind Europäer als nützliche Ergänzung gefragt. In Kabul hat die NATO Quartier gemacht, und im Irak hilft das Bündnis dem Neuling Polen bei der Planung, Organisation und wohl auch Finanzierung der von den USA gewünschten Stabilisierungstruppe. Rund um Bagdad tritt die polnische Division nach außen selbsttragend auf, benötigt dazu aber die Stabskapazität der NATO als Rückhalt.

Weil eine neue Weltdoktrin der NATO, ein kühnes Unterfangen, noch nicht durchgestylt und politisch durchgesetzt ist, soll sie zwar in Afghanistan Flagge zeigen, nicht jedoch im Irak. Dahinter steckt die Sorge, ob das Bündnis angesichts der Kosovo-Erfahrungen glaubhaft in der Lage ist, geschlossen aufzutreten. Es ist offenkundig, daß es sich nicht nur um akademische Zwischenergebnisse bei der Neuorientierung der NATO handelt, sondern um aktuelle Notwendigkeiten vor hintergründigen Zweifeln. Fällt es doch reichlich schwer, das NATO-Bündnis auf Vordermann zu bringen und gleichzeitig mit der EU sicherheitspolitisch ins Reine zu kommen.

Fortgeschritten, wie der Zerrüttungsprozeß atlantisch geraten ist, kann es nicht erstaunen, daß die amerikanische Diplomatie ausrückt, um vor einer Vision der Europäer zu warnen, eine Gegenmacht zu den USA aufzubauen. Nicholas Burns, amerikanischer Botschafter bei der NATO und davor in vielen Sätteln von Washington bis Berlin gerecht, sieht im Falle europäischer Machtgelüste den kooperativen Geist zerstört, der die Allianz bisher zusammengehalten hat.

Eine frontale Attacke auf die gemeinsame Außen- und Sicherheitspolitik der EU im allgemeinen und der Ausbildung einer europäischen Sicherheits- und Verteidigungspolitik im besonderen. Burns, der im diplomatischen Geschäft für seine Direktheit bekannt ist, nimmt den Fall der NATO-Stabsunterstützung für die polnische Division im Irak zum Anlaß, auf den Kräfteunterschied Amerika–Europa hinzuweisen. Die Vereinigten Staaten von Amerika unterhalten mehr als 200 strategische Transportflugzeuge, Großbritannien vier und der Rest der NATO null.

Außerdem hält der Botschafter von der Errichtung eines eigenen Hauptquartiers von zunächst vier NATO-Staaten (für Frankreich, Deutschland, Belgien und Luxemburg in Brüssel) gar nichts. Überflüssigerweise würde es die vorhandenen NATO-Kapazitäten verdoppeln. Auch der Gebrauchswert eines solchen neuen Hauptquartiers ist laut Burns gleich null, „es sei denn," – wie er in der „Herald Tribune" schreibt – „es beabsichtigt unsere Zusammenarbeit zu schwächen".

Der Blattschuß des Donald Rumsfeld

Während sich Diplomaten berufsgemäß im Vorhof der Unverbindlichkeit austauschen, setzt der verantwortliche Politiker, nämlich Verteidigungsminister Donald Rumsfeld, zum Blattschuß an. Vor aller Öffentlichkeit denkt er vor einem Besuch im NATO-Hauptquartier laut darüber nach, dasselbe aus Belgien abzuziehen (und damit die 66er-Methode von de Gaulle in anderer Weise anzuwenden). Mit gespielter oder tatsächlicher Entrüstung attackiert Direktsprecher Rumsfeld die Pläne für ein belgisches Spezialgesetz.

Danach sollen ausländische Bürger vor belgischen Gerichten wegen Völkermord belangt werden können. Daß es sich hier nicht um staatsrechtliches Bodenturnen, sondern um publizitätsfreudige Politik handelt, zeigen die vorsorglichen Klagen von Irakern. Vor belgischen Gerichten wünschen sie den amerikanischen Außenminister Colin Powell und den amerikanischen Irak-General Tommy Franks wegen Völkermords angeklagt zu sehen. Kommentar Rumsfeld: „Wenn es zu einem solchen belgischen Gesetz kommt und dieses angewandt wird, besteht die Gefahr ‚fingierter Anzeigen' und ‚absurder Klagen'." Derart bedrohte Ausländer werden nach der Voraussage des US-Ministers Belgien nicht betreten oder verlassen.

Aufgescheucht von den Drohungen Rumsfelds wurde das Völkermord-Gesetz im belgischen Parlament abgeschwächt und auf Kläger abgestellt, die in ihrem Heimatland kein gerechter Prozeß erwartet. Nimmt man Botschafter Burns und Minister Rumsfeld zusammen, zeichnet sich eine weitere Nutzanwendung der Bush-Doktrin ab. „Pre-emptive Strike" nicht nur im Fall bewaffneter, sondern auch diplomatisch-politischer Auseinandersetzungen, indem Freunde belohnt, Widersacher bestraft und unsichere Kantonisten (wie Belgien?) kaltgestellt werden.

Offenkundig geht es nicht darum, ob Diplomaten, Attachés und Generalstäbler ihre Koffer zu packen haben. Mit der Verlegung eines Hauptquartiers einer noch so ausgedünnten Allianz auf US-Kommando wird Symbolpolitik getrieben. Ein Allianz-Quartier etwa in London, Warschau oder Prag setzt ein Zeichen für eine grundsätzliche Verlagerung der Interessen und der politischen Gewichte. Allein diese Möglichkeit muß die Realisierungschancen für eine eigenständige Sicherheitspolitik Europas mindern.

Dringendes läßt ohnedies seit Monaten keine Zeit zu theoretischem und diplomatischem Getändel. Europa fehlen schließlich seit langem Spezialkräfte und Kapazitäten etwa bei der Luftwaffe einschließlich Luftbetankung oder bei Nachrichtensatelliten. Aber auch bei Kampftruppen stellt sich heraus, daß es mit statistischen Spielereien nicht weit her ist. Voreilige, nahezu planlose Abrüstung, wie sie in Europa – um die allgemeinen Budgets zu schonen – gang und gäbe ist, rächt sich. Selbst Deutschland erreicht neuerdings seine Grenzen bei internationalen Beiträgen mit Truppen und Logistik auf dem Balkan, in Afghanistan oder im Kongo. Stärke schlägt Schwäche. Amerika wiederum gibt sich von den konventionellen Knappheitserscheinungen in den europäischen Streitkräften unbeeindruckt. Neuartige Bedrohungen – einschließlich Terrorismus – und Washington drängt auf Modernisierung. Dies betrifft sowohl die militärische (kostspielige) Ausrüstung als auch die Umstrukturierung sowie Qualifizierung der Streitkräfte und ihrer Stabskapazitäten und Standorte.

Wer schießt auf Kindersoldaten?

Daß sich im strategischen Übergang nicht nur Engpässe, sondern auch neuartige Interessengegensätze herausstellen, läßt sich vom Fall Kongo ableiten. Gegen Kindersoldaten in einer Bürgerkriegssituation wie im Kongo, nach jahrelangem Zögern eigene Kampftruppen einzusetzen, lehnen die USA (nach ihren demütigenden Erfahrungen in Somalia) ab. Den Europäern bleibt trotz der heiklen Mission nichts anderes übrig als einzuspringen, allen voran den Franzosen. Reibungsloser läuft der Übergang von der NATO zur EU in Mazedonien, so daß sich die Amerikaner auch aus Bosnien militärisch verabschieden möchten.

Ist Europa sicherheitspolitisch und militärisch reif, weltweit mitzumischen? Seriöserweise kann eine Antwort nicht eindeutig ausfallen. „Jein" trifft den typisch europäischen Mix aus guten Vorsätzen, Idealzielen und Rückschlägen, Selbsttäuschungen und Selbstlob. Außer der Wirtschaftspolitik ist die Unzulänglichkeit Europas jedoch in keinem anderen Bereich derart offenkundig wie in der Sicherheitspolitik. Jahrzehntelange Versäumnisse rächen sich. Sie vom allgemeinen Bewußtsein verwöhnter Wohlstandsgesellschaften fernzuhalten, gelang beiderseits des Atlantik als Teil eines Angewöhnungsprozesses. Nur vorübergehend bis zum Zusammenbruch des Ostblocks sorgten die Existenz des US-Atomschildes und die kalkulierbare Bedrohung durch den Ostblock für einen – scheinbar bequemen – Gleichgewichtszustand. Der Spürsinn für Gefahren und Bedrohungen verkümmerte. Ihre Leistungsschwäche wurde und wird den Europäern nicht (ausreichend) bewußt.

Zum Bewußtsein zählt jedoch seit langem, daß vor und nach 1989 auch die Wahrnehmung gemeinsamer transatlantischer Interessen sukzessive verkommt. Anders läßt sich wohl kaum erklären, daß die Existenzberechtigung der NATO-Alt immer häufiger angezweifelt wird – zumal Rußland neuerdings vielfach eingebunden ist. Ein Ballast mehr und eine Idee weniger, von einer europäischen Sicherheitsidentität ist zwar in Expertenzirkeln häufig und in der Öffentlichkeit selten die Rede. Vorhanden ist sie so gut wie nicht. Politischer Schlendrian begünstigt die Selbstlähmung der Alten Welt. Was in ruhigeren Zeiten verwischt, getarnt oder verleugnet werden kann, tritt mit einer Krise wie um den Irak schlagartig hervor.

Die gemeinsame Außen- und Sicherheitspolitik der Europäischen Gemeinschaften erweist sich als unzulänglich. Schon seit Jahren. Die EU turnt sich von Konferenz zu Konferenz, von Kommuniqué zu Kommuniqué und von Ausschuß zu Ausschuß über ihre eigene Führungsschwäche hinweg. Zumindest seit Mitte der siebziger Jahre und erst recht nach der Wende herrscht europäische Integrationsrabulistik.

In amerikanischer Sicht werden diese und ähnliche Bemühungen der EU und teilweise auch der NATO als unzulänglich, jedenfalls unberechenbar bis bedeutungslos eingestuft. Eine strategische Partnerschaft, über die sich die 15er-EU seit langem den Kopf zerbricht, erhielt von Washington aus erst durch die Osterweiterung – zuerst der NATO und dann auch der EU – einen anderen, griffigeren und zugleich transatlantischen Stellenwert. US-Interessen lassen sich in Polen, Ungarn und in den baltischen Staaten schneller und eindeutiger festmachen als unter den Altmitgliedern der EU und ihrer – Amerikaner oft verwirrenden – Komplexität aus Geschichte, Stolz, Eigensinn und Verunglimpfung.

Behende, wie es dem oft schwerfälligen Washingtoner Apparat kaum zuzutrauen ist, bastelt er an einem neuartigen Cordon sanitaire östlich des ehemaligen Eisernen Vorhangs. Die Stationierung amerikanischer Truppen in Ungarn, die Entsendung einer polnischen Division in den Irak oder die Verlagerung von US-Stützpunkten aus Deutschland wiederum nach Polen zeigt: Geopolitisch machen sich die USA die Doppelerweiterung der NATO und der EU zupackend zunutze. Die neue US-Strategie geht inzwischen davon aus, daß das wirtschaftliche Engagement der alten EU-Staaten (allen voran Deutschland und Österreich) in den Mittel- und Osteuropäischen Ländern fortgeschrieben wird. Gleichzeitig macht es eine Sicherheitspolitik möglich, daß die USA in der Mitte Europas zumindest den Fuß in der Tür halten.

Osteuropäer freut's in ihrem unverbrauchten Amerikanismus und Westeuropäer ärgert es in ihrem aufgeblasenen Anti-Amerikanismus. Abseits aller Emotionen und kurzfristigen Aktionen wie dem Irak-Einsatz der Polen, ergibt sich durch das US-Engagement in der Mitte Europas ein nicht zu unterschätzendes Nebenprodukt der Bush-Doktrin: Unter Duldung der hergebrachten Allianz-Verhältnisse entsteht ein neues Geflecht bilateraler Beziehungen zwischen Amerika und Teil-Europa. Wie man so etwas vorbereitet, plant und festmacht, erweist sich als Lehrstück amerikanischer Geopolitik. Ob Westeuropäer alles in allem lernfähig sind? Zweifel sind angebracht. Die Europäische Gemeinschaft wirkt in diesem und anderem Zusammenhang wie ein Jaguar mit Rasenmähermotor (Jacques Delors).

Es entspricht unerbittlicher Logik, daß sich Amerika und Europa sicherheitspolitisch nicht nur auseinandergelebt haben, sondern inzwischen oftmals getrennte Wege gehen und sich dabei gegenseitig belauern.

Tatsache ist, daß sich Amerika und Europa auch sicherheitspolitisch auseinanderleben. Die Beschwörungsformeln unverbrüchlicher Allianztreue sind längst verrauscht. Wie hieß es doch nach dem 11. September 2001 in einem geradezu orchestrierten Aufschrei der Entrüstung und des Mitgefühls bei Politikerreden und in Schlagzeilen landauf, landab in Europa: „Wir alle sind Amerikaner."

Wie konnte dieses Bekenntnis, spontan oder nicht, diese emotionale Neigung, dieses Mitfühlen und diese – hoffentlich ehrliche – Hilfsbereitschaft verfliegen? Was bewirkte, daß Verschwörungstheorien schlagartig die Runde machten? Querdenker aller Länder vereinigten sich rund um die skurrile These, die Amerikaner – diese unbarmherzigen Urväter der Globalisierung und Paten aller wirtschaftlichen und sozialen Ungerechtigkeiten –, diese übriggebliebene Supermacht, seien an dem doppelten Terrorüberfall selber schuld. Wie gefangen in ihrer eigenen, ihrer antiamerikanischen Simpel-Propaganda bleiben die Verfechter dieser verstiegenen

Theorien zwar in der Minderheit, aber für Vergiftung des Klimas reichen diese unbeweisbaren Behauptungen allemal.

Wer an bestmöglicher Sicherheit interessiert ist – und das sind in Europa nicht gerade wenige –, kann nur zu dem Schluß kommen, daß es einer eigenständigen Antwort Europas auch und besonders in der Sicherheitspolitik bedarf. Es reicht nicht mehr, von Ansätzen und Plänen zu reden. Auf den Willen und die Tat kommt es an. Da sich die Gewichte transatlantisch grundsätzlicher verschieben, als es im allgemeinen Bewußtsein steckt, braucht Amerika – auch in seinem eigenen Interesse – einen ebenso potenten wie kalkulierbaren Widerpart. Also ist es höchste Zeit umzudenken. Für ein Sicherheitseuropa ist es nie zu spät.

Weil Wirtschaft unser Schicksal ist

Alte Herren lassen sich feiern

An der Kreuzung von Park Avenue und 49. Straße staut es sich wieder einmal. Die New Yorker von Manhattan gehen diesmal aber nicht eilig vorbei zum Geschäft oder zum Vergnügen. Sie bleiben stehen, sie warten und sie klatschen jedes Mal, wenn eine der großen Limousinen vorfährt und eine Hauptperson entsteigt. Aufmerksamkeit und Zustimmung, jedoch nicht für Filmstars, Schauspieler, Gesellschaftshyänen oder Politiker. Umjubelt wird ein Erfinder, ein Automobilfabrikant, ein Reifenhersteller, ein Fotoexperte, ein Teekönig und noch ein Autopatriarch. Ihre Namen – Henry Ford, Thomas Edison, Harvey Firestone, George Eastman, Thomas Lipton und Walter Chrysler. Man schreibt den 24. Oktober 1928.

Mit ihrem Gala-Diner im ehrwürdigen Hotel Waldorf Astoria wollten die Erfolgreichen ihren Erfolg nicht nur feiern, sondern beweisen. Amerika war im Begriff, Europa industriell den Rang abzulaufen. In einer Mischung aus Bescheidenheit, wie sie Industriegiganten seinerzeit noch eigen war, und stolz, wie sie ihn als berechtigt ansahen, glaubten sie felsenfest an die Überlegenheit der eigenen Technik und des eigenen Landes. Unbegrenzte Möglichkeiten ausgeschöpft zu haben, war für diese Generation der Erfinder und der Genies alles andere als selbstverständlich. Sie wollten der Nation, den USA, und ihrer Bevölkerung (die damals noch nicht unter Gesellschaft lief) tatkräftig einiges von dem zurückzahlen, was ihnen in diesem „Land der unbegrenzten Möglichkeiten" geboten worden war.

Sie fühlten sich offensichtlich als Pioniere ohne Allüren und ohne Größenwahn. Zum Beispiel Henry Ford, genialer Autobastler, Erfinder des Fließbandes und Hersteller des ersten Massenautos (Lissy) sorgte für Weitergabe seiner stattlichen Erträge – er verdoppelte eines Tages die Löhne seiner Automobilarbeiter. Als er im Unternehmerlager auf Unverständnis und Widerstand stieß, meinte Ford: „Autos kaufen keine Autos, Menschen kaufen Autos."

Was heute unter Sponsoring, Abschreibposten, Kleinkrieg mit den Finanzbehörden, Kapitalflucht und Spendenfreudigkeit der Reichen und der Superreichen abgehandelt wird, entsprach seinerzeit bei den meisten Industriekapitänen einer ethisch-moralischen Grundeinstellung. Die meisten von ihnen betrachteten Ertrag gekoppelt an soziale Pflicht (nicht zuletzt gegenüber ihren Arbeitnehmern) und Gewinn als transitorischen Zustand zum Nutzen der Allgemeinheit. Gewinn bedeutet nicht Selbstzweck, sondern Pflicht zur Weitergabe, allerdings in selbstgewählter Form. Ford arbeitete auf die Ford-Foundation hin, Edison, Firestone, Eastman und Lipton auf Wissenschaftsförderung, und Chrysler hatte es die Architektur angetan.

Bereicherung im modernen Sinn war seinerzeit nicht der Antrieb der Gründer- und Entwicklungsgeneration in Amerika und in Europa. Damals gab es auch noch nicht die ausgeprägte Neidgenossenschaft, die literarischen Verirrungen über Reichtum und Wirtschaftsmacht oder ganze Fernsehserien, vornehmlich mit Krimi-Sujets, als ideologische Haßziele aus der Welt der Reichen und Superreichen. Daß manche in relativ kurzer Zeit gigantische Vermögen anhäufen konnten, und in Einzelfällen sehr wohl Mißbrauch bis zum Raubtier-Kapitalismus getrieben wurde, ist unbestritten – und blieb weder vom Staat, noch vom Markt oder von der Bevölkerung ungeahndet.

Auch führte blitzartig angesammelter und zur Schau gestellter Reichtum von Zufriedenheit bis zu einem Revolutionspotential. Damals wie heute spiegelt sich der Verteilungskampf nicht in ausschließlich makro- oder mikroökonomischen Strukturveränderungen. Vielmehr ist es das Einkommensgefälle, mit dem die Stimmung der Unzufriedenen immer wieder entfacht und gesellschaftspolitisch angeblasen wurde. Es genügte oft festzustellen, daß Spitzenmanager um die Wende vom neunzehnten zum zwanzigsten Jahrhundert bis zum fünfhundertfachen eines Arbeiterlohns als Monatseinkommen bezogen. Ein dreiviertel Jahrhundert später zeigte dieser Vergleichswert das achtzigfache und heute wird es wieder bis auf das Halbtausendfache eines Arbeitereinkommens hochgerechnet.

In bester amerikanischer Tradition von Leistung und marktgerechter Bezahlung marschieren US-Manager unserer Tage auch als Verdiener an der Weltspitze. 17% Einkommensplus alles in allem sind im Durchschnitt der tausend führenden amerikanischen Unternehmen für das Jahr 2002 festzustellen und dies, obwohl die Börsenkurse um 23% absackten. Spitzenreiter ist Sumner Redstone mit 20,2 Millionen Dollar im Jahr für seine allseits hoch gelobten Dienste beim Medienkonzern Viacom. Ihm folgen Bau- und Gesundheitsunternehmer. Erst an siebter Stelle rangiert der Chef von General Electric, Jeffrey Immelt, Kenneth Louis von der Bank of America und Henry Paulson von Goldman Sachs mit jeweils 6,9 Millionen Dollar. Im Durchschnitt kommen für CEOs (Chief Executive Officers) als Salär, Optionsgewinne und andere langfristige „Anreize" gut vier Millionen Dollar jährlich zusammen.

Zum Vergleich: Josef Ackermann, der Vorstandschef der Deutschen Bank verzeichnet einen Jahresbezug von 6.448.135,07 Euro, während es sein Vorgänger Rolf-E. Breuer noch auf über acht Millionen brachte. Im Mittelfeld der Spitzenklasse läßt der oberste Macher, Besitzer und Dirigent des internationalen Zulieferkonzerns Magna, der gebürtige Österreicher Frank Stronach – Symbolfigur einer kanadischen Erfolgsgeschichte – seinen Top-Manager, Siegfried Wolf rangieren. Nach dem Magna-Konzept von Bodenständigkeit, Hausverstand und Fleiß bezieht Wolf ein relativ niedriges Basisgehalt von 112.000 Euro jährlich. Es wird aufgefettet durch Bonuszahlungen und Optionen mit 7,68 Millionen Euro. Mit 7,8 Millionen kann sich Wolf diesseits und jenseits des Atlantik ebenso sehen lassen wie Magna, weltweit unter Autozulieferern.

Mit gebührendem Abstand rangieren Gewerkschaftsbosse und Bundeskanzler. Der Vorsitzende der größten Industriearbeitergewerkschaft der Welt, der IG Metall, bringt es auf über 30.000 Euro monatlichen Aktivbezug ohne Zulagen, Aufwandsentschädigungen und Altersversorgung. Dieser Arbeitnehmervertreter kassiert damit fast ein Drittel mehr als der deutsche und erst recht der österreichische Bundeskanzler.

Europäischer Gehaltstradition und ihren diskreten Untiefen und Nebenkassen – etwa der Altersversorgung – entspricht es, daß sich Aktivbezüge zu ansehnlichen Gesamtbezügen durch dienstlichen Aufwand, Doppel- und Dreifacheinkommen aus Aufsichtsfunktionen, Abgeordnetenbezahlung und dem einen oder anderen spesenträchtigen Prestigeposten samt Ehrensold hochrechnen. Noch undurchsichtiger wird die Entlohnung von Funktionären wie von Politikern, wenn es um Ortszuschläge, steuerpflichtige oder steuerfreie Aufwandsentschädigungen, Abfindungen, Weiterbezahlung nach Ausscheiden und um die Altersversorgung geht.

Wofür die jeweiligen Steuerzahler geradezustehen haben, läßt sich zumindest in der phantasiereichen Einkommensstrukturierung, gelegentlich aber auch in der absoluten Höhe mit den Spitzeneinkommen in der privaten oder halbstaatlichen Wirtschaft vergleichen. Systemimmanent aus Kameralistik, Selbstbedienungsmentalität und infolgedessen Geheimnistuerei entsteht jene offenkundig verteidigenswerte Grauzone. In ihr glauben die einen kassieren und die anderen fallweise der Neidgenossenschaft durch Verdacht und Widerstand dienen zu sollen.

Diese Verhältnisse waren Ford und seinesgleichen anno 1928 fremd. Die Prominentenrunde mag auf urkapitalistische Weise reich geworden sein. Von Gier, von spekulativer Vermehrung ihres Aktienbesitzes um ein paar tausend Prozent, von Shareholder Value und von Zahlenakrobatik gemanagter Hybris war diese Generation von Unternehmerpionieren weit entfernt. Ihnen wurde nicht als Superreichen applaudiert. Die New Yorker, die draußen vor der Tür des Nobelhotels standen, umjubelten Wirtschaftspotenz. Ohne sie gäbe es wohl kein Licht und kein Telefon, kein Auto, kein Radio, kein Kino und keine moderne Fotografie – alles jedenfalls nicht so schnell.

Wenn Aktienkurse um 90 Prozent fallen

Auf den Tag genau ein Jahr nach dem Prominentenessen kam es an der Börse von New York zum Schwarzen Freitag, einem spektakulären Ereignis, das bis heute zu Vergleichen einlädt. Spekulationsgeschäfte gigantischen Ausmaßes, überwiegend auf Kredit gestützt, fielen innerhalb weniger Stunden in sich zusammen. Über 13 Millionen Wertpapiere wurden verkauft, die Aktienkurse gingen um 90% und mehr zurück. Plötzlich war von Raubgier-Kapitalismus durch den Börsenkrach die Rede. Selbstgewißheit und Zukunftsglaube, mit Geld im Überfluß sei alles machbar, käuflich und Gewinn bringend, schlug in ungewohnter Dramatik um in Verzweiflung der Millionengeschädigten und einem neuen, bis dahin ungewohnten Selbstbremser einer Weltwirtschaftskrise.

Als Wachstum, plötzlich als ungezügelt und unseriös empfunden, unterblieb, machten die Staaten dicht, wurden die Finanzjongleure entlarvt. Im ökonomischen Rückwärtsgang kam es zu Protektionismus in all seinen raffinierten Formen der Bewirtschaftung von Devisen, Kapital, Zollerhöhung und vor allem Menschen. Nach außen herrschte unversehens Desintegration der Gesellschaft wie der Volkswirtschaften. Rücksichtslosigkeit ging um, politische Blindheit und der Fehlglaube, durch wirtschaftlichen Egoismus dem St. Florians-Effekt zu folgen, „Zünd das Haus des Nachbarn an".

Tatsächlich war die Gesellschaft von damals Angriff und Untergriff der Not nicht gewachsen. Wie Gelähmt und lange Zeit tatenlos wurden Amerika und Europa gleichermaßen um Jahrzehnte zurückgeworfen. Die Nachfrage verfiel. Die Preise sanken, Sparsamkeit allerorten wurde zur trügerischen Hoffnung. Die Wirtschaftskrankheit hieß Deflation. Nichts ging mehr. Wie nach dem Tanz ums goldene Kalb sank der Verbrauch in sich zusammen. Investiert wurde nicht mehr in neue Anlagen, sondern in Rückzugsideen und gegenseitige Schikane. Die Wirtschaft schrumpfte, die Neidgenossenschaft wuchs.

Der Außenhandel wurde im Mark getroffen. Die Kapitalmärkte verfielen und dies auf Jahrzehnte. Das Vertrauen in den Staat, in die Gesellschaft und in die Wirtschaft verfiel. Arbeitslosigkeit griff wie ein schleimiger Krake um sich, rücksichtslos, asozial und willkürlich. Atlantisch sah sich die Gesellschaft nicht mehr in einem Boot, bestenfalls an ein Floß geklammert, nachdem das Vertrauen in „ewiges Wachstum", in die Technik und in gutes Leben untergegangen war wie die „Titanic".

Während die Not und die Angst, beim nächsten Untergang selber nach unten gezogen zu werden, in der Bevölkerung um sich griff, glaubten die überraschten und überforderten Politiker, mit Gesundbeten und mit Gesundschrumpfen sei es getan. Keine Rede von einem sozialen Netz, von nationalökonomischen Regeln, Rezepten und Alternativen, etwa von der Kunst, auch ohne Wachstum zu überleben und dabei den sozialen Standard nicht dreinzugeben. Zu allem Überdruß kam zum kleinkarierten Kampf aller gegen alle atlantisch der Ruf, rette sich wer kann – im Klartext: Amerika überließ Europa erneut seinem Schicksal.

Wie in Europa wurde es plötzlich auch in der Neuen Welt ökonomisch Mode, Selbstbespiegelung zu treiben und alles andere und alle anderen außer acht zu lassen. Für die Alte Welt verstärkte es den Zusammenbruch, als Kredite aus den USA fällig gestellt, Finanzzusagen zurückgenommen und Investitionspläne schubladisiert wurden. Nur allererste Adressen kamen drüben noch zum Zug – Firmen wie Professoren oder Schauspieler. Unversehens wirkte der schnelle Wohlstand der zwanziger Jahre wie auf Sand gebaut – Maschinen, Fabriken, wissenschaftliche Institute, aber auch Schwimmbäder, Kindergärten, Opernhäuser oder Festhallen.

Europäer, von mancher rechenhaften Brutalität ihrer amerikanischen Partner ent- oder getäuscht, glaubten mit dem rücksichtslosen Krisenmanagement in den USA mache ein ganzer Kontinent Front gegen das Abendland. In tiefer Depression begann man in einem erneut entmutigten europäischen Bürgertum darüber zu philosophieren, ob die Alte Welt nicht tatsächlich zum Untergang im Sinne Spenglers geweiht sei. Von drüben tönte es trotzig bis selbstherrlich, die Zukunft sei amerikanisch, nicht mehr europäisch. Wie bekannt klingen diese Töne, schrill auch in der Zugabe unserer Tage.

Wiederholt sich Geschichte anno 2003? Erleben wir eine unselige Neuauflage der Kurseinbrüche und Betrügereien? Stehen wir erneut am Abgrund (mit Suizid-Neigungen bis zum Hitler-Wahn) einer verwöhnten oder überforderten Wohlstandsgesellschaft? Haben wir aus der Vertrauenskrise des Zusammenbruchs zuerst der Weltwirtschaft und dann einer instabilen Wirtschafts- und Gesellschaftsordnung der dreißiger Jahre des vergangenen Jahrhunderts wirklich nichts gelernt, so gut wie alles vergessen? Kehrt die Hybris nach sieben Jahrzehnten unerkannt zurück? Ist der weltweite Kapitalmarkt ein weiteres Mal überfordert? Sind Wissenschaft und Politik gegenüber der Krise und der sozialen Not rat- und machtlos wie seinerzeit?

Für schlüssige Antworten, für eine nüchterne, objektive Analyse mag es zwar noch zu früh sein. Dennoch schließt eine halbwegs sachliche Wertung ohne oberflächlichen Hexensabbat die Simpelthese von der Wiederholung der seinerzeitigen Weltwirtschaftskrise aus. Hingegen wittern Ideologen und Demagogen Morgenluft. Sie spekulieren auf Geschäfte mit der Angst. Wer weltanschaulich auf dem Trip des Antikapitalismus Richtung Antiamerikanismus unterwegs ist, bejaht die Schicksalsfrage: Ja, die Geschichte wiederhole sich, wir würden eine neue Weltwirtschaftskrise erleben. Da wird auf das kollektive Gedächtnis an den Schwarzen Freitag und an all seine Folgen gesetzt; die Leute vom Geld werden mit Gaunern gleichgesetzt, die Zuverlässigkeit der Kapitalmärkte angezweifelt und die Unfähigkeit der Politik zu handeln scheinheilig beklagt. Vertrauenskrise damals, infolgedessen Vertrauenskrise heute: Insidergeschäfte, Bilanzfälschungen, Marktabsprachen, indem der „Tempel der Zivilisation" (Präsident Franklin D. Roosevelt zur Wall Street) von skrupellosen „Geldwechslern" ein weiteres Mal entweiht und am Tatort fast sieben Jahrzehnte später erneut zur Selbstreinigung aufgerufen ist.

Zum Standardrepertoire der derzeitigen Gesellschaftskritiker, vornehmlich aus der Denker- und Schreiberbranche, zählt das Urteil, voreilig, voreingenommen und apodiktisch, das System sei diesmal erneut schuld. An den Pranger also mit Arbeitsteilung, Globalisierung, Privatisierung, Deregulierung und dem ganzen (verhaßten) Neoliberalismus samt Ideen der (verdächtigten) Neocons.

In das Weltbild der Obernörgler, Neidgenossen, Besserwisser und selbsternannten Gesellschaftskritiker paßt eine Rückschau auf eine atlantische Superleistung ohnegleichen am allerwenigsten. Vergessen, verdrängt und verleugnet wird, was sich wirtschaftlich, sozial und politisch am Anfang des jetzigen Friedens abgespielt hat. Nach 1945 konnte Amerika seinen Triumph noch gar nicht fassen. Selbst im Land des Überflusses, der seinerzeit keiner war, fiel die Rückkehr zur Normalität nicht leicht. Nach der großen Kraftanstrengung mit Frauenarbeit, Millionen GIs, scheinbar überflüssig gewordener Kriegswirtschaft, überstrapazierten Staatsfinanzen fiel der US-Gesellschaft die eigene Entspannung nicht leicht: „The Best Years of our Lives" die sentimentale Filmgeschichte über einen kriegsversehrten Amerikaner, rührte nicht nur die Neue Welt zu Tränen. Kühle Normalität verstand sich auch drüben nicht von selbst. Entlassene Soldaten erhielten vom Staat drei Monate lang 20 Dollar im Monat – ein Taschengeld. Heute würde man von Sozialhilfe sprechen. Doch sie durften auf Staatskosten nach einem Sondergesetz unentgeltlich studieren. Unter einer halben Million Kriegsveteranen war auch der spätere Verteidigungsminister Kaspar Weinberger. Und „Eine neue Generation bietet einen Führer" hieß es in einer ersten Regionalwahl des damals dreißigjährigen John F. Kennedy.

Der größte Trümmerhaufen der Welt

Europa bildete den „größten Trümmerhaufen der Welt" – moralisch, politisch, wirtschaftlich und nicht zuletzt menschlich. Mit zerstörten oder vernachlässigten Städten schien seine Seele auf Jahre und Jahrzehnte schwer beschädigt. Die Industrieproduktion erreichte in den ersten Nachkriegsjahren kaum mehr als ein Drittel des Vorkriegsstandes. Obwohl Besatzung in Westeuropa und Bomben in Deutschland unermeßliches Leid verursacht hatten, war die Zerstörung der Häuser und damit des Privatlebens gründlicher erfolgt als jene der Fabriken. Nach 1945 entfiel mehr als die Hälfte des Welteinkommens auf die USA. 160 Millionen Amerikaner führten mit 3.300 Kalorien täglich ein gesättigtes Dasein. Über 131 Millionen Europäern standen weniger als tausend Kalorien täglich zur Verfügung – ein Hungerdasein. Es fehlte an allem. Statistisch entfielen zehn Deutsche auf einen Wohnraum. Der Schwarzmarkt blühte, man sprach von Jahrzehnten bis zur Normalität. Gefehlt.

Innerhalb weniger Jahre vollzog sich das, was unter Wirtschaftswunder läuft. 15 Jahre nach Kriegsende war die damalige Europäische Wirtschaftsgemeinschaft, die EWG, zur stärksten Handelsmacht der Welt aufgerückt. Fleiß, Leistung, Improvisationsgabe und umgesetzte Hoffnungen auf ein besseres Leben erwiesen sich als außerordentliche Zugkräfte. Not als gemeinsames Erlebnis führte zu kollektiver Anstrengung mit dem Ziel, sich individuell zu verwirklichen. Zum Erstaunen vieler Amerikaner genügten kaum zwei Jahrzehnte, um Europa zum größten Exporteur und zum größten Käufer von Rohstoffen zu machen.

Europa gelang die Umstellung vom Krieg auf eine Wachstumswirtschaft schneller als den vollsaftigen USA, die sich im Überfluß mit der nämlichen Umstellung schwer taten. Eines war Amerikanern und Europäern gemeinsam – die Explosion der Lebenshaltungskosten (selbst in den USA von 1945 bis 1948 um fast 50%). Europa brauchte ein Dutzend Jahre mehr, um Angebot und Nachfrage in die Balance zu bringen und die eindrucksvollen Errungenschaften in konsolidierte Strukturen zu überführen.

Was Freiheit wirtschaftlich bedeutet, blieb keine Phrase. Atlantisch versprach man sich in die Hand, diesmal im Gegensatz zu den chaotischen zwanziger und dreißiger Jahren auf der Hut zu sein. Es sollte nicht zu einem Wettrüsten mit Zöllen, Handelsbeschränkungen, Wechselkursmanipulationen und undurchschaubaren technischen Handelshemmnissen kommen. Von Anfang an wurde auf Bestand in einem mehr oder weniger liberalen System gesetzt. Auf die Fähigkeit, in einem möglichst freien Wettbewerb Spreu vom Weizen zu trennen.

Amerika war damit beschäftigt, Wohlstand und Reichtum zu

mehren und gab sich gegenüber Europa mit dem Marshall-Plan als Big Spender. Die Ideen von wirtschaftlicher Freiheit – in der Wirklichkeit der Länder, der Konjunkturen und der Interessen relativiert, aber nicht ignoriert, erwiesen sich über Jahrzehnte als tragfähig. Der Wohlstand kam in Europa später an als in Amerika – aber er kam. Und er sorgte hüben wie drüben für Genuß mit und ohne Reue. Nach einem halben Jahrhundert stellte sich heraus, daß Wiederaufbau und Wohlstand allein eine anspruchsvolle Gesellschaft nicht tragen. Und daß sich Fehlentwicklungen eingeschlichen hatten. Beiderseits des Atlantik rankten um die soliden Stämme gesunden Wachstums allerlei Parasiten. Für Gesellschaftspolitiker und professionelle Nörgler ein Fressen. Für sie hat der alte Liberalismus längst ausgedient. Für sie ist der Neoliberalismus wie der Gott-sei-bei-uns in der heilen Welt absoluter Gerechtigkeit.

Oder weisen die internationalen Finanzmärkte, vor allem jene Amerikas und Europas, ernsthaft reparable oder irreparable Strukturfehler auf? Und verhallt der Ruf nach Vertrauenswürdigkeit, nach Moral, nach Ethik und nach sauberer Kaufmannschaft heute ebenso unverstanden wie Ende der zwanziger und Anfang der dreißiger Jahre des letzten Jahrhunderts?

Bei der Beantwortung werden alle Register gezogen und in seltener medialer Einmütigkeit diesseits und jenseits des Atlantik auf Moll gestimmt. Es sei kein Zufall, daß nach der Jahrtausendwende die Börsenbaisse mit Finanzbetrügerei zusammenfalle. Ein sachlicher wie ein zeitlicher Zusammenhang wird ausgemacht. Mit der Finanzwelt habe sich das gesamte System der New Economy als überdehnt und überfordert erwiesen. Genüßlich werden Kurseinbrüche von 40 und mehr Prozent bei Dow Jones und über 90 Prozent bei Nemax als Beweisstücke präsentiert, für die Unfähigkeit einer globalisierten marktwirtschaftlichen Ordnung, der Krise aus eigener Kraft Herr zu werden. Geflissentlich tritt Sendepause bei böswilligen Zeitgenossen ein, wenn sich die Börsenkurse (in New York allein von März bis August 2003 um 24 %) erholen, die Pleitewelle verebbt und Normalität zurückkehrt.

Mit mephistophelischer Gestion rechnen derzeit Zeitungen und Fernsehen Tag für Tag dem verunsicherten Publikum vor, wie ihre Ersparnisse millionen- und milliardenfach zerrinnen. Wie nach den Drehbüchern schlechter Krimiserien richten die Medien als selbsternannte Kommissare ihre Fahndungsmethoden auf die Vorstandsetagen. Dort werden Durchstechereien und Betrügereien en masse vermutet. In branchenüblicher Verallgemeinerung wird den Behörden angekreidet, bei der Kontrolle versagt oder geschlafen zu haben. Im amerikanischen Fall gilt es – voreilig – als ausgemacht, daß es zunächst nur der fleißigen Finanzverwaltung, dem gefürchteten Internal Revenue Service, dem IRS, zu danken sei, daß an die 200 amerikanische Firmen in einem einzigen Fiskaljahr ihre Bilanzzahlen nachträglich ändern mußten.

Nach wie vor besteht Erklärungsbedarf, wie es zu all den Bilanzskandalen im einzelnen und im Grundsätzlichen kommen konnte: Steuerhinterziehung des Vorstandsvorsitzenden der National City Bank, Charles Mitchell; Abschreibungsbetrug bei AOL Time Warner und bei WorldCom in der geschätzten Größenordnung von jeweils 100 Milliarden Dollar; Falschbuchungen bei Xerox über 6,4 Milliarden Dollar; Durchstechereien bei Tyco und milliardenfache Bilanzbetrügereien bei Enron (teilweise durch Aktenvernichtung – gedeckt durch die alte Wirtschaftsprüfungsgesellschaft Arthur Andersen); sowie Bilanzmanipulationen bei Qwest, Adelphia, Global Crossing, Dynegy. Dazu kommen mehrere Fälle von Insiderhandel (nach argen europäischen „Schönheitsfehlern“ kein US-Spezifikum) unter anderem bei Watts Industries, Imclone Systems, Capital One oder der populären Life Style Unternehmerin Martha Stewart (letztere angeklagt wegen Wertpapierbetrugs, Verschwörung, Justizbehinderung und Falschaussage) usw. usw. usw.

Wer den Ursachen dieser und ähnlicher Fehlleistungen nachgeht, stößt zunächst auf eine handwerklich plausibel klingende Begründung: CEOs in den USA stehen in der Tat seit jeher und neuerdings verstärkt unter Leistungsdruck. Ihr Erfolg wird unter anderem an Quartalsberichten (und nicht wie in Europa an Jahresberichten) gemessen, nicht zuletzt an der Börse. Zu den kurzatmigen Bewertungselementen ihrer Bezahlung zählt neben dem Umsatz der Aktienkurs. Um diesen Kurs bei Stimmung zu halten, sind Erfolgsmeldungen fällig, medial verstärkt. Da zählen Umsätze in mehrfacher Weise. Sie beflügeln oder entmutigen die Börse, sie interessieren die Aktionäre und sie bestimmen über die Entlohnung der CEOs.

Ein erheblicher Einkommensbestandteil fällt auf sogenannte Aktionsprogramme, die von den Unternehmensleitungen zumindest selbst vorgeschlagen und de facto auch von sich selbst genehmigt werden. Je höher der Umsatz, desto höher das Vorstandseinkommen. Auf diese Weise erreichte der CEO von Oracle, Larry Ellison, ein Zubrot von fast einer dreiviertel Milliarde Dollar im Jahr.

Die Versuchung scheint groß und in Extremfällen der Bilanzbetrügereien unwiderstehlich zu sein, Umsätze vor- und anzugeben, die in Wahrheit nicht erzielt wurden. Im erfolgsgewöhnten Amerika, mit der Börse als Fieberthermometer für gesund oder krank, hat sich offenkundig jahrelang mit echten oder manipulierten Zahlen für Umsatz und Bilanzen Stimmung machen lassen. Über das branchenübliche Maß der Bewertungsproblematik hinaus wurde mit stillen Reserven, Außenständen, Wert von Marken oder Zukunftsinvestitionen geblendet, geflunkert oder einfach gelogen – nicht so bei der schweigenden Mehrheit der US-Unternehmen.

Bilanzen sind wie Bikinis

Der Wachstumsphilosophie entsprechend wurde nicht nur auf Zukunft im eigenen Unternehmen gesetzt. Dazu kam die Expansion durch Firmenkäufe, durch Zusammenschlüsse oder trickreiche Fusionen. Um die Börse zu täuschen oder möglichst zu ermuntern, wurde der Wert dieser Firmenexpansionen im Schätzbereich artistisch möglichst hoch angesetzt. Aus Gründen der Attraktivität ging es um gewinnträchtige Firmenkonstruktionen ohne Netz. Um ihren Börsenwert zu erhöhen, kommt es schon normalerweise auf die Nachfrage an. Läßt diese aus, so haben einfallsreiche CEOs selber mit Aktienkäufen großen Stils nachgeholfen – wenn nicht aus eigenen Mitteln, dann auf Kredit. Um letztere abzusichern, waren Umsätze und ihre Steigerungsraten erst recht vonnöten. Damit hat sich der Kreis für risikobereite CEOs geschlossen: hoher Umsatz, hohes Einkommen.

„Bilanzen sind wie Bikinis: Das Interessanteste zeigen sie nicht," hat einmal Cyril Northcote Parkinson, der humorbegabte Querdenker festgestellt. Ob ihm die Tricks zur Auffrischung von Bilanzen bekannt waren, ist nicht überliefert – etwa die Dotierung, Behandlung und Ausgliederung von Pensionsfonds, die „kreative" Verbuchung von Einnahmen und Ausgaben, die bilanztechnische Behandlung von Umsatzrückgängen, ihre Deklaration als „Restrukturierungskosten" sowie die Bewertung von Forschung, Entwicklung, Patenten, Marktverträgen, unternehmerischen Absichtserklärungen oder auch von Außenständen sowie die Spiegelung von Tochtergesellschaften und erfolgtem oder geplantem Outsourcing.

Weiter umstritten ist, wie die Ertragslage bemessen werden soll, vor allem im Zusammenhang mit Investitionen und der vorgegebenen oder beabsichtigten Struktur der Kosten, einschließlich der Personalausgaben. Kosten herauszurechnen und in Konzernkonstruktionen unterzubringen, zählt seit jeher zu den Möglichkeiten, aber auch Tricks bei der Gesundhaltung von Bilanzen. Rechnerische Delikatessen made in USA? Europa oder Teile davon als trickfreier Raum? Keineswegs.

Sünder gibt es überall. Was unterscheidet, ist die Neigung der Amerikaner, derartiges schneller und rücksichtsloser an die große Glocke zu hängen und flott zu bereinigen. In Europa herrscht noch immer nach wie vor mehr Corpsgeist. Zu verhindern vermag er vergleichbare Fehltritte nicht wie etwa bei der Westdeutschen Landesbank, der mächtigen WestLB, bei der französischen Super-Macht Vivendi oder beim Chef der VOEST. Auch diese Fälle zeigen fragwürdige Überdehnungen des Rechts, der Gebräuche und des ganz normalen Vertrauens.

Ist die These angebracht, die Verflechtung von Aktienbörse und Bilanzbetrügereien wirkten in Amerika nachhaltiger als der 11. September 2001? Eine unter vielen Antworten führt mitten ins atlantische Geflecht. Beiderseits des Ozeans zeigt es nämliche Ent- und Verwicklungen milliardenfacher Geschäfte. Die meisten reüssieren, wo geschäftliche Normalität herrscht. In der ordentlichen wie der außerordentlichen Geschäftsgebarung heißt es für Europa wie Amerika „mitgefangen, mitgehangen", in guten wie in schlechten Zeiten, mit seriösen wie mit unseriösen Mitspielern. Beim Wirtschaftswachstum zeigt sich seit mehr als drei Jahrzehnten ein gewisser Gleichschritt, allerdings mit erheblichen Spitzenwerten und Überlegenheitsbeweisen der USA vor Europa.

Klassisch entwickelte sich der transatlantische Warenverkehr. Die USA bilden den größten Handelspartner Europas und vice versa. Beide Seiten sind des anderen wichtigster Handelspartner, seriös, kalkulierbar und ausbaufähig. Man ergänzt sich ideal oder macht gemeinsame Sache. Was es mit Aufschwung und Zukunftserwartungen auf sich hat, belegt nichts so sehr wie Firmenfusionen und -übernahmen. Seit einem Jahrzehnt verzeichnen sie statistisch eine geradezu explosionsartige Entwicklung. Bis Anfang der neunziger Jahre wurden weltweit an die 100 Fusionen jährlich registriert. Nach rapidem Anstieg sind es derzeit mehr als 1.500 im Jahr. Davon zahlenmäßig vier Fünftel in und mit der EU. Bezogen auf die

Kaufsummen entfallen bald eine Milliarde Dollar jährlich auf Firmen aus der Europäischen Union und rund 200 Millionen Dollar auf die USA. Diese klassische Trendumkehr im transatlantischen Kapitalverkehr zeigt zwar eine Erfolgsgeschichte – am Anfang für die US-Wirtschaft und neuerdings für Europa. Aber es zeigt sich, daß es bei Kauf und Verkauf von Firmen nicht anders zugeht als auf Verbrauchermärkten. Wettbewerb, Kalkulationsschärfe und Käufermentalität in allen Ehren – es überwiegt solide Kaufmannschaft, manchmal freilich umgeben von Haien.

Das gilt auch für die Welt der multinationalen Unternehmen. Ihr überwiegender Teil arbeitet strategisch, systematisch, kontinuierlich und erfolgreich. Beispielsweise Microsoft in Europa wie in Amerika, ebenso Exxon, General Electric, Philip Morris, Siemens in den USA wie in Europa, Daimler-Chrysler, Nestlé ebenso beiderseits des Atlantik wie Magna oder General Motors. Stille Selbstverständlichkeiten. Vom Markt her ergibt sich für die wertvollsten Marken der Welt diese Reihung: Coca Cola, Microsoft, IBM, General Electric, Intel, Nokia für Finnland, dann wiederum für die USA Disney, McDonalds, Marlboro gefolgt von Mercedes für Deutschland in zehnter Wertposition.

Wie sich Unternehmen dieser Kategorie verstehen und definieren, läßt sich aus den Unternehmensgrundsätzen von Nestlé ableiten. Qualität sei das Fundament des Erfolgs. Man nimmt weltweit soziale Verantwortung bei der Herstellung und Vermarktung der Produkte des Unternehmens wahr. Man strebt nicht unbedingt nach kurzfristigem Gewinn zu Lasten einer erfolgreichen langfristigen Geschäftsentwicklung. Der Erfolg eines Unternehmens spiegelt die Professionalität, das Verhalten sowie die ethischen Werte seines Managements und seiner Mitarbeiter, heißt es beim Nestlé-Konzern weiter.

Die Unternehmen der Gruppe erstreben einen nachhaltigen Mehrwert für die Kunden und Verbraucher durch ein Angebot in großer Vielfalt zu erschwinglichen Preisen. P. Brabeck-Letmarthe stellt als Delegierter des Verwaltungsrates der Nestlé AG fest, es sei mehr als selbstverständlich, die Interessen der Kunden, Aktionäre und Volkswirtschaften aller Länder, in denen Nestlé tätig ist, vollinhaltlich zu berücksichtigen. Brabeck, der Paradeösterreicher internationalen Zuschnitts, sagt: „In zweiter Linie spiegeln sich unser Verantwortungsgefühl und unsere Werte in der Selbstverpflichtung des Managements und der Mitarbeiter auf allen Ebenen wider, die … Grundsätze einzuhalten, … die das geltende und anzuwendende Recht sowie die internationalen Empfehlungen ergänzen solle."

Die Mahnung der Witwe Quandt

Aus der Nähe spielt sich manches Unternehmensschicksal auf der Schattenseite der Ethik auf europäisch ab. Was an Ethik auf amerikanisch kritisiert wird, nämlich nach außen hin gelegentlich moraltriefend, tatsächlich jedoch rücksichtslos und geldgierig gegenüber Aktionären wie gegenüber Beschäftigten zu verfahren, wirkt nun auch in deutschen Landen.

„Traumgehälter schaffen keine Kultur des Anstandes", formuliert Johanna Quandt, die sonst eher medienscheue Witwe des ebenso diskreten wie erfolgreichen Konzernbauers. Ihr Wort gilt einiges, normalerweise innerhalb der Familie Quandt, die derzeit einen Kapitalanteil bei BMW von 45 % (Börsenwert rund 22 Milliarden Euro) hält und nur selten in der Öffentlichkeit erscheint. Bei der Verleihung des Herbert-Quant-Medienpreises zu Fragen der Managemententlohnung sagte die mutige Dame, „wir wollen bei den Bezügen keine amerikanischen Verhältnisse". Selbst in Amerika will sie ein erstes Umdenken erkannt haben. Sie verteidigt das Recht und die Pflicht der Aufsichtsorgane, über die Höhe der Gehälter zu befinden. „Ich bezweifle stark, daß gesetzliche Regelungen in dieser Frage hilfreich sind. Es ist und bleibt ein ordnungspolitisches Armutszeugnis, Fehlentwicklungen mit dem Gesetzbuch bekämpfen zu wollen."

Schutz der Anleger und der Beschäftigten kommt offenkundig im Krisenfall zu kurz, wenn aus komplizierten Firmen- und Beteiligungsgeflechten und wechselnden Interessen fallweise so etwas wie ein Finanzdschungel mit Steuerersparnis wird. Zur Popularität und Glaubwürdigkeit der Managerklasse trägt diesseits und jenseits des Atlantik nicht gerade bei, wenn in Einzelfällen die Bezüge im Selbstbedienungsverfahren erhöht und aus Konjunkturgründen gleichzeitig in der eigenen Belegschaft Entlassungen vorgenommen werden.

Ein Tor, der glaubt, daß Durchstechereien, Bilanzbetrügereien und andere Verstöße gegen das Prinzip des „königlichen Kaufmanns" amtlicherseits ungeahndet bleiben. Der Krake Bürokratie hat zwar langsam, dann aber um so deftiger zugelangt. Auf dem Kapitol werden mit dem Sarbanes-Oxley-Act im Kapitalverkehr Überwachungssysteme, Kontrollen, Sanktionen und Verbote verpaßt. Zwischen europäischen und amerikanischen Finanzen und ihren Bewegungen will das fallweise mächtige Washington keinen Unterschied machen. Ausländer, Personen wie Firmen, die sich US-Regeln nicht fügen, fliegen. Was an elektronischen Personenkontrollen vom Gepäck über Schuhsohlen und Leibesvisitation bis zu biometrischen Pässen in einer Art Anti-Terroristen-Hysterie unter Druck und nötigenfalls Schikane der USA weltweit exerziert wird, soll vergleichsweise nun auch für Geld und Kapital gelten.

Angefangen hat es mit dem inneramerikanischen Amtsreflex auf die Schönung und schließlich betrügerische Manipulation diverser Bilanzen. Enden soll es mit einem gleichsam wasserdichten System von Registrierungspflichten nach US-Muster sowie finanzamtsähnlichen Kontroll- und Exekutionsmöglichkeiten in der gesamten Rechnungslegung – und dies wiederum weltweit.

Berechtigtes und Unberechtigtes mischt sich in diesem bürokratischen Pendelschlag von der totalen Freiheit zur totalen Kontrolle. Zum Beispiel das Drängen und Verlangen der Vereinigten Staaten von Amerika, daß sich ausländische Unternehmen bei Aktiengeschäften auf amerikanischen Wertpapierbörsen den kategorischen Registrierungspflichten des US Public Company Accounting Oversight Board (PCAOP) zu unterwerfen haben. Wer sich weigert, kommt zumindest auf eine monetäre Watchlist. Im Extremfall wird er vom amerikanischen Kapitalmarkt verbannt. Dieses Beispiel gilt auch für die neuen Audit-Normen nach dem Sarbanes-Oxley-Gesetz, einschließlich der Beachtung eines amerikanischen Ethikkodex.

Die EG-Kommission in Brüssel humpelt den Re-Regulatoren von Washington wieder einmal treuherzig hinterher. Wie es in der Brüsseler Bürokratenburg üblich ist, wird zunächst ein Ausschuß eingesetzt. Als Audit-Reglementierungsgremium soll die bestehende 8. Richtlinie Gesellschaftsrecht aus dem Jahr 1984 angesichts der Finanzskandale „verdeutlicht" werden. Kontrollsysteme sind zu durchleuchten, Zuständigkeiten zu klären, die Bilanzierung und die Arbeitsweise der Kontrolleure ist EU-weit festzulegen. Nicht genug damit – mit der Annäherung des neuartigen Rechnungslegungssystems IAS soll der Rundlauf des sichtlich stotternden Kapitalmotors nicht zuletzt transatlantisch wiedergewonnen werden.

Weil die Brüsseler Technokraten ihrerseits bei corporate governance und ähnlichem plötzlich ein Ethik-Defizit entdecken, greifen sie tief in den Instrumentenkasten der Ordnungspolitik. Trotz Warnungen engagierter Marktwirtschaftler bei der Beschränkung der Unternehmerfreiheit könne eine Schaufel zu viel nachgelegt werden, schreiten die Brüsseler Gesetzesmacher, einfallsreich wie sie sein können, zur Tat. Als erstes soll es einen Aktionsplan zur Modernisierung des Unternehmensrechts und zur Stärkung der Unternehmensführung abgeben.

Die Mehrheit der Unternehmen, so Brüssel, ist von einem solchen Managerknigge ohnehin nicht betroffen, da sie ihre Firmen untadelig führen und im Bedarfsfall zu Selbstkontrolle und auch zu interner Säuberung fähig sind. Es spricht für die Kommissare rund um Präsident Mario Prodi, daß sie selbst davor warnen, überkontrolliert vorzugehen oder gar die eigene Rechtssicherheit in vorauseilendem Gehorsam gegenüber Washington zu gefährden. Fleißige Beamte der Kommission, ihrer Gesetzgebungskompetenz wohl bewußt, lassen jedoch keinen Zweifel gegenüber einer sichtlich weitgehenden Unternehmerrichtlinie aufkommen.

So will Brüssel sämtliche Transaktionen von Geschäftspartnern von Unternehmen mit anderen Unternehmen offenlegen. Ebenfalls transparent soll es bei der Risikoverwaltung nach Art, Arbeitsweise und Langzeitfolgen zugehen. Der Kodex der Unternehmensführung soll auf dem laufenden gehalten werden. Nicht ganz nebenbei wird der Unternehmensführung aufgegeben, den Aktionären auf Hauptversammlungen mehr und klar definierte Rechte einzuräumen, die betrieblichen Aufsichtsorgane in ihrer Zusammensetzung und Arbeitsweise zu fixieren, darzulegen, wer die Hauptaktionäre sind und was es mit deren Beziehungen zu dem jeweiligen Unternehmen auf sich hat.

Schließlich denkt man bei der Kommission in Brüssel laut darüber nach, bei den Räten tabula rasa zu machen, indem radikal transparent gemacht wird, was ihre Bildung, Zusammensetzung, Funktion, Bezahlung und Überprüfung anbelangt. Hierin steckt auch das temporäre Lieblingsthema der Medien und damit der Öffentlichkeit „Bezahlung der Führungskräfte".

Um dem ganzen Kontrollapparat ein demokratisches Mäntelchen umzuhängen, ist ein europäisches Forum für Unternehmensführung einzurichten. Diese Versammlung von Weisen, Wissenden und professionellen Skeptikern soll mindestens zwei Mal im Jahr zusammenkommen. Entsendeberechtigt sind die Aufsichtsbehörden, die Emittenten, die Investoren, die Wissenschaftler und beschlagene Praktiker.

„Sie ähneln Prostituierten"

In Brüssel geht es gelegentlich zu wie in Washington. Pressure Groups verstehen es, ihre Interessen vorzutragen und anzubringen. Als Lobbyisten anerkannt und in Listen erfaßt, gilt es hier wie dort als legitim, die gesetzgebenden Volksvertreter zu beraten und zu beeinflussen. Insoweit ist der Vergleich zulässig. Unzulässig ist er, wenn es um lobbyistischen Mißbrauch geht, also nicht nur um Information der Volksvertreter. Sie mögen beiderseits des Atlantik gelegentlich überfordert sein, wenn die pluralistische Gesellschafts- und Staatsform in Gesetze und Kontrollen der Macht umzusetzen ist. Kenner der tatsächlichen Verhältnisse in Washington vergleichen Volksvertreter manchmal mit Prostituierten – käuflich für Ihre Dienste. Hart, aber wahr.

Auf der europäischen Szene mag dieser und anderer Mißbrauch naturgegeben auch nicht auszuschließen sein. Moral und Ethik werden bestenfalls etwas höher veranschlagt, präziser definiert und Verstöße manchmal radikaler geahndet. In größeren Zusammenhängen geben sich europäische Politiker vielfach selbstkritischer als amerikanische. „Politik ist eine zu ernste Sache, um sie den Politikern zu überlassen", hat einst ein alter französischer Panzergeneral gemeint, nämlich Charles de Gaulle. Beim Versuch die politischen-handwerklichen Verhältnisse transatlantisch zu vergleichen, stellt sich bestenfalls wieder äußerliche Vergleichbarkeit ein – der sich weitende Abstand zwischen der Kaste der Politiker und den Steuern zahlenden Bürgern. „Die da oben" bürgert sich beiderseits des Atlantik als schnell wachsender Mißbrauchsbeweis gegenüber der Kaste der Politiker ein. Dahinter steckt ein nicht ungefährliches Vertrauensdefizit in die Demokratie.

Die 24.000 Lobbyisten von Brüssel stehen ihren amerikanischen Kollegen in nichts nach. Hinter diesem Interessensgeflecht stecken beiderseits des Atlantik Verfassungsrechte und -pflichten, Parteiregeln, Parteifinanzierungen und die Grundfrage, wie weit der Parteienstaat gediehen ist. In Bedrängnis wird zwar hier wie dort das freie Mandat beschworen, tatsächlich besteht ein schier undurchdringliches Geflecht finanzieller Abhängigkeiten, gesetzlicher Privilegien, der Ämterpatronage und anderer postkolonialer Beherrschungsinstrumente. Alles zu Lasten des Bürgers.

Daß sich Administrationen, Kommissionen, Regierungen und Räte aller Art ihre eigenen Wege, oft Schleichwege, bahnen, um Interessen zu folgen oder andere abzublocken, zählt bei allen Unterschieden zu vergleichbaren Machtstrukturen beiderseits des Atlantik. Politikerverdrossenheit reicht einmal hier, einmal dort bis zur Staatsgefährdung.

Allerdings unterscheiden sich die Formen der Regierungen und damit der Machtausübung in Brüssel und in Washington fundamental. Im Grundsätzlichen wie im Praktischen stehen sich zwei unterschiedliche Systeme gegenüber.

In der amerikanischen Hauptstadt ist Macht ungeniert zu Hause, dort, wo eigene Maßstäbe gesetzt werden und sich ein Kontinent – auch in der Regierungsform – im großen und ganzen selbst genügt. So ist Identität für Amerikaner keine Frage (mehr), für Europäer jedoch eine nicht enden wollende Suche nach Substanz und Interpretation. Schon ein Vergleich der konstitutionellen Verhältnisse ergibt unübersehbar Unterschiede zwischen Pragmatismus und Dogmatismus und der Rolle des Staates schlechthin.

An der amerikanischen Verfassung hat sich mit ihren ganzen sieben ursprünglichen Artikeln im Kern seit dem Jahr 1787 nichts Wesentliches geändert. Sichern schon die Ur-Artikel als „Bill of Rights" den Einzelstaaten Schutz vor der Zentralmacht, so sind es die novellierenden Amendments – ganze 44 an der Zahl –, die den Bürger vor Übergriffen des Staates beschützen (und nicht umgekehrt, wie teilweise in Europa). Wie verworren und verwirrend Verfassungswirklichkeit in Europa dasteht, läßt sich an der österreichischen Verfassung ablesen. Obwohl die Kelsensche Verfassung der zwanziger Jahre wesentlich später installiert wurde als die amerikanische, weist sie inzwischen mehr als eintausend Zusätze und Änderungen auf. Wenn das kein Dschungel ist.

Aus diesen und anderen Vergleichen, Erfahrungen und juristischen Stolpersteinen hat der Konvent der Europäischen Gemeinschaft Konsequenzen nur unzulänglich gezogen. Mit vier Teilen und 460 Artikeln schon äußerlich nicht. Für „die größte Erfindung unserer Zeit" geht der EU-Verfassung der Modellcharakter mangels Identitätsstiftung und Attraktivität ab. Während die USA ihre Überlegenheit ungeniert ausspielen, bringen es die Europäer nicht fertig, die Eierschalen der Wirtschaftsgemeinschaft abzuschütteln und als Machtgemeinschaft loszumarschieren. Da die verfassungsrechtlichen Säulen fundamentale Unterschiede aufweisen, entspricht es politischer Logik, daß auch die Art und Weise, wie diesseits und jenseits des Atlantik regiert wird, machtpolitisch Vergleiche ausschließt. Dort die Zentralfigur des Präsidenten – weithin behandelt wie ein „Kaiser auf Zeit", hier kleinkarierte Bestimmungsversuche für Amt, Amtszeit und Funktion; dort ein eingespielter, typisch angelsächsischer Verwaltungsapparat mit Teilkompetenzen, die notfalls rigoros angewandt werden, hier ein perfektionistisch wucherndes Beamtengestrüpp der EU ohne hierarchische Fixierung, eindeutige Durchgriffsrechte und saubere Kompetenzen.

So kann es nicht wunder nehmen, daß Brüssel und Washington weder begrifflich noch faktisch miteinander zurechtkommen. Erst recht nicht, wenn es darum geht, eine Art transatlantischen Wirtschaftskrieg zu verhindern oder zu beginnen oder Einflußsphären in Branchen, wissenschaftlichen Bereichen und Regionen abzustecken. Zum Beispiel in der Gen-Frage; bei Agrarexporten; beim Kampf um die Stahlmärkte; bei den Förderungen für die Flugzeugindustrien; bei den unterschiedlichen Wettbewerbsregeln bei Exportsubventionen im allgemeinen oder Normen und Patenten im besonderen.

Diese und andere Interessengegensätze genügen offenkundig, um gegeneinander anzurennen. Zuerst die Experten, dann die Minister und schließlich die Staats- und Regierungschefs. Sie alle verheddern sich in Einzelheiten, investieren Prestige statt Lösungsideen, spielen den starken Mann und übersehen den darin steckenden Entfremdungsprozeß.

Verachtet mir die Meister nicht

Bis in unsere Tage bestehen Kräfte einer schweigenden Mehrheit in der Wirtschaft, die das Gegenteil zum unternehmerischen Größenwahn oder zur Abzockerei von Finanzjongleuren liefern – der Mittelstand. Keine Quantité négligeable, sondern jener unentbehrliche Teil europäischer Firmenstruktur, der – etwas pathetisch – gerne als Rückgrat der Volkswirtschaft bezeichnet wird. 98% der Firmen laufen in Mitteleuropa als Klein- und Mittelbetriebe (KMU). Nicht wenige sind Ein-Mann-Gebilde. In der Summe jedoch stellen sie über 80% der Ausbildungsplätze und liefern damit einen unentbehrlichen Teil europäischer Eigenart und zugleich Leistungsfähigkeit im Standortwettbewerb mit Amerika beim sogenannten Humankapital. Was auch vielen Europäern nicht bewußt ist – rund vier Fünftel aller Arbeitsplätze entfallen auf KMUs. Ebenfalls vier Fünftel der Steuern und Soziallasten werden von Klein- und Mittelbetrieben getragen und nicht von den großen. Noch überraschender vielleicht, daß rund zwei Drittel sämtlicher Investitionen von KMUs bestritten werden. Das beweist nicht ganz nebenbei, daß KMUs bei Lohnstückkosten und Produktivität absolut mithalten können. Anders vermöchte dieser Zentralteil mitteleuropäischer Unternehmerwirtschaft mit den Behinderungen nicht fertig zu werden, die ihr von Staaten einerseits und Gewerkschaften andererseits zugemutet werden.

„Verachtet mir die Meister nicht," singt nicht nur Hans Sachs in den „Meistersingern" von Richard Wagner. Meisterschaft als Wettbewerbskriterium – als Titel geschützt oder nicht – erweist sich verstärkt als individuelle Überlebensstrategie gegenüber Kollektiven aller Art wie Großbetrieben oder dem Staat. Daß der Übergang zur Dienstleistungsgesellschaft und neuerdings zum großflächigen Outsourcing in Europa spannungsfreier vor sich geht als in Amerika, ist nicht zuletzt auf mittelständische Strukturen zurückzuführen. Mentalität, Bildung, Interessen und Leistung honoriert der Markt trotz Vielfalt und Härte.

Der staatliche und gesetzliche Schutz des Mittelstandes mag verkümmern oder sich der Angestelltengesellschaft – auch eine Art Mittelstand – einmal ehrlich, einmal populistisch zuwenden. Immerhin, die Welt der KMUs kann heil gehalten werden, wenn Initiative, Flexibilität, Fachkenntnis, Fähigkeit und Sparsamkeit gegeben sind. Moderne, anspruchsvolle Technologien und ihre Betreuung besorgen ein übriges, um die Existenz moderner, wissensstarker KMUs abzustützen, Ausbildungs- und Arbeitsplätze zu sichern und der großen Gleichmacherei mit kleinen Schritten beharrlich entgegenzutreten. Wesentliches, unentbehrliches Trägerelement bilden heute wie vor eineinhalb Jahrhunderten die Genossenschaften. Als Selbsthilfeorganisationen gegen wirtschaftliche Not und gegen Konzentrationsmethoden seinerzeit gegründet, helfen sie dem Mittelstand in der Landwirtschaft wie im Gewerbe bis heute über die Runden. Zu modernen Partnern für Ware und Geld gemausert, vermögen Genossenschaften im Wettbewerb mit den „Großen" nicht nur Schritt zu halten, sondern in Spezialagenden wie der Osterweiterung der EU, etwa im Bankenbereich, an der Spitze mitzumischen. Der Selbsthilfegedanke ist es auch in Frankreich, der der genossenschaftlichen Hierarchie – einer Pyramide gleich – einen Platz unter den Marktführern, etwa im Bankwesen, sichert.

Mit Middle Class hat Mittelstand kaum etwas gemein. Durchschnittsamerika, beständig unterwegs vom Farmhaus zum Wolkenkratzer, sucht nach wie vor jene Mitte, die sich in Europa erhalten und bewährt hat. Soziologisch, sozial, gesellschaftlich und unternehmerisch existiert Mittelstand im europäischen Sinn in Amerika so gut wie nicht. Middle Class ist wie viele andere Begriffe eine Sammeldefinition für die Masse der Amerikaner. Als schweigende Mehrheit bilden sie jene undefinierbare Klasse der Arbeiter und der unteren und mittleren Angestellten. Eine Art Kollektiv, beheimatet in den seelenlosen Vororten amerikanischer Städte mit uniformer Lebensart, ohne Heimatbezug im europäischen Verständnis.

Qualifikation, etwa im Sinne europäischer Facharbeiter, rangiert oft schon oberhalb der Middle Class. Mit ihr hat man es auch drüben nicht selten wirtschaftlich geschafft und Prestige erreicht. Unselbständigkeit im Job wie im Privaten charakterisiert das Wesen der Middle Class. Sie steht im Gegensatz zum überlieferten Selbständigkeitsstreben in der alten Welt, genauer im westlichen Europa. Manch Kollektivistisches ist in Amerika wie in Rußland (bei unterschiedlichem Lebensstandard) anzutreffen – geschickt aktiviert und genützt läßt sich damit (wieder) Politik gestalten. Mit kleinem Wohlstand normalerweise zufriedengestellt, beteiligt sich die Middle Class unbelastet von Vorgaben der Wirtschaftsgeschichte am Kampf ums Überleben, um die Jobs und um ein Stück vom Wohlstand. Reichtum – bei europäischen KMUs keine Seltenheit – ist in der Middle Class so gut wie nicht anzutreffen. Er ist in der ungeordnet bis chaotisch wirkenden, jedoch streng hierarchisch gegliederten US-Gesellschaft in höheren Rängen zu Hause – dort wo die wirtschaftliche Entfaltung weniger behindert wird als in Alt-Europa. In kaum einem anderen Bereich spiegelt sich derart deutlich zweierlei Wirtschaftsmentalität zwischen der Alten und der Neuen Welt wider als bei marktbeherrschenden Genossenschaften bei den KMUs und in der mittleren Gesellschaftsschicht.

Wie man Hegemonie durch die Seitentür der Wirtschaft betreiben kann, spielt sich in einem technisch anmutenden, manchmal geheimnisumwitterten Bereich ab – der Unternehmensfinanzierung. Unter dem Kürzel Basel II verbirgt sich das absichtlich-unabsichtliche Betreben aus Amerika, den Europäern, über ihre Banken, ganz bestimmte Firmenstrukturen aufs Auge zu drücken. Träger dieser gut gemeinten Selbsthilfe gegen Auswüchse des Raubtierkapitalismus, einer maßlosen Globalisierung und unbedachter Kreditrisiken ist die Bank für Internationalen Zahlungsausgleich (BIZ) in Basel. Diese Bank der Banken, 1930 auf dem Höhepunkt der damaligen Weltwirtschaftskrise als Transferplatz für die nationalen Notenbanken und ihre Repräsentanten gegründet, erweist sich wieder einmal als hochpolitische Einrichtung, getarnt durch Geldtechnik und bestimmt durch die Verschwiegenheit der Notenbanken.

Als nützliches Forum für Information und Interessenausgleich bewegt sich die BIZ seit jeher diskret in den Seitengassen des Geld-Marktplatzes. Typisch BIZ ist, daß sich in Basel auch vor und während des Zweiten Weltkrieges die wichtigsten Notenbanker regelmäßig trafen. Dazu zählten auch die Repräsentanten der Hitlerschen Reichsbank (zeitweise Hjalmar Schacht) und der Notenbanken der Alliierten. Inzwischen ist die BIZ äußerlich zum traditionellen Transfergeschäft zurückgekehrt. Bei weltweit angestrengten Risiko- und Kreditbedingungen soll unter dem Branchenkürzel Basel I und Basel II für Mindestregeln im Kreditgeschäft gesorgt werden.

Interessen der kleinen und mittleren Unternehmen drohen dabei wieder einmal ins Abseits zu geraten. Gesellschaftspolitisch tobt eine hintergründige Auseinandersetzung, welches Modell über Kredit und Finanz anempfohlen, genauer: diktiert werden soll – das amerikanische Modell mit spezieller (relativ hoher) Eigenmittelausstattung, Kreditgewährungs-, Rückstellungs- und schließlich Rechnungslegungspraxis (vornehmlich bezogen auf großbetriebliche Interessen) oder das europäische Modell mit flexibleren Regeln für die Bonität, mit anpassungsfähigen Kreditstandards und einer risikogerechteren, allerdings relativ schmäleren Eigenkapitalausstattung (mit Mindestregeln zugunsten der Klein- und Mittelbetriebe).

Es wiederholt sich also die überlieferte Rivalität zwischen klein und groß, zwischen Uniformität und Individualität, zwischen Wettbewerb und Schutz, zwischen Markt und Regulierung. Technisch geht es hauptsächlich darum, bei Kreditvergaben für schlechte Adressen höhere Anteile des Eigenkapitals der Banken zu binden. Gefürchtet werden schärfere, teurere Kreditbedingungen für kleinere und mittlere Unternehmen, obwohl inzwischen die Bindungsverpflichtung der Banken für Kredite bis zu einer Million Euro mittelstandsfreundlicher abgeschwächt wurde.

Nach jahrelangen, hitzigen Debatten ist noch nicht endgültig geklärt, welche Regeln schließlich am angepeilten Umsetzungsdatum (2006) gelten werden. Bis dahin bleibt eine Grauzone, in der einmal die Amerikaner und einmal die Europäer mehr oder weniger Regulierungswut an den Tag legen. Während Amerikaner vor zu viel Kreditregulierung zurückschrecken, hegen viele in Europa den Verdacht, die EU gehe bei der Risikosteuerung gegenüber Amerika allzu willfährig und nach innen, gegenüber den Mitgliedstaaten, allzu bürokratisch vor.

Wenn die Wirtschaft Beute ist

Wie bei neuen Vorschriften für die Rechnungslegung entwickelt sich auch Basel II als Fleet in Being. Daß es sich bei der Eigenmittelausstattung, dem Risikomanagement und der gesamten Finanzierungsproblematik um alles andere als ökonomische Leichtgewichte handelt, zeigen zwei Eckwerte: Die amerikanische Wirtschaft verfügt alles in allem über eine günstigere Eigenkapitalausstattung als die europäische (was bei den wirtschaftsfreundlicheren Steuersätzen in den USA und gegenläufigen Abzockereien der Staaten in Europa nicht wunder nimmt). Europa als Gegenstück: In der Mühle zwischen marktgerechter Investition, Steuerlast und Finanzbedarf bleiben oft kaum noch befreiende Züge. So verzeichnet die Hotellerie in Österreich eine Eigenkapitalausstattung von minus zwanzig Prozent. Diese und ähnliche Überschuldungsgrade ergeben ein entsprechendes Finanzierungsbedürfnis (und Abhängigkeiten) bei den Banken. Wenn deren Spielraum – etwa durch Basel II – eingeengt und die Finanzmärkte entsprechend scharf kontrolliert werden, werden Konsequenzen unausweichlich. Es wird weniger und fallweise teurere Kredite geben.

Vom hochpolitischen Druck der USA und von einer oft liebedienerischen Regulierungswut der EU werden die überlieferten, ohnedies oft kaum noch lebensfähigen mittelständischen Strukturen in Europa gefährdet. Die Erkenntnis gerät zu einem schwachen Trost, daß es die extensive Abgabenpolitik der meisten europäischen Länder (Stichwort Steuerraub) ist, die mittelständischen Strukturen stranguliert. Die Wirtschaft wird vom Staat als Beute betrachtet.

Nach wie vor droht die Finanzpolitik durch überhöhte Besteuerung gesellschaftspolitisch die Kuh zu schlachten, die sie melken will.

Also ist es kein Wunder, daß der mikroökonomische Doppelnelson, dieser lähmende Ringergriff, gegen überzogene Kreditbedingungen so seine makroökonomischen Folgen zeitigt – nämlich beim Wirtschaftswachstum. Dieser keineswegs neuen Erkenntnis pflegen sich Finanzminister wie andere Umverteiler zu verschließen – selbst wenn ihnen dies auch von der Weltbank ins Stammbuch geschrieben wurde: Hohe Steuern – niedriges Wachstum, niedrigere Steuern – höheres Wachstum.

Sie glauben felsenfest daran, ihr Glück erobern zu können, zumindest zu pachten – möglichst für sich und ihresgleichen gleichsam zu monopolisieren. Sie lassen sich durch die allgemeine Einkommensverteilung oder gar Endzeit-Propheten nicht beeindrucken. Sie schauen einfach weg, wenn es um Armut geht. Sie träumen vom Reichtum. Sie denken nicht in den Kategorien von Sozialausgaben und staatlichen Umverteilungs- und Gerechtigkeitsübungen. Sie setzen auf Gesundheit für sich und ihr Umfeld. Sie sind meistens Familienmenschen. Fürs Alter verlassen sie sich nicht auf den Staat. Ihr Generationenvertrag ist hausgemacht. Sie legen Wert auf gute Erziehung. Sie setzen auf gegenseitige Unterstützung. Harte Arbeit ist für sie selbstverständlich. Sie vertrauen auf Glück und teilen insoweit die Vertrauensseligkeit der Einheimischen.

Sie sind die Einwanderer. Beiderseits des Atlantik bilden sie (noch) Minderheiten. In den USA machen sie immerhin fast ein Zehntel der Bevölkerung und über zwölf Prozent der Beschäftigten aus. In Österreich lauten die Vergleichszahlen neun beziehungsweise zehn Prozent, in Deutschland in beiden Fällen neun Prozent, in Frankreich sechs Prozent, in Großbritannien vier und in Italien und Spanien zwei Prozent.

Wie seit alters her haben sie sich gegen die Mehrheit der Alteingesessenen und/oder Arbeitsplatzinhaber durchzusetzen. Im Prinzip stehen die Ein- oder Zuwanderer wie Salz auf der gesellschaftspolitischen Tafel. Unter dem Gesichtspunkt des Produktionsfaktors Arbeit ist es jedoch in Europa und in Amerika deutlich unterschiedlich dosiert. In den Vereinigten Staaten von Amerika vereinigt sich die angestammte Bevölkerung bei allen Freiheitsbekundungen gegen einen undifferenzierten Einwanderungsschwall. Qualität ist gefragt. Leistungsschwache Masse wird abgewimmelt. Trittbrettfahrern werden Chancen verweigert.

In der Europäischen Gemeinschaft reicht der Gemeinschaftssinn bestenfalls zu dumpfem Ausländerhaß und politisch-bürokratischem Getue. Man leistet sich gesetzgeberische Eskapaden, wie zu unterscheiden sei zwischen politischen Asylanten, Wirtschaftsflüchtlingen oder Sozialschmarotzern. Schengen, Oberbegriff gemeinsamer Einwanderungspolitik, erweist sich als technokratisches Monster. Zu viele Vorschriften, zuwenig Auslese, zuviel polizeistaatliche Abwehr und zugleich zu viel Illegalität. Der US Immigration Service versteht sein Sortierungshandwerk besser dank Quoten und anderer zentraler Bürokratismen (die Reisende aus Europa als blanke, unberechtigte Schikane empfinden). Mangels staatsähnlicher Kompetenzen zeigt die EU-Ausländerpolitik (trotz des selbstgelobten Schengen-Abkommens) Lücken, Schuldzuweisungen, überzogene Rechtsstaatlichkeit und keinerlei Qualitätssinn. Washington betreibt zumindest in Einwanderungsfragen eine halbwegs geschlossene Politik eigener Interessenwahrung, während Brüssel im Gestrüpp nationaler Egoismen und Gepflogenheiten hängen bleibt. Von Brain Drain aus Drittstaaten kann unter diesen gegenläufigen Tendenzen in Amerika sehr wohl die Rede sein, in Europa nicht.

Die Geschichte vom Tellerwäscher, der sich zum Millionär hochgeackert hat, mag für Kenner und Adabeis abgedroschen wirken. Sie stimmt jedoch unter immer wieder wechselnden Vorzeichen, was die Herkunft, die Erziehung, den Fleiß und auch die Nutzung von Seilschaften anbelangt. Für die einen sind solch rührende Aufstiegsgeschichten nichts als abschreckender Ausbund ursächlich kapitalistischer Ausbeutung, für die anderen schlüssiger Beweis einer freien, leistungsbewußten Gesellschaft mit schier unbegrenzten Möglichkeiten.

Während in Europa die alten Strukturen, vornehmlich unter dem allerdings schwindenden Einfluß der Gewerkschaften zum Maß der Dinge erhoben und stur durchgehalten werden, versucht sich Amerika mit dem Gegenmodell. Willkommen ist, wer qualifiziert, leistungsbereit und anpassungsfähig ist. Der Faktor Glück wird – typisch amerikanisch – über Gebühr kalkuliert und die Brutalität des Arbeitsmarktes unterbewertet. Vom Staat und anderen Kollektivismen hält man in der Neuen Welt relativ wenig, in der Alten relativ viel.

Dieses Mentalitätsgefälle kommt nicht von ungefähr. Seit Menschengedenken ist mit der Selbstbestimmung der USA als Einwanderungsland eine bis heute funktionierende Schleuse installiert worden. Europa ist anders. „Wir sind kein Einwanderungsland", tönt es im Selbstbetrug von Generation zu Generation. Die amerikanische Einwanderung entstand geraume Zeit aus Glücksuche, aus Hoffnung auf einen sicheren Hafen und auf Wohlstand, Europa laboriert mit Kriegsfolgen, mit Vertreibung, Verfolgung und amerikanisierter Zugkraft auf besseres Leben.

Was hat die Traumfabrik Hollywood mit den Chinesen in Amerika gemeinsam? Im „Land der unbegrenzten Möglichkeiten" unbegrenzt abzuräumen. Die k. und k. Österreicher Samuel Goldwyn und Adolf Zukor, der Schwabe Karl Lämmle und die vier Warner-Brüder fanden sich in einem Stechpalmenwäldchen oberhalb von Los Angeles ein und nannten es Hollywood. In alten Scheunen mit ausrangierten Theaterkulissen begannen diese Einwanderer als risikofreudige Unternehmer und gute, in Europa erzogene Soziologen mit den ersten Handlungsfilmen. Action Movies – sie brachten die amerikanische Traumfabrik in Gang. Später meinte Stewart Granger, Star (ein typischer Hollywood-Begriff) par excellence: „Sie wollten nicht Kunst machen, sondern Geld." Das gelingt den Leuten von Hollywood bis heute auf unnachahmliche Weise.

Mit einigen hunderttausend direkt oder indirekt Beschäftigten stellt die Film- und TV-Industrie die zweitwichtigste Exportbranche der USA (nach der Landwirtschaft). In bewährter Geschäftslogik ist es alles andere als Zufall, daß die Geldmaschine Hollywood gegen die Kulturbeflissenheit der europäischen Filmemacher ein- und angesetzt wird. Mit der Fahne der Handelsfreiheit und dem Blick auf die Umsätze an der Kinokasse oder – noch besser, wenn auch unangemessen – bei TV-Anstalten findet sich Washington mit der Quotenregelung der EU oder einzelner Staaten wie Frankreich seit Jahr und Tag nicht ab. Geld ohne Kultur ist offenkundig möglich, Kultur ohne Geld nicht.

So leben sich Europa und Amerika auch in diesem sensiblen Bereich auseinander. Zugleich versuchen Amerika und Asien mehr als einen modischen Richtungswechsel. Nach Japanern und Philippinos trumpfen die Chinesen in Amerika auf. Chinesisch ist drüben seit langem „in" – chinesisches Food, chinesische Möbel, chinesisches Geschirr, gar chinesische Literatur – auf amerikanisch versteht sich. Einer von ihnen brachte es bis zum Gouverneur. Gary Locke, seit 1996 erfolgreicher und deshalb populärer Gouverneur des Westküstenstaates Washington, beantwortet die Frage nach dem Erfolgsgeheimnis der American Born Chinese (gängige Abkürzungsformel ABC): Gute Erziehung, harte Arbeit, gegenseitige Unterstützung. Die neue Minderheit aus Asien tritt erstmals merklicher an die Stelle der alten Minderheiten aus Europa. Mit den ABCs ist die Zeit vorbei, wo Chinesen als Kulis beim Eisenbahnbau oder in der Landwirtschaft ausnahmsweise hereingelassen und ausgebeutet wurden und später – trotz Einwanderungsquoten – gegenüber den Schlitzäugigen Mißtrauen herrschte. Es wurde zum Boykott aufgerufen, Diskriminierung war üblich, und die Einheimischen machten aus ihrer Fremdenfeindlichkeit kein Hehl. Vergangenheit wie der stille Einfluß Europas auf amerikanisches Denken und Fühlen.

Mit gut 3 Millionen machen die ABCs kaum ein Prozent der amerikanischen Gesamtbevölkerung aus. Dieser Prozentsatz hat es aber in sich, nicht nur in den Chinesenvierteln, die in New York, Los Angeles oder Chicago inzwischen zu attraktiven Treffpunkten für Multikulti (mehr und mehr bei Verlust der chinesischen Sprache oder Schrift) geworden sind. Die Amerikanisierung der ABCs geht aber weit über Gaststätten, Wäschereien oder Schneidereien hinaus. Wirtschaftliche Macht durch Fleiß und Anpassungsfähigkeit schlägt inzwischen auch intellektuell durch. Die Zahl der amerikanischen Nobelpreisträger chinesischer Abstammung nimmt über die Jahre geradezu dramatisch zu. Sie steht in einem deutlichen Gegensatz zum intellektuellen Schwund unter den US-Wissenschaftlern europäischer Herkunft. Der umorientierte Brain Drain sorgt in der Mentalität der Amerikaner für einen überproportionalen Sickereffekt. Kraft und Gewalt werden Mode, Bildung und Nachdenklichkeit sind „out“. Asien gewinnt, Europa verliert, alles in allem genommen.

Jobs: Amerika vermehrt, Europa vernichtet

Daß sich der amerikanische vom europäischen Arbeitsmarkt fundamental unterscheidet, ist eine Binsenwahrheit. Sie füllt dennoch ganze Bibliotheken: Demographie, Völkerwanderung, Mentalität, Wirtschafts- und Sozialrecht, Größe und Flexibilität der jeweiligen Binnenmärkte, Faktisches und Psychologisches bei Angebot und Nachfrage, die Funktion des Staates, der Interessenten, der Gewerkschaften und die Wirkung diverser Quoten von Konsum über Sparen bis zu den Investitionen und zur Einwanderung.

„Wer unserem Volk nichts anderes zu geben vermag als besser leben und weniger arbeiten," mahnte Ludwig Erhard, „der wird die Geister und Herzen auf die Dauer nicht gewinnen können." Dem oft verkannten Vater des deutschen Wirtschaftswunders war selbst in der Aufbauphase, wo Arbeit alles andere als Mangelware war, offenkundig eines geläufig: Die beste Sozialpolitik ist Arbeit. Was ist geschehen, daß Produktivität (die wächst) der Beschäftigung (die schrumpft) plötzlich die Schau stiehlt? Hat gar Karl Marx recht, der da meinte, inmitten einer beständigen Bewegung des Anwachsens der Produktivkräfte zu leben und damit in „der Zerstörung sozialer Verhältnisse".

Wäre die Antwort leicht zu finden, stritten sich nicht Ökonomen, Soziologen, Politiker und nicht-berufene Besserwisser seit bald zwei Jahrhunderten um das Phänomen „Arbeit". Nur in einem sind sie sich – wenn auch nur halbwegs – einig: Wachstum versteht sich nicht von selbst. Zu harten Fakten gehören zwecks Wachstums psychologische Umstände, die passen. Nicht zu übersehen ist, daß die Hälfte aller ökonomischen Entscheidungen auf mentale Einflüsse zurückzuführen sind. Würde diese bewährte Erkenntnis von allen Teilnehmern des Wirtschaftsgeschehens gebührend beachtet, würden sie sich manchen Irrweg, manche Fehlentwicklung ersparen. Wie erklärt sich dieser Verzögerungseffekt?

Ein Erklärungspotential, nicht das einzige, liegt bei der Rolle der Gewerkschaften. Sie wandelt sich von Grund auf. Allein ihr Organisationsgrad spricht für sich. In den USA sinkt er von einem Höchststand in den fünfziger Jahren (31,4%) beständig (1980: 21,9%; 1990: 16,1%; 1997: 14,1%). Dieser eindeutige Trend macht sich in Europa nur andeutungsweise bemerkbar. Bei einem durchschnittlichen Organisationsgrad von mehr als 50% ergeben sich von Land zu Land, von Branche zu Branche und von Betriebsgröße zu Betriebsgröße erhebliche Unterschiede. In den Wiener Verkehrsbetrieben etwa sind die Straßenbahnfahrer zu fast 90% organisiert, in Großbetrieben der Metallindustrie der neuen deutschen Bundesländer zu 80%, in dortigen Kleinbetrieben zu 10%. Beamte und vor allem Lehrer weisen einen hohen Organisationsgrad auf. Mittelständische Unternehmen vor allem in den Bereichen Handel, Handwerk und Dienstleistungen einen bald verschwindend geringen Anteil. So ändern sich mit der Gesellschaft auch die Arbeitnehmerorganisationen, besonders in Zeiten schwächelnder Konjunktur.

Spiegelbildlich läßt sich der Einfluß der Gewerkschaften auch in den Streiktätigkeiten erkennen. In den USA wurden in den Jahren 1988 bis 1993 jahresdurchschnittlich 61 Streiktage gezählt, seitdem weniger als 40. In den europäischen OECD-Staaten stellt sich in der gleichen Periode mehr als eine Halbierung der Streiktage von 129 auf 6l Tage ein. Selbst in Spanien, seinerzeit überdurchschnittlich streikintensiv, gingen durch Arbeitsniederlegungen in den Jahren 1988 bis 1993 noch 589 Tage verloren, in den Jahren 1994 bis 1999 dagegen nur 253 Tage. Bei Deutschland und Österreich, traditionell relativ streikarm, sorgt die soziale Wirklichkeit und – mehr noch – der Schrumpfungsprozeß der Gewerkschaften für ein geändertes Streikklima. Unversehens wird nicht mehr wie bisher Streik nach Sekunden und Minuten gezählt, sondern wie anderswo nach Tagen, gar Wochen und millionenfacher Beteiligung. Auch die Streikpolitik der europäischen Gewerkschaften ändert sich unaufhaltsam. In schlechten Zeiten sind stabile Jobs wichtiger als höhere Löhne (in inflationsfreien Zeiten). Streikbereitschaft nimmt ab, wie ein erfolgloser Arbeitskampf um kürzere Arbeitszeiten (von 38 auf 35 Stunden) in den neuen deutschen Bundesländern lehrt. Zum ersten Mal seit einem halben Jahrhundert mußte ein Streik mangels allgemeiner Unterstützung ohne Ergebnis abgeblasen werden – ein herber Rückschlag, zumal die Gewerkschaften selber ihr altes Dogma vom allseits verbindlichen Flächentarifvertrag über Bord gehen lassen mußten – eine ungewollte Amerikanisierung durch Individualisierung. Betriebsräte gewinnen an Einfluß, Gewerkschaftsfunktionäre verlieren.

Nennenswerte Unterschiede in der Streikstatistik verblassen gegenüber den Folgen eines gewandelten und verfeinerten Lebensstils einer sichtlich gesättigten Wohlstandsgesellschaft. Dabei zeigt sich – bewußt pauschaliert – in Europa höherer Lebensstandard und ständig steigende Kaufkraft im Vergleich zu Amerika. Daß die Produktivität in der Alten Welt seit Jahrzehnten deutlich höher lag als in der Neuen Welt, zahlte sich aus. Einer der Gründe: Die Rationalisierungspeitsche, wie sie von den Gewerkschaften und ihren beständigen Wünschen nach höheren Löhnen geschwungen wird. Die Maschine ist billiger als der Mensch – jedenfalls im „Westen“ Deutschlands.

Der geringere Gewerkschaftsdruck in den USA hat im Vergleich dazu auf dem sogenannten Arbeitsmarkt atlantisch zu deutlichen Unterschieden geführt. Höhere Produktivität in Europa läßt die

Nachfrage nach Arbeitskräften tendenziell schrumpfen, während die zurückgebliebene Produktivität in den USA (bis hin zum Einsatz von Robotern) einen überproportionalen Arbeitskräftebedarf (für Wartung usw.) bedingt hatte. Ein Phänomen: höherer Gewerkschaftsdruck – abnehmende Jobchancen, geringerer Gewerkschaftsdruck – sicherere Arbeitsplätze. Atlantisch wird durch den Faktor Arbeit auch sozialpolitisch zumindest differenziert.

Die These wiederholt sich, daß die beste Sozialpolitik aus Arbeit besteht. Im Umkehrschluß heißt dies, sozial und damit gesellschaftspolitisch bewirkt die schrumpfende Nachfrage nach dem Faktor Arbeit eine höhere und längere strukturelle Arbeitslosigkeit. Jene, die Arbeit haben und sie zumindest mittelfristig halten können, verharren im Genuß höherer Lebensqualität. Das World Competitiveness Yearbook mißt Österreich seit Jahren die höchste Lebensqualität zu. Bei einer Statistik mit Werten von eins bis zehn liegt Österreich bei 9,6, gefolgt von Luxemburg (9,2), Niederlande (8,8), Frankreich und Finnland (je 8,7), Deutschland, Spanien, Irland und Dänemark (je 8,6), USA und Belgien (je 8,5), Schweden (8,2), Italien und Großbritannien (je 7,3), Griechenland (6,9), Japan (6,0), Portugal (5,6).

Wer der Wirtschaft den Puls fühlt und auf weltwirtschaftliche Vergleichswerte hinarbeitet, stößt auf einen direkten Zusammenhang zwischen Politik und Wirtschaft, u. a. zwischen amerikanischen Präsidentenwahlen und der Weltkonjunktur.

Politik und Wirtschaft – die feindlichen Brüder

Politik und Wirtschaft, wahrlich ein ungleiches Paar. Wirtschaftspolitik ist zwar seit langem als Begriff eingebürgert, eigentlich jedoch ein Widerspruch in sich. Wirtschaft sollte keine Politik ersetzen und Politik keine Wirtschaft. Tatsächlich herrscht oft ökonomischer Verschnitt. Bei aller gegen- und wechselseitigen Abhängigkeit bilden sie eigentlich getrennte Welten. In Amerika wird diese Trennung geradezu zelebriert, in Europa wird man nicht müde, das ungleiche Paar etwa beim Steuerzahlen aufzumischen und fallweise bei Privatisierung, Deregulierung und Strukturreformen sowie Förderungen schlicht gleichzuschalten. Unter den zahlreichen Beispielen eines systemimmanenten Spannungsverhältnisses zwischen Politik und Wirtschaft ragt die Ordnungspolitik eindeutig hervor. Sie ist es, die unternehmerische Freiheit in Beziehung setzt zum Interesse der Allgemeinheit. Ethische Grundsätze allein genügen oft nicht, um Gewohnheiten, Faulheiten, Raffgier und Machtbesessenheit in die Schranken zu weisen. Denn wie jede andere Freiheit braucht auch jene des Marktes Begrenzungen. Ohne sie ist dem Mißbrauch Tür und Tor geöffnet. Selbst der liberalste Staat und die freiheitlichste Gesellschaft kommen ohne eine Verkehrsordnung für die Wirtschaft nicht aus. Amerika nicht und Europa auch nicht.

Selbst ein Jahrhundert hat nicht genügt, um am Beispiel von Kartellen, Monopolen und anderen Tricks der Marktbeherrschung ideologiefreie Lösungen zu finden. Vor dem Ersten Weltkrieg hat sich Amerika mit der Anti-Trust-Gesetzgebung geplagt, um Marktbeherrschern wie Standard Oil und anderen Mächten wie den Eisenbahnen beizukommen. Interessen der Firmen oder Branchen stehen gegen Interessen der Allgemeinheit – damals wie heute.

In Europa gehen die Wellen noch heute ordnungspolitisch hoch. Die Stationen: deutsches Kartellgesetz, Römische Verträge von 1957, diverse Revisionsversuche der EU-Gesetzgebung und neuerdings EU-Verfassung nach dem Konvent. Ein ums andere Mal wird ordnungspolitisch angesetzt, um dank Wettbewerb tabula rasa zu machen. Europäer setzen im Zweifel auf Staat und Amerikaner nach wie vor mehr auf Markt. So driftet man ideologisch am Beispiel der Ordnungspolitik wieder weiter auseinander. Paragraphentreue gegen Markttreue. Da bleibt auch in diesem Bereich (zu) wenig für die berühmten Gemeinsamkeiten. Nobelpreisträger Milton Friedman, der amerikanische Rechtsausleger, meint „das beste Mittel zur Kontrolle von Kapitalisten sind andere Kapitalisten". Das Vertrauen in den Markt und seine wettbewerblichen Ausgleichsfunktionen ist jedoch selbst bei einem Friedman begrenzt. Mit Brüssel rufen gelernte Europäer ungeniert nach Gesetzen, Richtlinien, Behörden – also nach Staat.

Was sich für Amerika anbietet, wo dem Staat immer wieder Zügel angelegt werden, läßt sich auf Europa in seiner Amtsgläubigkeit bestenfalls atmosphärisch übertragen – bis heute jedenfalls. Diesseits des Atlantik heißt es apodiktisch, Macht bleibt Macht, wer immer sie auch ausübt. In ihrer Perfektion erreicht sie nicht die höchste Stufe in privater Hand, sondern im öffentlichen Abhängigkeitsgeflecht – dort wo, je nach Land verschieden, bis zu zwei Drittel aller wirtschaftlichen Leistungen vom Staat beherrscht und damit klassischem, freiem Wettbewerb entzogen werden.

Gar undurchdringlich wird das Geflecht, wenn sich der Einfluß des Staates mit anderen Kollektiven zusammen tut, etwa bei der verstaatlichten Industrie. Privatisierung und Deregulierung in allen Ehren. In entscheidenden Schlüsselbereichen von der Wasserversorgung, der Leichenbestattung über die Müllabfuhr bis zu den Fluglinien bevorzugt der Durchschnittseuropäer (in Umkehr einer Reaganschen Formel) mehr Staat, weniger privat – und unterliegt damit einem Denkfehler.

An transatlantischen Bindungen und Verbindungen ist dennoch kein Mangel, zum Beispiel in den Konjunkturverläufen. Man konnte während der ersten Jahre und Jahrzehnte nach dem Zweiten Weltkrieg geradezu einen kongenialen Automatismus feststellen. Die Wirtschaft entwickelt sich transatlantisch vielfach angenehm gegenläufig. Amerika boomte, Europa lahmte, Europa zog an und Amerika nach oder umgekehrt.

Unversehens, seit den sechziger Jahren des vorigen Jahrhunderts wirken die Konjunkturzyklen beiderseits des Atlantik wie gleichgeschaltet. Gemeinsam hinauf, gemeinsam hinunter. Auf derlei Gemeinsamkeit verzichtet man gerne. Aber – stehen amerikanische Präsidentenwahlen an, geht es aufwärts, zum Beispiel in den sechziger Jahren bei John F. Kennedy. In den siebziger Jahren unter Nixon und Carter läßt das Wirtschaftswachstum nach, und in den achtziger Jahren beseitigt Ronald Reagan nicht nur das Vietnam-Syndrom und die wirtschaftliche Mieselsucht. Er möbelt das Selbstvertrauen auf mit Langzeitwirkung für die Wirtschaft und für die Sicherheitspolitik. Bush senior und Clinton profitieren von einer über zehnjährigen Konjunkturphase.

Bei Bush junior muß sich erst noch herausstellen, was er und der Irak-Krieg wirtschaftlich bewirkten. In einer Art antizipatorischem Gehorsam laufen die meisten europäischen Länder und vor allem die Gesamtkonjunktur der EU den USA ein weiteres Mal hinterher. Dem langfristigen Wirtschaftswachstum mag dies beiderseits bekommen, dem kurzfristigen freilich weniger. Konjunkturell arbeiten die USA robuster als Europa.

Allein in den neunziger Jahren ist die US-Wirtschaft gesamthaft um mehr als ein Drittel gewachsen. Europa mußte sich glücklich schätzen, wenn es zur Hälfte reichte. Drüben sind 16 Millionen neue Arbeitsplätze geschaffen worden, diesseits kletterte die Arbeitslosigkeit allein der EU auf über 20 Millionen. In einem einzigen Jahr konnte die Arbeitsproduktivität in Amerika um über fünf

Prozent gesteigert werden, eine Verdoppelung gegenüber dem Vorjahr und der höchste Stand seit 1950. Um den Wirtschaftsboom der USA zu vervollständigen, lag die Inflationsrate bei zwei bis drei Prozent relativ niedrig. Die US-Arbeitslosigkeit sank von sieben Prozent im Jahr 1993 auf weniger als vier Prozent nach dem Jahrtausendwechsel.

EU-Europa zeigt dank struktureller Unterlassungssünden bei Steuern, Sozialem, überstrapaziertem Konsum und vernachlässigten Investitionen durchgängig schwächere Werte. Mittel- und Osteuropa verzeichnen durch die Umstellung von Plan- auf Marktwirtschaft zunächst sogar herbe Rückgänge. Nicht nur die Bevölkerung Europas stagniert und vergreist, sondern auch seine Wirtschaft. Die Vorherrschaft der USA erscheint unaufhaltsam, ungebrochen und unbestreitbar.

Weit gefehlt. Auch die Bäume der New Economy wachsen nicht in den Himmel. dotcom-Firmen purzeln aus dem Markt, E-Commerce gelingt der Durchbruch nicht so schnell wie geplant und erhofft. Erst Überkapazitäten im IT-Sektor lehren beiderseits des Atlantik, daß auch für dieses Zukunftsgeschäft die alten, unerbittlichen Regeln von Angebot und Nachfrage wirken – zu viel und zu schnell kann schaden. Typisch europäisch widmet sich die Modedenke der Langsamkeit.

So billig war Fortschritt noch nie. Es ist eine weltweite Preisbereinigung gigantischen Ausmaßes im Gang. Das hat die New Economy allemal bewirkt. In kürzester, nicht vorhersehbarer Zeit hat die moderne Informatik die Wirtschaft wie unser Leben von Grund auf verändert. Jetzt erfahren wir erstmals, was es heißt, modern zu kommunizieren. Die Grundlage für dieses Phänomen wird durch vorauseilende Forschungs- und Entwicklungsprogramme der Amerikaner gelegt. Sie sind es, die in Amerika planerisch ansetzen, in Europa und später in Indien mit Speicher- und Prozeßtechnologien sowie Netzwerktechniken fortfahren. Schon sind „die" Europäer zweite Wahl. Bezeichnend ist, daß Reuters seine Kleinaktivitäten von Europa nach Indien verlegt (wo Fluglinien große Teile ihres weltweiten IT-Geschäfts abwickeln).

Der Aufwärtstrend made in USA begann mittelbar und unmittelbar Anfang der neunziger Jahre. Zuerst erfaßte er IT-Fachkräfte. Bald jedoch trug allein dieser Bereich neben anderen wie Chemie zu beständiger Job-Creation bei. Mit bald zehn Millionen IT-Beschäftigten deckt dieser Bereich mehr als sechs Prozent der Erwerbstätigen in den USA. Bis zum Jahr 2006 werden mindestens 1,3 Millionen Computerwissenschaftler, Computeringenieure und Systemanalysen zusätzlich benötigt. Hochgerechnet ergibt dies einen jährlichen Zusatzbedarf von mehr als 140 000 Personen. Schon ist von einem amerikanischen Fachkräftedefizit die Rede. Bill Gates, schnell und (trotz Kartellärger mit der EU-Strafandrohung von 3 Milliarden Dollar) erfolgsbewußt wie seither, reagiert prompt. Er will die Guten und die Besten mit Sonderzahlungen von insgesamt zehn Milliarden Dollar halten oder anziehen. Aktienoptionen sind nicht nur für Microsoft passé. Auch für Daimler-Chrysler. Diese Optionen wirken wie Strohfeuer. Zuerst macht es Spitzenkräfte zu Millionären, dann „enteignet" der Börsenkrach. Cash ist wieder „in" und hilft, Fachkräftemangel zu beheben, nicht zuletzt atlantisch.

Deckungslücken dieser Art verschaffen Ausländern – wenn man es richtig anlegt – Zusatzchancen. Daß sie bisher schon in Teilbereichen amerikanisch genutzt werden, läßt sich an einschlägigen Erfahrungen Deutschlands ablesen. Sonderaktionen, wie sie der sozialdemokratische Bundeskanzler Gerhard Schröder schon Ende der neunziger Jahre eingeleitet hat, erbrachten nicht den erhofften massenweisen Zuzug von Fachkräften. Inder, Polen oder Schweizer, die sich als Fachleute im IT-Bereich qualifizieren, drängt es offenkundig nicht nach Deutschland, sondern gleich nach Amerika.

Bei dieser Zukunftstechnologie wiederholt sich, was amerikanische Attraktivität seit jeher ausmacht: Vor einem allgemeinen, manchmal idealisierten Freiheitsversprechen stehen konkrete Entfaltungsmöglichkeiten mit entsprechender materieller Ausstattung (und Anerkennung).

Um den Fachkräftemangel im IT-Bereich zu überwinden, investieren nicht nur interessierte Firmen. Im amerikanischen Staatsbudget sind allein für diesen Zweck mehr als ein Dutzend Milliarden Dollar vorgesehen. Die Anziehungskraft Amerikas wird systematisch gefördert. Ziel: Das gesamtwirtschaftliche Wachstum zu wiederholen, wie es in der zweiten Hälfte der neunziger Jahre durch IT zu verzeichnen gewesen ist.

Europa als „Kolonie" der USA

Während die Amerikaner sich auf Forschung und Entwicklung konzentrieren, und damit die zweite Internet-Revolution anpeilen, vertraut Europa im Datenverkehr auf Hergebrachtes. Mit der Grundlagenforschung sichern sich die USA eine Art Führerschaft. Europa als Ganzes scheint sich mit einem kolonie-ähnlichen Abhängigkeitsverhältnis und Nachfolgesystem zufrieden zu geben – von irrationalen Sonderfaktoren abgesehen.

Es wirkt wie hinhaltender Widerstand, wenn eine 85jährige Dame aus Paris als Sprachpolizei gegen Anglizismen zu Felde zieht. Maurice Druon, keine geringere als Sekretärin der gewichtigen Académie Française, ist amtlich beauftragt, im Zweifel dem Französischen vor dem Englischem Vorrang zu verschaffen. Statt „e-mail" sind sämtliche französischen Staatsdiener verpflichtet „Courriel" zu verwenden. Der Sprachbefehl für die Diener der Grande Nation ist begrifflich aus „courrier électronic" abgeleitet. Damit der Sprachbefehl der Madame Druon bis in die letzte französische Amtsstube dringt, ist ihr neuester Beitrag zur Französisierung englischer Modeworte im „Journal Officiel" veröffentlicht. Um dem Fortschritt durch die 40 hoch angesehenen Mitglieder der Acadèmie Française eine progressive Note zu verleihen, ist die Sache mit Courriel auch im Internet deponiert unter www.academie-francaise.fr. Dort finden sich dann französisierte Sprachschöpfungen wie „ordinateur" für Computer, sprachlich-selbstbewußte Antwort engagierter Franzosen auf die progressiven Vorlagen der auch in diesem Bereich erfolgreichen Amerikaner. Anderswo in Europa zeigt man nicht nur sprachlich weniger Berührungsängste und gibt sich, teils unbedacht, teils resigniert, anpassungsbereit.

Baden-Württemberg, dieser industrielle Kraftprotz für „Made in Germany", entwickelt sich nun auch noch zu einem Klein-Amerika in Forschung, Entwicklung und Anwendung – dies auf höchstem Niveau. Wird doch mit der Leitfunktion allerorten nicht nur das IT-System geprägt. Sie setzt auch das Schrittmaß für eine neue, eine andere Ökonomie. In ihrer virtuellen Welt zählen die klassischen Produktionsfaktoren wie Arbeit, Boden und Kapital weniger oder gar nicht mehr, dagegen Wissen, progressive Anwendung und Leistung um so mehr.

Was mit anderen Methoden der Statistik in den USA beginnt, führt – wenn Europa im allgemeinen abseits bleibt und sich mit der Kopie statt mit dem Original zufrieden gibt – über Abhängigkeit und Beherrschung zu einem neuen transatlantischen Machtgefüge. Vielen in Europa ist nicht oder nur unzulänglich bewußt, daß sich jetzt schon hier wie dort Geschäftsprozesse den hergebrachten Erfassungsmethoden entziehen. Im statistischen Ansatz stellt sich beispielsweise heraus, daß online an Einzelhandelsumsätzen in Europa ein Mehrfaches als in den USA abgewickelt wird. Die Amerikaner denken offenkundig in symptomatischen Zentralbereichen moderner Wissenschaft und Wirtschaft progressiver und machtbewußter. Die Europäer haben in den Anwendungsbereichen des Alltags die Nase vorn. Führungskräfte in der Beletage gegen Klempner im Keller.

Apropos Statistik und Sammlung nützlicher, vergleichsfähiger Wirtschaftsdaten: Während Amerikaner konzeptionell vorauseilen, verfangen sich Europäer in der kleinkariert anmutenden Fragestellung: Betreiben die Amerikaner bei ihren Konjunktur- und Wirtschaftsdaten vielleicht Schönfärberei? Zu Deutsch – hinter US-Erfolgsberichten über hohe Steigerungsraten beim Wirtschaftswachstum während der letzten zehn und mehr Jahre werden Fragezeichen gesetzt. Skeptiker meinen, anders lasse sich nicht erklären, daß selbst in Rezessionszeiten der amerikanische Leistungsstand vergleichsweise groß und gut, die europäische Leistung entsprechend schwach und schlecht dargestellt werden. Gefragt wird, ob die mathematischen Regeln bei der Erstellung von Statistiken, wie sie in Europa angewandt werden, nicht korrektere Ergebnisse zeitigen als der hedonistische Ansatz der Amerikaner.

Nach der US-Methode werden Qualitätssteigerungen statistisch als Preissenkungen dargestellt, Aufwendungen für Software als Investitionen. Unter Berufung auf die Deutsche Bundesbank wird hochgerechnet, daß bis zu einem Drittel des statistisch belegten Wirtschaftsaufschwungs der USA als „Wohlstand durch Buchführung" zu relativieren sei. Washington wolle seiner eigenen Bevölkerung etwas vormachen und das Ausland durch Wachstumsstärke beeindrucken.

Selbst wenn diese typisch europäische Philosophie des Zweifels und der Unterstellung zu anderen Vergleichswerten führen sollte – in der Relation und über längere Fristen bleibt der Abstand Amerika : Europa ohnedies signifikant. Er wird von einer untadeligen Organisation wie der Organisation für Wirtschaftliche Zusammenarbeit und Entwicklung, der altehrwürdigen OECD, belegt. Damit dampfen die Miesmacher ins Leere, die ihren durchsichtigen Anti-Amerikanismus subkutan einsetzen, um über Statistikzweifel die atlantische Geschäftsgrundlage in Frage zu stellen. Die Karawane zieht weiter. Für sie stellt sich allgemein beiderseits des Atlantiks die

Frage, wer wen braucht – die Amerikaner die Europäer oder die Europäer die Amerikaner.

Natürlich gibt es keine Patentlösungen und flüchtige Antworten verbieten sich. Bei allen Entwicklungsunterschieden, die sich seriöserweise nicht leugnen lassen können, fehlt es nicht an einem gerüttelt Maß an Beispielen wirtschaftlicher und damit auch politischer Gemeinsamkeit. Einen Beispielsbereich stellen Geld und Kapital dar.

Die Pionierleistung des Joseph Schumpeter

„Nichts ist so deutlich, aus welchem Holz ein Volk geschnitzt ist, wie das, was es währungspolitisch tut", so Joseph Alois Schumpeter aus Mähren, in Wien nach dem Ende der österreichisch-ungarischen Monarchie gescheiterter Finanzminister, als Professor der Sozialwissenschaften eine internationale, letztlich amerikanisch okkupierte Kapazität. Er hat aus (europäischer?) Statik und (amerikanischer) Dynamik eine ökonomische Entwicklungstheorie destilliert, die sich heute noch mit dem Prinzip von Vergehen und Erneuern in der Wirtschaft sehen lassen kann: Seine kreative Dekonstruktion gilt wohl zeitlos. Zusammenbruch als Chance des Neubeginns. Gebraucht wird danach beides, Statik und Dynamik. Was würde ein Schumpeter mit der Reputation eines Geld-Guru zum verwegenen Unterfangen gesagt haben, Europa, einem Gebilde ohne Staat, jedoch mit gemeinsamem Markt eine Einheitswährung zu verpassen?

Der Euro also eine diskontinuierliche Veränderung ökonomischer Daten oder eine Pioniertat? Gelehrte Amerikaner mögen die Theorie des Alt-Österreichers bis in die Gegenwart hoch einschätzen. Mit intellektueller Besitzergreifung, wie sie drüben üblich ist, denkt man dort wohl mehr an Schumpeters Beitrag zur Ursachenerforschung betrieblicher und konjunktureller Abläufe und weniger an seine Herkunft aus der Alten Welt. Schumpeters Erneuerungstheorien werden am Beispiel des Euro von informierten Amerikanern ebenso angezweifelt, wie von uninformierten karikiert. Im Reich des Dollar (den es auch erst seit 1912 als Einheitswährung der USA gibt) traut man bis heute den Euro-Leuten weder die Kraft noch die Konsequenz zu, mit der neuen Währung zu bestehen. Noch wenige Monate vor der Einführung des Euro wurde er an der Wall Street als belangloses Denkprojekt verstiegener Europäer ohne jeden Realitätsbezug abgetan. Eine Währung ohne Staat? Unmöglich. Ein klassischer Trugschluß, der Dollar – im Inland relativ stabil – sei und bleibe einziger zugkräftiger Motor der Weltwirtschaft und ihr unentbehrliches Getriebe.

Sonst gar nicht autoritätsgläubige Amerikaner vermißten mit dem Blick auf den Euro die Autorität einer zentralen Macht samt Exekutionsbefugnissen. Daß eine europäische Währung der amerikanischen als Wettbewerber oder fallweise gar Sieger gegenübertreten könnte, hielten selbst europakundige Thebaner an der Wall Street und in Washington für nahezu ausgeschlossen. Wie haben sie sich doch getäuscht. Der Euro und die ihn tragende Europäische Zentralbank, die EZB, vermochten sich in erstaunlich kurzer Zeit zu etablieren. Monetär ist Euroland der 12 EU-Mitglieder nach nur drei bis vier Jahren eine fixe Größe. Nicht nur in den Büchern der EZB oder in Sitzungen der Staats- und Regierungschefs und ihrer Finanzminister erreicht das neue Geld einen hohen Grad von Selbstverständlichkeit, der anderen Respekt abverlangt. Auch den Amerikanern. Inzwischen rechnen sie mit dem Euro, teilweise sogar im Euro.

Nüchtern wie gute Banker zu sein pflegen, nehmen sie zur Kenntnis, daß die Zwölfergemeinschaft des Euro ökonomisch funktioniert und dies ohne einen horizontalen Finanzausgleich oder andere staatsähnliche Ausgleichsmechanismen. Der Euro als Spekulationsabwehr, wer hätte das für möglich gehalten. Über 40 % des Weltanleihemarktes spielt sich inzwischen in Euro ab. Mit dieser Besitznahme angestammten Dollar-Terrains haben selbst europafreundliche Amerikaner nicht gerechnet. Auch nicht damit, daß der Soliditätsgrad des Euro international einen bemerkenswert hohen Grad erreicht hat. Notenbanken wechseln ihre Reservepolitik vom Dollar in den Euro, darunter Schwergewichte wie die Bank of China. Der Euro reüssiert als Welthandelswährung. Die Scheichs in Nahost und andere Mitspieler denken intensiv und inzwischen laut darüber nach, sich von der Fakturierung in US-Dollar ganz oder teilweise zu verabschieden und in Euro abzurechnen und sei es „nur", um den Amerikanern eins auszuwischen).

Wir verzeichnen Vorgänge, die weit über die Geldtechnik hinausgehen, wie wechselnde Überlegungen in Moskau zeigen. Einerseits möchte man sich dort mit den Amerikanern nicht anlegen, andererseits drängen Euro-Schwergewichte, wie die Deutschen und die Franzosen, ihre Irak-bedingte Achse durch Eurofakturierung russischer Energielieferungen zu schmieren. Obwohl der monetäre Umbau zu Lasten des US-Dollars und zugunsten des Euro noch gar nicht abgeschlossen und für monetäre Phantasie jedoch gut ist, bleibt festzuhalten: In den USA und in Europa muß monetär umgedacht werden.

Der Euro ist zwar von einer echten und gleichberechtigten Partnerschaft zum Dollar noch weit entfernt. Wenn er aber so weitermacht, wie es ihm mit dem Schnellstart seit 1999 als Kapitalwährung und seit dem Jahr 2000 als Papiergeld gelungen ist, bietet sich hier eine neuartige Kooperationschance – ohne US-Hegemonie oder EU-Unterwürfigkeit. Eines nicht so fernen Tages könnte das Vermächtnis des Alt-Österreichers Schumpeter dazu beitragen, Statik und Dynamik auf hohem Niveau zu versöhnen.

Amerika lebt über seine Verhältnisse

Bis zur Gleichberechtigung Euro : Dollar mag es noch ein langer Weg sein. Für ihn dient die Bonität bereits als Wegweiser. In der Rangliste der Staaten fallen die USA neuerdings zurück. Sie können Platz sechs kaum noch halten. Vor ihnen rangieren die Schweiz, Luxemburg, Deutschland, Niederlande, Großbritannien, Frankreich und gleichauf Norwegen, Österreich und Dänemark. Grund: Das Leistungsbilanzdefizit der Welthandelsmacht Nummer eins.

Die USA leben – eine Binsenweisheit – seit Jahr und Tag über ihre Verhältnisse. Allgemeingut ist diese blamable Entwicklung freilich (noch) nicht. Die USA importieren mehr als sie exportieren. Sie schrumpfen strukturell in der Industrieproduktion. Sie setzen auf Dienstleistungen, und sie vermögen ihren wichtigsten Exportbereich, die Landwirtschaft, auch nur noch mit Subventionen von gut 100 Milliarden Dollar jährlich zu verteidigen. Ihre chronisch defizitäre Leistungsbilanz auszugleichen, müssen die USA arbeitstäglich etwa eine Milliarde Dollar hereinnehmen – wenn andere berappen.

Das US-Leistungsbilanzdefizit von mehr als 350 Milliarden Dollar jährlich mag den Durchschnittsamerikaner kalt lassen. Für ihn ist Dollar gleich Dollar, unabhängig davon, ob die US-Währung international auf- oder abgewertet, weil nachgefragt oder abgestoßen wird. Währungspolitisch – die Betonung liegt auf politisch – bleibt dennoch das Phänomen zu verzeichnen, daß die „einzig verbliebene

Supermacht" davon lebt, von der übrigen Welt finanziert, also ausgehalten zu werden. Washington aber handelt nach dem Motto „nicht einmal ignorieren". Einmütig wie selten verweigert man im Weißen Haus wie auf dem Kapitol gedanklich wie politisch, aus dem vorhandenen Abhängigkeitsverhältnis irgendwelche Konsequenzen zu ziehen.

In der Gestion eines Alleinherrschers fahren die USA ihre Konjunkturen und Strukturen nach eigenem Belieben. In der Außen- und Sicherheitspolitik spielen sie Weltmacht bis zum Exklusiventscheid über Krieg und Frieden. Am Bewußtsein der Mächtigen prallt die Frage schlicht ab, was es mit ihrem hegemonialen Benimm auf sich hat, wenn das Kapital, die Währungen und die privatwirtschaftlichen Dispositionen andere, eines Tages nicht-amerikanische Wege beschreiten. Der Vollständigkeit halber bleibt zu vermerken, daß die Abhängigkeit der Supermacht von ausländischen Gläubigern fallweise unter Experten der ökonomischen Zunft diskutiert wird. Amerikaner unter ihnen pflegen sich auf die Freiheit der Kapitalmärkte, auf den Dollar als sicheren Hafen, auf die Ertragskraft der US-Wirtschaft, aufs Zinsgefälle und allgemein auf Schumpeter und seine bedenkenswerte Theorie vom Vergehen und Werden zu berufen.

Im Bewußtsein der forschungspolitischen Überlegenheit der USA und ihrer Firmen sieht sich Bush junior immer wieder bemüßigt, den Europäern beim Thema Gen die Leviten zu lesen. In der Alten Welt herrsche unbegründete, unwissenschaftliche Angst. Auf der Jahrestagung des Verbandes der biotechnologischen US-Firmen warb der Präsident persönlich für sein „Project Bioshield". Mit 5,6 Milliarden für Forschung und Entwicklung von Impfstoffen, Medikamenten und Krankheitserregern sollen u. a. Gegenmittel zu potentiellen biologischen Waffen der Terroristen entwickelt und darüber hinaus den Armen und Hungernden in aller Welt geholfen werden.

Mit Bush hat das ganze Washingtoner Establishment allerhand gegen die Verbreitung von Pest, Antrax und Ebola unternommen und will Wirkstoffe gegen Botulinum-Toxin entwickelt sehen. Gen-Gegner macht dieser Präsident nicht nur in Europa, sondern auch im teilweise zögerlichen Kongreß aus. Gen-Fan Bush meint, dank der Wissenschaft könnten amerikanische Farmer Produkte mit hoher Widerstandskraft gegen Dürre und Befall durch Parasiten zu günstigen Preisen herstellen und exportieren (wie seinerzeit das Reis-Institut der Vereinten Nationen mit neuen Sorten die Hungersnöte in Asien besiegt hat). Bush macht den Widerstand der Europäer dafür verantwortlich, die Lieferung von gentechnisch verändertem Saatgut nach Afrika zu hintertreiben und außerdem afrikanischen Regierungen die Abnahme gentechnisch veränderter Güter auszureden.

Washington läßt in der Gentechnik nicht locker. Afrika werde mehrfach benachteiligt: Investitionen im Biotech-Sektor unterblieben, Hunger in afrikanischen und asiatischen Länder könne nicht wirksam genug bekämpft werden und diesen Entwicklungsländern bleibe es verwehrt, moderne Agrarprodukte in Europa abzusetzen. Vor dem grünen Hintergrund der ideologischen Totalverweigerung jedweder Gen-Veränderung rüsten potente Amerikaner zum offenen Gen-Kampf gegen Europa, vornehmlich die EU. Innerhalb der USA beabsichtigen sie, die Biotech-Produktion bis zum Jahr 2006 auf über 40 Milliarden Dollar Jahresumsatz zu steigern. Das entspricht dem Jahresumsatz der US-Pharma-Industrie im Jahr 1992. Innerhalb der einschlägigen Branche tobt zudem ansehnlicher Wettbewerb.

Wenn der Fortschritt nach Amerika auswandert

Fest steht, daß Unternehmen der Biotechnologie dabei sind, die Pharmaindustrie weltweit zu überholen. Im Jahr 2002 wurden biotechnologisch 280 Medikamente bis zur klinischen Erprobung entwickelt, gegenüber 190 Präparaten der Pharmakonzerne. Die einschlägige Industrie, nicht nur von Bush, sondern von einer weltweiten Lobby unterstützt, hält sich bei der Risikobewertung von Gen-Nahrungsmitteln oder Gen-Medikamenten kaum mehr auf. Man schüttelt die Besorgnisse von Gutmenschen ebenso ab wie die bewußte Dämonisierung im Rahmen der üblichen Anti-Fortschrittsbewegungen mit subkutanem Anti-Amerikanismus.

Europapolitisch jedoch bleibt die Unbedenklichkeit der Gentechnik umstritten, geht der Schulenstreit weiter. Jedenfalls werden hierzulande die hypothetischen Risiken höher veranschlagt als die tatsächlichen Erkenntnisse. Nach wie vor fehlt es hier wie dort an schlüssigen Beweisen, um den Schulenstreit in Sachen Gentechnik auf die eine oder auf die andere, vor allem auf objektive Weise zu entscheiden. Typisch amerikanisch läuft Washington, öffentlich unterstützt von Präsident Bush, gegen die strengen europäischen Auflagen etwa für Gen-verändertes Soja aus Afrika Sturm. Schon wird die eine oder andere EU-Regierung weich. Wer weiß? Wer will sich schon mit den Mächtigen der Neuen Welt anlegen?

Behende wie es Unternehmensart ist, haben potente Chemiekonzerne aus diesem atlantischen Gen-Krieg ihre Konsequenzen gezogen. Sie verlagern ihre Forschungskapazitäten personeller und materieller Art von Europa nach Amerika. Dem Beispiel von Bayer und Novartis wollen andere folgen. Es wird modern, sich dem typisch europäischen Dauerstreit um Gen und seine Unbedenklichkeit zu entziehen, was Förderungen, Organisation, Finanzierung, Arbeitsplätze und Standortprobleme anlangt. Potente Firmen verlegen weite Bereiche von Forschung, Entwicklung und Produktion von Nahrungsmitteln, von Medikamenten und auch von Düngemitteln schlicht von Westeuropa nach USA oder nach Osteuropa.

Bevor die Gen-Problematik verbindlich, glaubwürdig und objektiv geklärt ist, scheint der Zug des Fortschritts in diesem Bereich aus Europa abgefahren. Endgültig? Salvador de Madariaga formulierte seinerzeit: „Der Fortschritt marschiert nicht nach links, weil man sich nicht gleichzeitig vorwärts und seitwärts bewegen kann."

Einem atlantischen Schmusekurs, wie er durch Reisediplomatie, Amtskommuniqués und geschönte Berichte prophezeit wird, stehen die Tatsachen unerbittlich entgegen. Mit der Weltwirtschaft ist der Welthandel seit der Jahrtausendwende eingebrochen. Nach beständigem Wachstum in den siebziger, achtziger und auch noch neunziger Jahren erbrachte das Jahr 2000 mit einem realen Wachstum des Welthandels um 13 % eine Spitzenleistung von 6.240 Milliarden Dollar Exporten und 15.400 Milliarden Dollar an Dienstleitungen. Ein Rekord, der offenundig darauf zurückzuführen ist, daß sich der Anteil des Exports an der Güterproduktion weltweit von 10 auf über 25 % gesteigert hat. Ein weiteres, ein positives Beweisstück für die Globalisierung.

Atlantisch konnte man nur mühsam Schritt halten. Europa schwächelt, während sich die USA, Ostasien und China laut WTO seit 2001 als treibende Kräfte erweisen. Seit 2002 wachsen Import und Export Asiens im zweistelligen Bereich. China überholte die USA und rückte zur fünftgrößten Handelsnation auf. Europa stagniert mit kümmerlichen 0,6 % Export- und 0,5 % Importsteigerung. Umorientierungen schlagen weltwirtschaftlich massiv zu Buch. Amerika orientiert sich nach Asien, während Westeuropa die

Chancen der europäischen Wiedervereinigung im Verhältnis ungenutzt läßt. Nennenswert ergreifen nur Deutschland und Österreich die Chancen beim Waren- und Kapitalverkehr, der großen Globalisierung eine europäische folgen zu lassen.

Für die verharzten Wachstumsverhältnisse Europa–Amerika ist immerhin bezeichnend, daß die schweigende Mehrheit beteiligter Unternehmen trotz Wachstumsschwäche und Wechselkursschwankungen nicht locker läßt. Mit Geschick und Glück gelingt zwar mancherlei. Die Stimmung (und mehr) wird immre wieder verdorben durch lauten Streit um Stahl, Agrar, Hormone, Gen, Patente und steuerliche sowie sonstige Exportförderungen. Bescheidenen Ansätzen zur Lösung von dies und das steht die Einfallslosigkeit der Politiker und ihrer Helfershelfer in Washington und Brüssel gegenüber. Die Handlungsschwäche letzterer kann zwar durch unternehmerische Phantasie gelegentlich überwunden werden. Im Kampf um Marktanteile, Handelsfairneß oder Kapitalinteressen bleiben sich die Dirigisten in Brüssel und Washington kaum etwas schuldig. Wittern sie gar Marktbeherrschung, Oligopole, Monopole oder Kartelle, werden sie unbürokratisch (wie im Fall Microsoft) aktiv.

Um so erstaunlicher ist es, daß sich die USA und Europa als Ganzes gegenseitig nach wie vor als die größten Kunden und Lieferanten erweisen. Wie lange noch? Über diese Frage hinaus kann sich die Exportstärke Europas im globalen Wettbewerb als Schwäche erweisen. Wird doch seit Beginn der weltwirtschaftlichen Wachstumsschwäche, seit dem Jahr 2000, regional munter am Freihandelsprinzip gesägt. Wie immer in schlechten Zeiten ist Protektionismus „in". Echtes und falsch verstandenes Schutzbedürfnis einzelner Betriebe, Branchen oder Länder kumulieren sich, wenn nicht weniger als drei Dutzend regionale Zusammenschlüsse den Freihandel ohnedies einbremsen. An dieser leichtfertigen Gefährdung des wirtschaftlichen Wachstums beteiligt sich die Europäische Gemeinschaft ebenso wie die North Atlantic Free Trade Area, die NAFTA. Nicht miteinander, sondern gegeneinander – Allianz hin, Schutz her.

Wer die Abwanderung von Initiative, Forschung, Entwicklung, Kapital und nicht zuletzt Spitzenkräften von der Alten in die Neue Welt betrachtet, bei dem müßten die Alarmglocken läuten. Für viele Unternehmen und Unternehmer heißt die Zukunft mehr denn je Amerika. Unternehmerstrategen diesseits und jenseits des Atlantik lassen sich auch durch angewandten Anti-Amerikanismus nicht beeindrucken.

Als weiteres Beweisstück dient die Neigung der Banker und ihrer Trabanten, sich beim Kapitalverkehr von den Staaten und den Notenbanken selbständig zu machen und dies trotz oder wegen diverser Handelsschikanen. So bleibt New York die gar nicht so heimliche Hauptstadt des Weltkapitals. Die größten und die wichtigsten Transaktionen laufen nach wie vor über die Wall Street und ihr Netzwerk. Dieses beschränkt sich längst nicht mehr auf amerikanische Gefilde. London wirkt als Teil der amerikanischen Kapital-Strategie. Was für viele als eine natürliche Wechselwirkung der beiden Handelsmetropolen für Kapital und auch Waren erscheint, sehen weniger Gutgläubige als Teil jenes Grand Design, an dem Amerikaner nicht nur politisch und militärisch, sondern natürlich auch wirtschaftlich basteln. Geht es um loyale Machtausübung oder -beteiligung der USA, ist Großbritannien mit von der Partie – für viele US-Kritiker wie ein 51. Staat der USA.

Mögen diese Prozesse und ihre Strategien noch nicht abgeschlossen oder perfektuiert sein, so bleibt festzuhalten: Der Handel folgt der Flagge – und nicht wie in alten Kolonialzeiten umgekehrt die Flagge dem Handel. Für London und Großbritannien mag diese von erheblichem Reiz sein. Für Kontinentaleuropa gewiß nicht. Tobt doch in Spezialbereichen wie der Weltraumtechnik der Wettbewerb publizitätsträchtig und zukunftsfähig. Es geht etwa darum, wer zuerst auf dem Mars landet – die Amerikaner oder die Europäer; und welches Raketensystem verläßlicher und leistungsfähiger ist – das amerikanische, stark militärisch geprägt, oder das europäische mit dem ehrgeizigen Projekt der Ariane 5 (die im ersten Test versagt hat). Wir erleben Wettbewerb wie er im Buche steht. Keiner schont den anderen.

Wenn Amerikaner mit Russen …

Bei der Förderung, bei den Staatssubventionen und beim Sponsoring liegen die Amerikaner in der Raumfahrt unschlagbar weit vorn. Die Europäer holen aber in diesem Bereich ebenso auf wie in der benachbarten Flugzeugindustrie. Airbus und Boeing rittern um die meisten Bestellungen, die größte Zahl von Ablieferungen und um die Ertragskraft. Daß Airbus mit 300 Bestellungen und Auslieferungen gleichauf mit Boeing liegt, bedeutet einen Erfolg der Sonderklasse.

Geopolitisch rühren sich noch ganz andere Kräfte. Washington und Moskau haben gewisse Sympathien aktiviert und dies nicht nur auf Präsidentenebene. Es geht um eine Allianz auf Dauer und in Vertragsform. Ein Interessengeflecht tut sich auf, neu, interessant und zugleich problemreich. Rußland bietet sich als verläßlicher Lieferant von Rohstoffen und Energie großen Stils an. Amerika sieht in dem russischen Markt eine Absatzchance für seine Industrie, Technologie und Dienstleistungen. Der Bau einer Pipeline von Sibirien nach Murmansk und die Errichtung eines eisfreien Überseehafens für Supertanker – Gesamtinvestitionen um vier Milliarden Dollar – erweist sich nur als eines unter vielen Langzeit-Projekten. Prestigeträchtig, groß und gegenseitig bindend sprengen sie schon jetzt den üblich gewordenen Rahmen bilateralen Wirtschaftsverkehrs. Auf höchster Ebene werden langfristige Strategien für eine gegenseitige Interessenverflechtung ausgelotet. Die Präsidenten Bush und Putin nützen ihre persönlichen Sympathien, um Nägel mit Köpfen zu machen. Und dies zu Lasten Europas, unter Ausschaltung Europas, jedenfalls ohne Beteiligungschance Europas.

Schon zieht die Gefahr herauf, daß Europa im falschen Stolz auf Vielfalt, der sich geopolitisch als Wiederaufnahme der alten Schwäche herausstellt, die Zeichen dieser unserer Zeit ein ums andere Mal verkennt und verschläft. Wenn sich Amerikaner und Russen in Neuauflage ihrer Interessenidentität, wie sie sich im Zweiten Weltkrieg eingestellt hat, erneuern und diesmal auf lange Sicht gemeinsame Sache machen, müßten Europäern eigentlich die Augen aufgehen. Nichts dergleichen.

Strategisch wirkt die Alte Welt wie blind und taub. Taktisch betreibt sie – wie seit Jahrzehnten – Krähwinkel. Kleinkariertes Interessengemache und provinzielle Wahlstrategien (wann wird eigentlich in Europa nicht irgendwo oder irgend etwas gewählt?) verstellen den Blick aufs Wesentliche. Eigeninitiative verkommt und läßt für geopolitische Aktionen oder auch nur Reaktionen so gut wie keinen Raum.

Die weit verbreitete Unfähigkeit der Europäer, Langzeitperspektiven zu entwickeln und vor allem durchzuhalten, erweist sich bereits als Einladung an die Planer und Macher in Washington und Moskau. Berechnung und Zynismus unter Amerikanern und Russen zeigt bereits, welche machtpolitischen Gefahren für Europa durch eine Wiederauflage der amerikanisch-russischen Allianz heraufzuziehen beginnen. Während sich politische Prominenz der Alten Welt im Faulbett des Wohlstandes und der Tagesfreuden räkelt, finden Vordenker in den beiden Metropolen Gefallen an der Idee, dem Prinzip von „One World zu zweit" zu huldigen.

Wie weit sie es dabei treiben, läßt sich an dem Gefallen ablesen, mit dem beteiligte Amerikaner und Russen die Konzepte und die Akten aus dem Zweiten Weltkrieg aus den Archiven kommen lassen – wo wortreich und oberflächlich vom „Kampf" gegen den „gemeinsamen Feind" zu lesen steht. Die eilige US-Publizistik beginnt den kommunistischen Diktator zum „Väterchen Stalin" umzuinterpretieren. Plötzlich wird niedriger gehängt, was sich seitdem psychologisch und politisch alles an Scheußlichkeiten abgespielt hat.

Zur Wiederauflage einer Art Anti-Hitler-Koalition von vor sechs Jahrzehnten paßt, daß die Machtstrukturen zwischen den USA und Rußland überarbeitet und auf neuen Glanz poliert werden, während die USA und die Europäische Gemeinschaft für einen transatlantischen Wirtschaftskrieg rüsten.

Im ersten Stock der Weltpolitik wird im Stil eines Herrenklubs über Interessenausgleiche geplaudert. Zu ebener Erde streitet man unter subalternen Handlungsbevollmächtigten, was Gene, Hormone, Agrar- gegen Industrieexport, Luftfahrtsubventionen gegen die EU-Kartellpolitik oder die gegenseitige Abhängigkeit beim Kapitaltransfer über New York, London und Frankfurt betrifft.

Amerikanische Industriekapitäne verfolgen eine Logik des Wirtschaftskrieges, meinte die attraktive französische Verteidigungsministerin Michele Alliot-Marie im verläßlich anti-amerikanisch engagierten „Le Monde". Gemeint ist offenkundig das sensible Interessengespinst zwischen der amerikanischen und der europäischen Verteidigungsindustrie. Bei Flugzeugträgern und Lenkwaffen beginnt sich die alte Rivalität von Panzern und Kanonen zu wiederholen. In französischer Sicht gerät das Rüstungsgeschäft immer stärker unter den Einfluß amerikanischer Investoren. In amerikanischer Sicht betreiben die Franzosen ein selbstmörderisches Totalkonzept der rüstungswirtschaftlichen Konfrontation, der Technologieblockade und des primitiven Protektionismus. Bei Waffentechnologie hört die Gemütlichkeit auf, die auch schon beim Film und seiner Kulturinvasion etwa via TV gestört ist. Chefsache? Die politische Elite Europas findet aus dem Labyrinth gegenläufiger Interessen in diesen wie in anderen Fragen einfach nicht heraus.

Für Präsidenten von Großmächten, die sich einen Platz in der Geschichte sichern möchten und bis dahin ihr eigenes Klientel durch Erfolge zu beeindrucken haben, wirken Europäer in ihrer barocken Vielfalt lästig und schlechtestenfalls als provinzielle Eigenbrötler. Kleine Geister, die verschrobenen Ideen nachlaufen und aus ihrer engen Schrebergartenkolonie machtpolitisch nicht herausfinden.

Nachsicht: Werte-Kanon im Allianztest

„Freiheit", „Recht", „Demokratie", oder „Marktwirtschaft" gehören begrifflich zum Standardrepertoire in normalen Zeiten. Mit derlei Begriffen – an sich hehr, wie man sich es nur wünschen kann – wird vielfach gedanken- oder bedenkenlos hantiert. Von einheitlichem oder vergleichbarem Sprachgebrauch weit entfernt, dienen Begriffe oft dazu, mehr zu verbergen als zu offenbaren. Zum sachbezogenen Vergleich eignen sie sich schon gar nicht. Dahergeplappert macht noch keine Politik. Es bietet keine Normen, keine Wegweisungen, nicht einmal simple Gebrauchsanweisungen oder Verständnishilfe für jedermann. Politiker und andere Populisten belieben mit diesen oder anderen Begriffen, vornehmlich bei Sonntagsreden und in den Medien, um sich zu werfen, ohne Inhalte und Konsequenzen auch nur annähernd ins Kalkül zu ziehen. Hauptsache, es gefällt oder hilft bei den Wählern. Das gilt auch für Gegenworte wie Unfreiheit, Unrecht, undemokratisch, unamerikanisch oder schlicht Planwirtschaft.

Von Gerechtigkeit bis Kollateralschaden

Dazu paßt der Tagesjargon: „Achse des Bösen", „Koalition der Willigen", „Target of Opportunity", „Kollateralschaden", „Embedded Journalists". Diese aktuellen Stichworte bilden eine neue, eine militarisierte Sprache ebenso vieldeutig wie geheimnisvoll. Im Wertekanon wird in nahezu allen Bereichen mit linguistischen Betäubungsmitteln gearbeitet. Die Ästhetik des Schreckens hat zwar noch kein Schlagwort, stellt jedoch einen Wert an sich dar. Jedenfalls läßt sich auf längere Sicht auch zwischen Europa und Amerika jenes Phänomen erkennen, daß das Werteverhältnis zwar nicht deckungsgleich, aber als identisch bewertet oder angenommen ist.

Die Trennung beginnt mit den Begriffen, setzt sich in den Inhalten fort und feiert im Vollzug fröhliche oder meist klägliche Urständ. Ist doch zu realisieren, daß nicht nur Rechtsverständnis und

Rechtsverhältnisse gravierende, folgenschwere Unterschiede aufweisen. Wenn also beispielsweise vom Wert „Rechtsstaat" oder „Gerechtigkeit" die Rede ist, machen sich transatlantisch zumindest zwei Denkschulen bemerkbar.

Deckungsgleich gegen Fundamentalunterschiede sind verschiedenartige Handlungsweisen gleichsam vorprogrammiert. Daß man trefflich aneinander vorbei redet, löst ein ums andere Mal Erstaunen aus. Politiker und Diplomaten haben sich jahrzehntelang in der Kunst des Ignorierens geübt. Kundige Thebaner kennen ihn schon, den Unterschied von Reden und Meinen. Nach außen hin ist man gehalten, die Hymne der Gemeinsamkeit anzustimmen. Zum Beispiel in der NATO. Als ob sich Sicherheit und Beistandspflicht auch nach dem kalten Krieg von selbst verstünden. Spätestens mit dem Irak-Krieg ist dieser Wertekanon endgültig aus dem Takt geraten. Ein Prozeß, der bei näherer Betrachtung mit dem Recht angefangen und zweierlei Rechtsverständnis offenbart hat, von der atlantischen Kakophonie zu schweigen.

In Kontinentaleuropa wird das römische Recht in der Theorie gehegt und gepflegt. Geflissentlich lassen es Staaten in der Praxis bestenfalls dem Bewußtsein und den gesellschaftlichen Verhältnissen hinterherlaufen. Amerikaner wiederum halten sich zugute, Recht gleichsam privatisiert und durch ihr Case Law jeweils den Bedürfnissen angepaßt zu haben. Zweierlei Staats- und Gesellschaftssysteme? Allerdings. Wer schon im Recht aneinander vorbeidenkt und -redet, handelt erst recht unterschiedlich, oft unvergleichbar.

So kann eigentlich nicht überraschen, daß auch im Völkerrecht atlantisch mehr trennt als vereint. Lehrbeispiele dafür bietet die Satzung der Vereinten Nationen. Seinerzeit von den USA als Gebrauchsanweisung einer Weltpolizei für ein paar Dutzend Staaten – mehrheitlich ehemalige Kolonien – konzipiert, erweisen sich ihre gut gemeinten Regeln als Gummiparagraphen, dehnbar in alle Richtungen. Dies dient einmal dem einen oder dem anderen politischen Interesse. Etwa bei postkolonialen Militäraktionen Frankreichs in Afrika (seit 1945 bisher 36 an der Zahl, unter Berufung auf Demokratie, Rechtsstaat und Wirtschaftsinteressen wie den C.F.A-Franc der Communautée Financiare Africaine mit ursprünglich 14 afrikanischen Ländern zwecks festem Austauschverhältnis zum französischen Franc); zum Beispiel Kosovo als die USA (ebenfalls ohne Mandat des UN-Sicherheitsrates, was das Recht auf Krieg betrifft) militärisch im Interesse der Europäer eingriffen; im Fall Irak (wo nach 17 Beschlüssen des Sicherheitsrates der 18. mit der Nummer 1441 im Kriegsfall zumindest auslegungsfähig ist); oder zum Beispiel im Kongo – rohstoffreich und sicherheitsarm – wo Frankreich als erstes Land im Frühjahr 2003 mit der Fremdenlegion und anderen Truppen eingriff gegen das Massensterben in einem Bürgerkrieg, teilweise ausgeführt durch sogenannte Kinderkrieger (mit mehr als 200 000 Toten – ohne „Weltentrüstung).

Die Amerikaner fühlen sich durch die Vorgeschichte, den UN-Beschluß 1441, legitimiert, gegen einen Saddam Hussein ins Feld zu ziehen. Die sogenannten Kriegsgegner Deutschland, Frankreich und Rußland vertreten aus ihren diversen Interessenlagen heraus (wie französische und russische Ölverträge mit dem Irak) völkerrechtlich eine vorübergehend populäre Gegenthese. Römisches Recht steht also gegen Case Law. USA und wohl nicht ganz aus Gründen der Rechtsgeschichte Großbritannien – auch ein Land mit Case Law – haben sich nicht beeindrucken lassen und die UN links liegen gelassen. Auf der anderen Seite kommt das römische Recht den sogenannten Kriegsgegnern argumentativ zu Hilfe; Recht bleibt Recht, auch für große Staaten.

Was in normalen Zeiten verharmlosend als Streit der Denkschulen bezeichnet wird, kann also im konkreten Fall kriegsbereiter Gesellschaften zu einer fulminanten Weltkrise wie der Rolle der Vereinten Nationen und dem Vorgehen der USA gegen das Regime Saddam Husseins im Irak ausarten.

Trennung in Worten und in Taten

Während in den USA Literaten über „Lust am Krieg" und „Mathematische Grundmuster" für „Blutrituale" angesichts der Macht der Bilder aus dem Irak philosophieren, (Barbara Ehrenreich in der „Neuen Zürcher Zeitung" von 21, März 2003), dämmert es Völkerrechtlern in Kontinentaleuropa, daß „ihr" Recht dem Druck der Politik und dem Sturm der Realitäten ein weiteres Mal nicht gewachsen sein könnte. Was Europa im gegenständlichen Fall statt Politik und langfristiger Interessenwahrung bleibt, ist bestenfalls eine Frage der Rechtsphilosophie, tatsächlich ein weiteres Beweisstück atlantischer Differenz.

Im Alltag erlebt und erfährt man, daß es der Wertekanon immer wieder in sich hat. Für und wider die Todesstrafe trennt freilich nicht atlantisch, sondern moralisch, religiös und damit gesellschaftlich. Trennungsstriche ähnlicher Breite und Tiefe machen der postindustriellen Gesellschaft zu schaffen, wie sich Europäer und Amerikaner gern apostrophieren lassen, am Beispiel von Gewalt, Macht ebenso wie beim Phänomen Familie. Daß Intellektuelle im allgemeinen und im besonderen ihr scheckiges Scherflein zu diesen und anderen Entwicklungen beitragen, versteht sich von selbst.

Wohlstandsbürger und solche, die es werden wollen, lassen sich intellektuell im Wertetest, vorführen, freiwillig oder erzwungenermaßen. Was dabei herauskommt, trennt atlantisch wiederum erheblich. Nachdem man sich jahrzehntelang auseinandergelebt hat, ist es nicht erstaunlich, daß das Verhältnis nicht nur distanziert und entfremdet, sondern in wichtigen Bereichen zusehends von Mißtrauen und Beschuldigungen gestört wird.

Dissonanzen hin, Harmoniebedürfnis her, noch ist der Wertekanon nicht beendet. Man ist aufeinander angewiesen. Immerhin ein Merkposten. Vielleicht hat Johann Nepomuk Nestroy Unrecht, wenn er als Volkszyniker meint: An Scheidungsgründen fehlt es nie, wenn nur der gute Wille da ist.

Atlantischer Befund: Ernst – aber nicht hoffnungslos

Wir sind einer Selbsttäuschung auf der Spur. Dabei zeigt sich:

1. Europa und Amerika sind von der oft beschworenen Wertegemeinschaft, Interessenidentität und Allianzfähigkeit weiter entfernt denn je.
2. Die Alte und die Neue Welt leben sich aus einer Fülle tiefsitzender, teilweise überlieferter Gründe auseinander.
3. Dieser Prozeß ist seit Generationen im Gange, er wurde jedoch vom Wettkampf der Systeme (Hitler, Stalin usw.) überlagert und zeitweilig unterbrochen.
4. In Wirklichkeit handelt es sich bei Europa und Amerika nicht um eine kompakte Welt, sondern um zwei unterschiedliche Welten.
5. Diese Differenz wurde vom kalten Krieg fast ein halbes Jahrhundert lang verkleistert. In dieser Phase hat die ideologische und militärische Auseinandersetzung dennoch ein erstaunliches Maß an Gemeinsamkeit bewirkt. Ist es wirklich verbraucht oder vertan?
6. Der Westen rückte zusammen, weil der kommunistische Osten angriff, nicht aus gewollter Identität der Lebensart, der Interessen und der Visionen.
7. Die Verteidigung der Freiheit, was diesseits des Eisernen Vorhangs auch immer darunter verstanden wurde, funktionierte.
8. Der Zusammenhalt des Westens, keineswegs freiwillig oder organisch, vollzog sich großflächig, an der Oberfläche in Abwehrreaktion mit zeitweise gekonntem Imponiergehabe.
9. Nach dem Sieg des Westens über den kommunistischen Osten treten die Bruchlinien je länger desto mehr zutage.

10. Politisch und im Machtgefüge rächt sich seit der Wende von 1989 nachweisbar der Mangel an einer Gesamtstrategie, die Interessen beiderseits des Atlantik realisiert, bearbeitet und in Einklang bringt oder abgrenzt.

11. Die Mächtigen der Politik unterlassen es bedauerlicherweise, das Bewußtsein der ihnen anvertrauten Demokraten atlantisch zu schärfen und auf den neuesten Stand zu bringen.

Mit der Urgewalt eines Naturereignisses stellt sich plötzlich heraus, daß vielerlei auf Sand gebaut war, was zwar einige Strategen in Moskau beeindruckt hat. Zur Unterkellerung eines zukunftsfähigen Allianzgebäudes reicht es jedoch nicht, in dem Amerikaner wie Europäer genügend Raum und jeder auf seine Weise Betätigungsmöglichkeiten erhielten. Sprachen die Amerikaner von Gemeinsamkeit, meinten sie so etwas wie den Air Shuttle zwischen Washington und New York und Europäer etwa den Kulturaustausch zwischen Baden-Württemberg und der Toskana.

Blank wie Gegensätze seitdem auftreten, gibt es zu der Frage nach den wahren Ursachen des Auseinanderdriftens keine schlüssigen Antworten. Psychologisch, politisch oder wirtschaftlich wirken die Dämme wie aufgeweicht und unterspült. Gefährlicherweise bemerken dies weder die Betroffenen noch die Deichgrafen. Auf dem hohen Niveau eines einmal erreichten, aber inzwischen verblassenden Erfolges und den natürlich gewordenen Ansprüchen verschiedener Wohlstandsgesellschaften tritt das atlantische Verhältnis in eine neue, jedenfalls andersartige Entwicklungsphase. Ob sie zum Guten oder zum Schlechten führt, ist noch offen. Der Vergleich mit der Scheidung setzt beim Vorleben ein, nicht beim Vollzug. Eine irreparable Trennung politisch oder gar rechtlich zu verhindern, ist indessen nicht zu spät.

Voraussetzung für eine Neugestaltung der atlantischen Beziehungen ist eine vollinhaltliche Selbsterkenntnis: Verbindendes und Trennendes entwickelt sich bisher ungeordnet und perspektivlos nebeneinander her. Entsprechend geraten die Ausschläge einmal positiv, ein anderes Mal negativ. Vor allem die politischen Elite in Europa und Amerika zeigen sich der nötigen Reform der atlantischen Gesamtbeziehungen kaum gewachsen. Sie vernachlässigen Diagnose wie Therapie, von Perspektive ganz zu schweigen. Eine kleine, allerdings entschlossene Minderheit übt auf dem politischen

Paukboden unablässig primitiven Anti-Amerikanismus. Umgekehrt benimmt sich ein Teil des Establishments zu Washington gegenüber europäischen Anliegen (z. B. Menschenrechte) mit schwer erträglicher Arroganz.

Es bedurfte schon eines Krieges, wie des Einmarsches in den Irak, um sicherheitspolitisch aufbrechen zu lassen, was sich an Interessen und Wertungen seit Jahren und Jahrzehnten auseinanderentwickelt hatte. Statt Gemeinsamkeit Spaltung, statt Vertrauen Mißtrauen, statt Kalkulierbarkeit Unberechenbarkeit, statt Bewußtseinsidentität Bewußtseinsspaltung – das alles vornehmlich auf europäischer Seite.

Auf amerikanischer Seite mag zwar einige die Vehemenz überrascht haben, mit der ein Problem wie der Irak die europäischen Verbündeten auseinander – und nicht wenige auf anti-amerikanischen Kurs – getrieben hat. Andere Amerikaner, vornehmlich vertreten in der Bush-Administration und ihrem überwiegend akademisch angehauchten Umfeld, fühlten sich, kaum daß Scheidungsgefühle hochkommen, in ihrer Meinung über „die" Europäer bestätigt – unzuverlässig, ideologisch unterwegs, feig und undankbar. Die Alte Welt (siehe Verteidigungsminister Rumsfeld) sei machtpolitisch ein vernachlässigenswerter Faktor.

Unter Europäern wiederum wuchert der Anti-Amerikanismus wie ein Krebsgeschwür. Dies geschieht nach der alten, einseitigen Diagnose, drüben werde aus der Hüfte geschossen, die Amerikaner seien in ihrem Hegemonialanspruch maßlos, verrieten für gemeinsam gehaltene Ideale, sprengten die von ihnen selbst geschaffene internationale Rechtsordnung in die Luft und versuchten mit neuer Doktrin eine Weltherrschaft zu errichten und nötigenfalls gewaltsam durchzusetzen. Wie bei einer Partnerschaft, die auseinanderläuft, fehlt es nicht an personellen und personifizierten Schuldzuweisungen europäischer Untreue oder amerikanischer Großmannssucht. Das ganze wird noch personifiziert durch Präsident Bush einerseits und Präsident Chirac und Bundeskanzler Schröder andererseits. Zwischen ihnen stimmt die „Chemistry" offenkundig nicht.

Daß es unter diesen chaotischen Verhältnissen nicht zu einem Allianz-Scherbenhaufen gekommen ist, mag eher mit diplomatischer Trägheit zu erklären sein als durch die Umsicht Beteiligter und die sorgfältige Wahrnehmung auf beiden Seiten des Atlantik. Zu ihnen zählen nicht zuletzt Unternehmen und Unternehmer.

Sind doch die wirtschaftlichen Interessen erfreulicherweise auf eine offensichtlich unzerstörbare Weise verflochten. Während politisch gestritten, verdächtigt und vertagt wird, wird wirtschaftlich geplant und gehandelt.

Erfolge und Substanz, gemeinsam erarbeitet, erweisen sich wie bei anderen Partnerschaften als letzte, vielleicht bewahrende Klammer, die dem weiteren Trennungsprozeß entgegenwirkt. Bescheidener Restbestand an Gemeinsamkeit? Es kommt auf die Akteure an, ob dies als lästig oder gar überflüssig angesehen wird oder als Chance für eine Umkehr.

Wie bei jedem Neubeginn nach Rückschlag und der Gefahr des Scheiterns, ist eine nüchterne Diagnose vonnöten. Sie beginnt in dieser Arbeit mit dem Beispiel der Todesstrafe und zweierlei amerikanischen Betrachtungsweisen mit dieser Moralfalle. Dahinter steckt das Verhältnis zur Gewalt und der Gebrauch von Macht auf amerikanisch und auf europäisch.

Transatlantisch offenbart sich dabei in der Denkweise wie in der gesellschaftspolitischen und staatlichen Praxis ein weiteres Mal, daß diesseits und jenseits verschiedenartigen Prinzipien und Idealen gefolgt wird. Nicht zuletzt in der Religiosität. Missionarisches ist in Amerika erwünscht, in Europa verdächtig.

Daß zwei Welten, die sich jahrzehntelang als Partner gegeben haben, in Wirklichkeit Rivalen sind, läßt sich einleuchtend am Beispiel der Wirtschaft mit allen ihren Facetten darstellen. Wie sich die Spaltung politisch nach dem Zweiten Weltkrieg entwickelt hat, reicht der wirtschaftliche Spaltungsprozeß noch weiter zurück als nach dem Ersten Weltkrieg. Nach Jahrzehnten gemeinsamer Geschäftsbedingungen sorgen die Bilanzskandale dafür, daß auch diese Gegensätze offen zutage treten. Dabei zeigt sich, daß Amerika Europa wieder einmal abschreibt und sich nach dem Motto „Go west" verstärkt nach Asien orientiert – dort, wo mit China und später Indien die Märkte von morgen winken und junge, unverbrauchte Intelligenzen zu akquirieren sind.

Das alte Europa, für viele Amerikaner verbraucht, will und kann sich mit der geopolitischen Umorientierung und dem damit verbundenen Machtanspruch der USA nicht abfinden. Diesseits des Atlantik ist die alte Bündnisideologie mit ihrem braven Antikommunismus längst zu den Akten gelegt. Jetzt geht es um europäische Antworten auf eine globalisierte Zukunft mit andersartigen Gefahren, jedoch auch Möglichkeiten. Für eine neue Gemeinsamkeit unter veränderten Umständen ergeben sich redlicherweise Ansatzpunkte und Entwicklungschancen. Naturgegeben sind die unterschiedlichen Sozialmodelle einzubeziehen. „Weniger Staat, mehr privat" wird allerorten mehr sein als ein verstaubtes Motto. Längst hat sich auch atlantisch herumgesprochen, daß die Kuh namens Wohlstand nicht im Himmel gefüttert und auf Erden gemolken werden kann.

Jenseits von Verschwörungstheorien, Amerika betreibe eigentlich eine gigantische Kolonisierung Europas, ist es höchste Zeit, für Strukturreformen zu plädieren. Die eine oder andere mag weh tun oder Versäumnisse aufdecken. In der geopolitisch laufenden Auseinandersetzung wird die Alte Welt nicht darum herumkommen, neue Inhalte zu definieren und – was genau so wichtig ist – in die Tat umzusetzen. Eigentlich ist die Zeit vorbei, wo die übliche Suada im Verhältnis Europa–Amerika bis zur nächsten Konferenz oder bis zum nächsten Streitgegenstand zu reichen schien. Es genügt jedenfalls nicht mehr, gemeinsame Werte zu beschwören, an identische Interessen einfach zu glauben und die atlantische Partnerschaft als bewährt zu bezeichnen, was sie in vielerlei Beziehung nicht (mehr) ist.

Wenn Europa mit Amerika „auf gleicher Augenhöhe" (noch ein Modewort der Politiker) umgehen will, reicht die bisherige Integrationspotenz nicht. Macht zu entwickeln und einzusetzen, setzt mehr voraus als einen gutmeinenden Konvent, ein halbfertiges Parlament, eine paragraphenfreudige Kommission und einen Rat aus Ministern und Staats- und Regierungschefs, die sich europäisch gebärden, jedoch nationalstaatlich taktieren.

Gleichberechtigung und ihre Anerkennung setzt ein ungetrübtes Verhältnis voraus, europäische Interessen zusammenzufassen und einzusetzen. Mächtigen imponiert nichts so sehr als Macht. Wer sie hat, setzt sie ein, wer sie braucht, muß sich mehr einfallen lassen als Routine und Alibi.

Das nötige Bewußtsein versteht sich hüben wie drüben nicht von selbst. Jetzt, wo beide Seiten den Absturz aus Illusionen (hoffentlich) überstanden haben, bleibt ihnen logischerweise nur die Erkenntnis, daß es künftig mit politischer Geschäftigkeit und diplomatischer Schönrederei nicht mehr getan ist. Immerhin ist Europa mit dem Konvent jenseits seiner alten Integrationsroutine einiges gelungen. Man reißt sich diesseits des Atlantik am Riemen, und jenseits hat man umzulernen oder auch zurückzustecken. In der Tat ein Kraftakt. Europäer wie Amerikaner stehen atlantisch vor einer Meisteraufgabe. Sind sie zu neuer Kraft fähig, wird die Chance eines Neubeginns real. Dann läßt sich eine Scheidung auf atlantisch, die sich weder Europäer noch Amerikaner eigentlich leisten können, in der Tat vermeiden, wenn wir die Epoche des Zwists hinter uns lassen. Amerikanisch wie das folgende Wort mag es auch für Europa gelten, daß eine „leuchtende Stadt auf dem Berg“ Hoffnungen zur Wirklichkeit werden läßt. Schön geredet? Ein Weg aus der Krise? Die Antwort aus Realismus und Selbstbewußtsein liegt bei uns.